ROMA LIGOCKA

Die Handschrift meines Vaters

Verräter oder Held? – Ein Jahr der Suche

Diana Verlag

FSC
Mix
Produktgruppe aus vorbildlich bewirtschafteten Wäldern und anderen kontrollierten Herkünften
Zert.-Nr. SGS-COC-1940
www.fsc.org
© 1996 Forest Stewardship Council

Verlagsgruppe Random House
FSC-DEU-0100
Das für dieses Buch verwendete
FSC-zertifizierte Papier *München Super*
liefert Mochenwangen Papier.

Taschenbucherstausgabe 01/2007

Printed in Germany 2007
Redaktion | Eva Spensberger
Umschlagfoto | Privatarchiv Roma Ligocka
Umschlaggestaltung | Hauptmann & Komponie Werbeagentur,
München–Zürich, Teresa Mutzenbach
Herstellung | Helga Schörnig
Satz | C. Schaber Datentechnik, Wels
Druck und Bindung | GGP Media GmbH, Pößneck

ISBN-10: 3-453-35161-4
ISBN-13: 978-3-453-35161-5

http://www.diana-verlag.de

Für meinen Vater
und natürlich für Jakob

»... nichts kann mehr stillen das Weinen in uns ...«

Ausspruch eines alten Juden

Juni

Mein Leben lang wollte ich mich an meinen Vater erinnern. Ich konnte es nicht. Es war da etwas nach seinem Tod, das heute noch wehtut. Ein Geheimnis? Ich wusste, eines Tages kommt es zu mir zurück.

Es beginnt in diesem Hotelzimmer. In dieser Nacht. Es ist ein schönes Zimmer: kostbare Teppiche, viele Spiegel, Seidentapeten mit kleinen hellen Streifen, Samtvorhänge in Pastellrosa.

Ich bin allein. Meine ganze Kindheit habe ich auch allein verbracht, im Zimmer eingesperrt. Wenigstens kommt es mir heute so vor. In den vielen Spiegeln sehe ich mein geschminktes Gesicht. Ich sitze auf dem Bett und weine vor Müdigkeit.

Zu meinen Füßen bilden die achtlos auf den Boden geworfenen Sachen einen Kranz: ein roter Rock, ein roter Schuh, den anderen habe ich noch an, die Handtasche, die Blumen. Ein schöner Strauß roter Rosen und noch einer, rund wie ein Wagenrad, voll von großen steifen Blättern – ich hasse solche Sträuße, aber die Rosen sind schön. Sie brauchen Wasser, denke ich noch, vergesse es aber gleich wieder und lege mich aufs Bett. Zusammengerollt, die Knie unter der Brust, mache ich mich ganz klein.

Klein wie ein Kind, wie ein Embryo, unsichtbar sein. Nichts fühlen. Nicht sprechen. Einschlafen. Ich vergrabe mein Gesicht in den weißen Kissen.

Es war ein schöner Abend, und ich war der Star. Zwei, vielleicht drei Stunden lang. Viele Menschen sind gekommen, um mir zuzuhören. Dass immer so viele kommen, wundert mich jedes Mal. Während ich aus meinem Buch las, wanderte mein Blick öfter zu ihnen hinüber. Viele freundliche Gesichter, gute aufmerksame Augen. Danach standen sie noch lange um mich herum: innige Wörter, warme Hände. »Sie haben tolle Bücher geschrieben«, sagten sie. »Sie sehen noch so gut aus«, sagten sie auch.

Warum weine ich jetzt? Warum kann ich den guten Worten nicht glauben? Warum kann ich nichts Gutes über mich denken? Ich spüre nur so etwas wie ein Schamgefühl.

Ich habe an diesem Abend wieder einen Affen aus mir gemacht. Mich in einen lustigen Clown verwandelt. Die Erinnerung an mein Leben, von dem ich erzähle, tut zu sehr weh. Ich kann die Menschen nicht an meinem Schmerz teilhaben lassen. Also spiele ich ihnen etwas vor: Fröhlichkeit, die Leichtigkeit des Seins. Ich bin eitel, stolz, ich bin dumm. Und ich habe Angst. Ich bin die Angst.

Ich hebe den Kopf – das weiße Kissen hat schwarze Spuren von meiner Wimperntusche abbekommen – und schaue aus dem Fenster. In der Dunkelheit kann man nur die bunten Lichter der vorbeifahrenden Autos sehen. Wie in jeder Stadt. Wo bin ich heute? Egal. Morgen werde ich woanders sein. Unten, neben der Straße, rauscht etwas und schimmert wie Wasser. Es riecht feucht.

Ich hätte jetzt so gern eine Tasse Tee. Ganz heiß, sodass ich mir auch die Hände daran wärmen könnte.

Ich hätte jetzt so gern jemanden, der mich ganz fest in die Arme nehmen würde. »Du hast es gut gemacht«, sollte er nur sagen. Nicht mehr als das: »Du bist ein braves Mädchen.« Denn das Einzige, das ich immer versuche, ist, ein braves Mädchen zu sein.

Den ganzen Tag heute habe ich unten in der Hotelhalle verbracht, in dem blauen Salon zwischen Plüschmöbeln und alten Bildern. Journalisten kamen. Einer nach dem anderen, ziemlich viele.

Die Erste gleich morgens um neun. Sie hatte einen grauen Pullover an, gräuliche Haare und vorstehende Vorderzähne wie ein Kaninchen. Sie war noch ganz jung, wenn man ihr Alter überhaupt erkennen konnte, vielleicht fünfundzwanzig.

Ich habe noch hastig meinen Kaffee hinuntergeschluckt, schon stellte sie ihre Fragen. »Sie waren im Ghetto von Warschau, Frau Ligocka?«

»Von Krakau.«

»Ach ja, von Krakau«, sagte sie lispelnd. Für diese junge Engländerin in ihrem grauen Flanellröckchen spielte es doch gar keine Rolle: Krakau, Warschau, Odessa ... sie war in einem ruhigen, friedlichen Land aufgewachsen, für sie ist doch all das weit entfernt, so wie die Napoleonischen Kriege. Meine gesamte einzigartige Geschichte war für sie so viel wert wie die zwanzig Zeilen, die sie darüber schreiben konnte. Nicht mehr und nicht weniger. »Wie war es dort im Ghetto?«, fragte sie weiter und spuckte dabei ein wenig. Zum Glück nicht in meine Richtung.

»Bitte, Frau Ligocka, erzählen Sie einfach. Was war das Schlimmste, das Sie dort erlebt haben? Das Allerschlimmste!«, betonte sie und schaute mich dabei erwartungsvoll an. »Und wie alt waren Sie da?«

Ich warf einen schnellen Blick aus dem Fenster, es war ein sonniger Tag, man sah die Passanten vorbeihuschen. Es war an diesem Morgen alles so irreal. Dann widmete ich mich wieder der Dame mit den vorstehenden Zähnen.

»Ich war damals zwei, dann drei Jahre alt.«

»Drei! Sehr gut!« Sie schien sich zu freuen, dass ich im Ghetto von Krakau drei Jahre alt war. Sie schrieb eifrig.

»Wie schrecklich«, sagte sie noch und nippte an ihrem Kaffee.

Und doch klang es wie ein Lob. Dann ging sie.

Ich spürte, wie sich in meinem Inneren alles zusammenzog. In dem dunklen Korridor, in dem die Journalistin verschwand, glaubte ich auf einmal die dünne Gestalt meiner Großmutter zu sehen. Großmutter, die man damals im Ghetto abgeholt hat, barfuß aus der Wohnung auf die Straße gezerrt. Ihre alten Hausschuhe trug ich dann noch lange.

Man hat sie in einem Viehwagen, zusammen mit vielen Frauen und Kindern, in die Gaskammer transportiert und umgebracht. Wie alt war sie? So wie ich heute, vielleicht etwas älter oder gar jünger? Ich hatte eine Großmutter, die so alt war wie ich heute. Sie hat immer, auch als ich erwachsen war, auf mich aufgepasst. Sie wusste, wenn ich etwas Falsches sagte, sie wusste, wann ich reden und wann ich schweigen sollte.

Seitdem ich Bücher schreibe, meldet sie sich nicht mehr. Wahrscheinlich meint sie, dass das Reden nunmehr meine Sache ist. Meine, ganz allein.

An diesem Tag kommen noch viele andere Journalisten. Junge und alte, unwichtige und wichtige. Mein Presseagent strahlte vor Freude. Und ich war so, wie man es von mir erwartet hat: nett, aufgeschlossen, geduldig.

Ein Journalist brachte mir Schokolade und Rosinen. Er kam von einer jüdischen Zeitung, war noch jung, blond und sommersprossig. »Sie haben so wenig Süßes in Ihrer Kindheit gehabt«, sagte er. »Rosinen bringen Glück und Segen.« Glück und Segen kann ich brauchen – jetzt vielleicht noch mehr als früher. Ich stand auf und umarmte diesen jungen Juden, der etwa das Alter meines Sohnes hatte.

Später kamen die bekannten Fragen. »Wie haben Sie überlebt? Warum? Wie wurden Sie gerettet? Woher hat Ihr Vater die falschen Papiere gehabt?«

Ja, das würde ich auch gerne wissen, dachte ich im Stillen.

Irgendwann stand mein Agent auf: »Schluss für heute.«

Anschließend war eine Stunde Pause eingeplant, damit ich mich auf die Autorenlesung vorbereiten konnte. Oben im Zimmer tat ich wie immer vor solchen Veranstaltungen alles gleichzeitig. Ich malte mir das Gesicht hübsch an – das Opfer soll nicht wie ein Opfer aussehen, dies mögen die Leute nicht –, trank Kamillentee für die Stimme, schaute noch schnell in meine Bücher, trank dann ein Glas Champagner für die Courage.

Es wurde wieder ein schöner Abend, und ich habe den Star gespielt. Oder nur einen netten Clown? Ich weiß es nicht. Die Abende sind immer schön, die ich mit Menschen verbringe, die mir zuhören. Ich spüre die Sympathie, die sie mir, einem fremden Menschen, entgegenbringen. Sie verstehen meinen Schmerz und ich ihre Ängste. Zuneigung ist da. Und Wärme.

Sie hält genauso lange an wie der Abend. Ich bin fröhlich, aufgeschlossen, klug und wahnsinnig nett. Danach weine ich lange, bis tief in die Nacht.

Jetzt bin ich allein. Ich setze mich aufrecht ins Bett, umfasse meine Knie. Ich fröstle etwas, obwohl es eine warme Nacht ist. Das Fenster ist offen, der Blick in die Dunkelheit fasziniert mich.

Wasser. Was ist das? Ein Kanal? Ach ja, ich bin in Amsterdam. Gestern Nacht angekommen, hatte ich noch keine Zeit, die Stadt kennen zu lernen. Und jetzt bin ich so müde ...

»Zimmerservice bitte, ich möchte eine Tasse Tee«, höre ich meine eigene Stimme sagen. Bald klopft es schon an der Tür – ich habe nur einen Unterrock, einen Schuh an und wickle mir noch schnell ein Badetuch um die Hüften.

Der Mann ist sehr groß, sehr schwarz, hat eine schneeweiße Jacke an. In den Händen ein riesiges Tablett. Freundlich lächelnd stellt er es auf den Tisch. Drei schwere Silberkannen, dreierlei Zucker, Konfekt, Gebäck, Milch und Sahne, Zwieback und eine Rose in einer kleinen Vase.

Einen Moment bin ich versucht, den farbigen Kellner zu fragen, ob er den Tee mit mir zusammen trinken möchte – es reicht ja für zwei. Hat er ein solches Angebot von einer einsamen Dame schon öfter bekommen? Sicher. Will ich es außerdem wirklich? Ich wäre nur gern für einen Moment nicht so schrecklich allein.

Nachdem die schwarz-weiße Gestalt mein Zimmer verlassen hat, trinke ich den Tee in kleinen Schlucken und wärme mir an der Tasse die Hände.

Meine Großmutter im Ghetto kochte Wasser in einem kleinen rostigen Topf. Danach musste sie den Topf sofort verstecken, damit ihn die Leute nicht klauten. Wenn man etwas auf dem Küchentisch stehen ließ, verschwand es gleich. Zwiebeln, Brot, Kartoffeln. Es wohnten so viele in unserer Wohnung. Sieben Köpfe auf ein Fenster, hatten die Deutschen gesagt und genau abgezählt.

Die dampfende Küche war voller fremder lauter Menschen, schwitzende, stinkende Leiber. Die Frauen standen immer Schlange vor dem Herd. Man musste warten, bis man mit dem Kochen an der Reihe war.

Großmutter brachte den Topf ganz vorsichtig in das Zimmer, wo unser Bett stand, stolz, dass sie es wieder geschafft hatte. Sie löste in dem kochenden Wasser ein Stückchen Marmelade auf, bis es sich rosig färbte, und gab es mir zu trinken. Das war unser Tee. »Trink schnell, solange es heiß ist«, sagte sie immer. Ich trank so schnell, dass mir die Lippen wehtaten. Manchmal aber war die Kohle für den Küchenofen aus. Dann gab es einen fürchterlichen Streit, wer die Kohle beschaffen sollte und den Ofen heizen. Sie stritten sich lange, heftig und laut. An diesen Tagen gab es keinen Tee mehr.

Während ich mit der Tasse in der Hand auf dem Bettrand sitze, schaue ich unwillkürlich in den Spiegel und muss plötzlich lächeln. Mit dem Gesicht voll verschmierter Schminke, mit den Spuren von schwarzen Tränen, dem roten Unterrock, dem einen Schuh, den ich immer noch trage, den verstreuten Blumen auf dem Fußboden, sehe ich in diesem Hotelzimmer wie eine verlassene Braut aus. Eine etwas ältere vielleicht. Umso schlimmer. Dann klingelt das Telefon. Es ist die Rezeption.

»Miss Ligocka, ein Herr möchte Sie sprechen.«

»Ein Herr? Ja, bitte.«

Die Stimme ist alt, müde, zittrig. Spricht englisch, polnisch, deutsch durcheinander.

»Ich war heute in Ihrer Lesung, aber ich bin nicht zu Ihnen durchgekommen«, klingt es vorwurfsvoll. »Es waren zu viele Leute da. Ich heiße Samuel Goldberg.«

»Ja?«

»Sie haben mich nicht gesehen. Ich habe mich nicht zu Ihnen vorgedrängt.«

»Ja?« Ich bin so müde, dass ich nur Ja sagen kann. Außerdem bin ich heiser, habe keine Stimme mehr. Aber er scheint nichts anderes zu erwarten und spricht weiter.

»Ich heiße Samuel Goldberg«, wiederholt er, als wäre es eine Erklärung. Der Name klingt sehr jüdisch. »Samuel Goldberg aus New York. Eigentlich aus Krakau.«

»Oh!«

»Ich müsste Sie heute noch sprechen.«

»Schön, dass Ihnen meine Lesung gefallen hat«, sage ich mechanisch, »aber jetzt bin ich ...«

»Es geht nicht ums Gefallen«, unterbricht er ungeduldig. »Ich war auch im Lager und auch in Auschwitz, verstehen Sie? Ich muss Ihnen das erzählen!«

Es wird schon wieder eine schlimme Lagergeschichte sein, denke ich schnell. Seitdem ich Bücher schreibe, wollen mir alle ihre Geschichte erzählen. Es sind oft so unglaubliche Schicksale. Sie brechen mir das Herz. Aber was soll ich tun? Ich habe nur ein Herz. Und es ist so müde. Ich kann mir nicht jeden Tag, jeden Abend das Herz brechen lassen.

»Ich kann Ihnen etwas Besonderes erzählen ...«

»Ja, Herr Goldberg«, unterbreche ich schnell. »Es ist schon sehr spät ... Morgen auf einen Kaffee?«

»Ich komme aus Amerika«, entgegnet die zittrige Stimme vorwurfsvoll, »morgen früh bin ich schon weg.«

»Ja, dann tut es mir Leid ...«

Schweigen.

»Ich kannte Ihren Vater.«

»Meinen Vater?«

»Hieß Ihr Vater David Liebling? Ich war mit ihm im Lager.«

Tausend Alarmsignale, tausend Glocken klingeln auf einmal in meinem Kopf. Er kannte meinen Vater, Vater, Vater ...

»Wo sind Sie, Herr Goldberg?«

»Was heißt wo? Ich warte hier unten auf Sie.«

Ich schaue auf die Uhr, eigentlich ist es gar nicht so spät, halb elf erst.

Ich habe ihn nicht mal gefragt, wie er aussieht, denke ich im Aufzug. Ach was, ich werde ihn schon erkennen.

Samuel Goldberg sitzt in einer Ecke der Hotelhalle und raucht Zigarre. Klein, rundlich, rothaarig. Alt.

Zur Begrüßung macht er tausend umständliche Gesten. Seine

Zigarre fällt auf den Boden, der Aschenbecher kippt um. Dann sitzen wir uns gegenüber und schauen uns an. So müssten früher in Krakau meine Onkel ausgeschaut haben, stelle ich mir vor. Onkel, die ich nie kannte. Klein, dicklich, jüdisch. Er trägt eine Fliege und ein kurzärmeliges Hemd. Seine Haut ist voll von braunen Flecken.

»Sie sehen noch so jung aus«, sagt er ohne Begeisterung. Er scheint sich gar nicht zu freuen, dass ich gekommen bin.

»Ach, heute sehe ich eher müde aus.« Ich versuche, kokett zu sein, aber es macht keinen Eindruck.

»Sie sind doch viel zu jung. Waren Sie wirklich im Ghetto?«

Ich schaue ihn nur schweigend an.

»Ihr Buch ist so erfolgreich. Gut für Sie.«

»Es ist vor allem gut für die Geschichte, die wir alle zu erzählen haben«, sage ich mild. »Über das Leiden unseres Volkes.«

»Ich habe auch ein Buch geschrieben«, gibt er zur Antwort, »aber es ist so schwierig bei uns in Amerika. Zu viele Menschen, zu viele Bücher, verstehen Sie?«

Ich nicke nur. »Was machen Sie in Amsterdam?«, frage ich höflich, aber er hört nicht zu. Seine Fragen kommen jetzt sehr schnell, eine nach der andern.

»Haben Sie sich verstecken müssen? Wie ist Spielberg auf Sie aufmerksam geworden? Sind Sie wirklich das Mädchen in der roten Jacke?«

»Im roten Mantel«, werfe ich ein.

»Ja. Mantel. Sind Sie es?«

Jetzt lässt er mir kurz Zeit zum Reden, also beantworte ich alles auf einmal. Seine Fragen sind mir ja nicht fremd. Das fragen mich so viele Menschen. Aber ich muss sie zuerst alle beantworten, denn er hat mir auch etwas zu erzählen. Über meinen Vater.

Etwas Wichtiges vielleicht. Oder etwas Schlimmes? All das schießt mir schnell durch den Kopf, während ich fast mechanisch weiterrede: »Ja, ich habe mich versteckt. Mit meiner Mutter zusammen. Erst im Ghetto, dann in einem unterirdischen Loch, später mit falschen Papieren auf der ›arischen Seite‹ der

Roma in ihrem roten Mantel 1943 auf der Flucht.

Stadt. Da trug ich den roten Mantel.«

»Stimmt es also wirklich?«

»Ja. Ich hatte tatsächlich so einen Mantel an. Den hat mir meine Großmutter im Ghetto genäht. Und als wir an diesem Abend vor einer fremden Tür standen und um Hilfe baten, da hat mich die junge Frau bei sich versteckt, weil ich in dem Rot wie eine kleine Erdbeere aussah.«

Er nickt verständnisvoll.

»Sie wollten mir etwas erzählen«, versuche ich ihn zu erinnern.

»Haben Sie noch Familie?«, fragt er weiter.

Geduld, sage ich mir, Geduld. »Meine Familie ist fast vollständig ermordet worden in den Gaskammern von Belzec und im Lager ...«

»Waren Sie auch im Lager?«

»Ich nicht, aber mein Vater.«

»Ihren Vater habe ich im Lager getroffen.«

Jetzt, denke ich, jetzt. Jetzt werde ich etwas erfahren, was ich immer schon wissen wollte. Der Mann ist der erste Mensch, mit dem ich spreche, der meinen Vater im Lager gekannt hat.

Warum habe ich Angst vor der nächsten Frage? Ich weiß auch nicht, wie ich sie stellen soll. Aber der alte Mann lässt mir sowieso keine Zeit dafür.

»Ich war damals sechzehn, als ich ins Lager kam. Meine Eltern, Gott hab sie selig, waren schon tot. Ich hatte die Pritsche neben Ihrem Vater. Er hat mir dort alles gezeigt. Ich hatte Angst. Und ich hatte solchen Hunger …«

Jetzt, jetzt stelle ich meine Frage.

»War mein Vater ein guter Mensch?« Es klingt fast kindlich, ratlos, unsicher.

»Ihr Vater?« Der Alte schaut mich verwundert an, und ich kann mir in ihm beim besten Willen keinen sechzehnjährigen Jungen vorstellen.

»Natürlich war er ein guter Mensch. Und wie! Er hat mir Brot gegeben. Verstehen Sie? Brot!«

Er wiederholt es, seine Augen beginnen zu glänzen, und ich weiß, dass es für ihn damals die wichtigste Sache auf der Welt war.

»Er hat mir damals im Lager Brot gegeben. Es war wie Gold. ›Du musst noch wachsen‹, sagte er immer zu mir. Ich war so dünn. Ja, er war ein guter Mensch, Ihr Vater.«

»Ich möchte mehr über ihn wissen«, sage ich mit einem Seufzer, aber bereits während ich die Frage stelle, fühle ich mich schon seltsam beruhigt.

Auch sehe ich, dass der alte Mann mit seinen Gedanken ganz woanders ist. Im Lager vielleicht. Er scheint nichts mehr sagen zu wollen, auf einmal müde zu sein. Zieht an seiner Zigarre. Schweigt eine Weile. »Ich habe dies in meinem Buch beschrieben. Ich schicke es Ihnen. Ich bin zwar kein Schriftsteller, aber da können Sie alles lesen. Auch über Ihren Vater.«

Am liebsten würde ich den Mann jetzt verlassen, nach oben laufen, mich ins Bett legen, mit meinen Gedanken allein sein.

»Ihr Vater war ein guter Mensch.« Dieser herrliche Satz genügt mir für heute. Mehr möchte ich gar nicht wissen.

»Sie fahren morgen zurück? Was machen Sie hier in Amsterdam?«, stelle ich nochmals höflich meine Frage. Diesmal zum Abschied.

»Das Anne-Frank-Museum. Kennen Sie es? Ich habe es besucht – weil ich es meiner Frau versprochen habe. Meine Frau, eine holländische Jüdin, hat hier überlebt. Sie hat sich auch in Amsterdam versteckt.«

»Ist Ihre Frau bei Ihnen?« Unwillkürlich schaue ich mich um.

»Meine Frau? Nein. Wir wollten immer schon ... Wir waren öfter schon in Europa. Aber es hat nie gereicht, die Zeit nicht oder das Geld. Sie wissen, wie das ist ... Wir sind immer nur zur Kur nach Italien oder in die Schweiz gefahren. Und ich habe ihr immer versprochen: Nächstes Jahr, liebe Syma, fahren wir nach Amsterdam. Sie kannte ja die Familie von Anne Frank. Sie war in ihrem Alter damals.«

»Und? Gefällt es Ihrer Frau hier?«

»Meiner Frau?« Er wischt sich die Stirn mit einem großen Taschentuch.

»Meine Frau ist vor einem Jahr gestorben. Meine Syma, Gott hab sie selig. Ich bin hier, weil ich es ihr doch versprochen habe. Bin sofort nach Europa geflogen, sobald ich konnte. Ich war auch in dem Haus, wissen Sie, in dem sich meine Frau damals mit ihrer ganzen Familie versteckt hat. Sie wollte es doch noch mal sehen ...«

Der alte Mann wischt sich die feuchten Augen, dann wieder die Stirn. Seine Haare verschieben sich dabei komisch, auch der Scheitel ist nicht mehr an seinem Platz. Erst jetzt sehe ich, dass er ein Toupet trägt. Ich versuche krampfhaft, nicht hinzuschauen. Die Entdeckung macht mich verlegen und aus irgendeinem Grund beinahe zornig. Gleichzeitig empfinde ich auch grenzenloses Mitleid mit ihm, mit diesem Samuel Goldberg aus Krakau/New York, mit mir selbst, mit uns allen. Und mit seiner Syma, die es nicht mehr geschafft hat, noch mal nach Amsterdam zu kommen.

Ich stehe schon am Aufzug, da läuft er mir nach, ganz außer Atem. »Vergessen Sie nicht, mich zu besuchen, wenn Sie in Amerika sind. Sie kommen doch nach Amerika, nicht wahr? Wir würden uns freuen«, er schluckt. »Ich würde mich freuen!«

»Aber natürlich, Herr Goldberg, das werde ich tun. Ganz bestimmt.«

Später, in meinem Bett, versuche ich, nicht mehr an all das zu denken. Wie jeden Abend bemühe ich mich verzweifelt, abzuschalten und einzuschlafen. Ich versuche an irgendetwas anderes zu denken, das schön, ruhig, friedlich ist. An eine grüne Wiese, die warmen Sonnenstrahlen, an den Sommer, der bald kommt. Aber stattdessen sehe ich das dunkle Krankenhauszimmer, in dem mein Vater damals kurz nach dem Krieg starb, und diesen trostlosen Korridor, in dem Mutter und ich damals auf ihn gewartet haben. Nur seinen blauen Füllfederhalter, seine alte Uhr, eine Omega, haben sie uns ausgehändigt, und sein Rasiermesser. Alles in einer kleinen Pappschachtel verpackt.

»Er war ein guter Mensch«, sagte der Mann. Er hat ihm im Lager sein Brot gegeben. Im Lager waren es eben Brot oder ein paar Schuhe, die über Leben oder Tod entschieden haben.

Ich habe ihn so wenig gekannt. Wir haben nur ein paar Monate zusammen verbracht. Ein paar Monate für ein ganzes Leben. Gleich nachdem er aus Auschwitz zurückkam, haben sie meinen Vater verhaftet. Ich weiß bis heute nicht, warum. Er saß im Gefängnis, bis er todkrank geworden war, so krank, dass sie ihn zum Sterben in ein Krankenhaus entlassen haben. Er war erst neununddreißig Jahre alt, und seine Haare waren ganz grau.

»Ein guter Mensch«, sagte der Mann ...

❖

Ende Juni blühen in Krakau die Kastanienbäume. Die weißen Blüten bilden an jedem Zweig kleine Türmchen. Kerzen nennt man sie hier.

»Wenn die Kastanien blühen, meine Lieben«, sagten zu uns die Lehrer in der Schulzeit, »nehmt euch in Acht. Ihr fangt dann meistens erst zu lernen an, und es ist bereits viel zu spät. Dann gibt es schon die Zeugnisse. Seht euch vor, wenn die Kastanien blühen!« Die Prüfungsangst von damals habe ich immer noch, gelernt habe ich nicht viel. Nur die Prüfungen, die ich jetzt zu bestehen habe, die finden leider nicht mehr nur im Juni statt.

Ich setze mich auf eine Bank im Park. Die Sonne leuchtet durch die Blätter der Bäume, kleine, weiße Kastanienblüten wirbeln in der Luft.

So saß ich damals mit meiner Schulfreundin Barbara auf der gleichen Bank und wir lernten Lateinvokabeln für die Prüfung.

»Bitte, Barbara, ich kann es schon«, bettelte ich, »lass uns aufhören.« Barbara war streng. »Du kannst es gar nicht, wiederhole, wiederhole, wiederhole.« Ich schloss die Augen. Die vielen lateinischen Wörter wirbelten in meinem Kopf, machten mich müde.

»Lass uns über etwas anderes reden, Barbara, über Männer, über Liebe. Vielleicht sollten wir heute zum Friseur gehen, Haare schneiden. Es gibt jetzt eine neue Frisur, sie heißt ›Simone‹.«

»Also gut, aber du wirst es wiederholen, zu Hause. Versprochen?«

Wir trinken noch an der Ecke Sodawasser mit einem Schuss Himbeersirup. Der Verkäufer hat nur ein Glas, das er allen anbietet. Er spült es irgendwo, etwas unhygienisch vielleicht, aber es schmeckt so gut.

»Vergiss Mathe nicht«, ruft mir Barbara zum Abschied nach. »Den Kosinus!« Was ist der Kosinus? Ich weiß es bis heute nicht.

Jetzt, viele Jahre später, darf ich in Krakau machen, was ich will, mich auf der Parkbank sonnen, durch die engen schattigen Straßen schlendern, auf dem Marktplatz einen Kaffee trinken. Nein, nicht bloß einen Kaffee, einen Espresso wie in Italien.

Es ist niemals so schön hier wie im Juni. Die Stadt pulsiert von den vielen Festivals: Kunst, Tanz, Musik und auch das Festival der jüdischen Kultur – nur Juden gibt es nicht mehr.

Aber Juni ist der Monat, in dem sich die Menschen in Krakau treffen: die Einheimischen und die Fremden, die Touristen, die jungen und die alten Emigranten, die aus allen Ländern, aus weit entfernten Kontinenten für ein paar Tage in die Stadt kommen. Studenten treffen sich in Konzerten, bei Ausstellungen, auf Festen. Es ist eine Stimmung wie auf einem Universitätsgelände. Bloß überall dabei sein, nichts versäumen, alles mitmachen.

Schnell spricht sich herum, wer von den bekannten Personen in der Stadt ist. »Habt ihr Horowitz gesehen?«, fragt jemand in der Runde. »Ist er schon da?«

Horowitz ist ein bekannter Fotograf aus New York und mein Kindheitsfreund. Aber ich habe ihn auch noch nicht gesehen. Ich bin erst seit gestern hier.

Auf dem Marktplatz treffe ich Aviwa, eine Dichterin aus Israel. Sie ist klein, grauhaarig, älter als ich. Doch sie wirkt wie ein junges Mädchen. Immer eifrig, enthusiastisch, von allem begeistert. Sie ist auch ein Holocaustkind wie ich.

»Hast du schon den Professor kennen gelernt?«, fragt sie mich fast atemlos. »Du musst ihn unbedingt kennen lernen, ein interessanter Mann. Er hat ein sehr gutes Buch geschrieben. Komm morgen ins Eröffnungskonzert in die alte Synagoge, ich werde euch bekannt machen«, flötet sie und entschwindet, bevor ich antworten kann. Der Professor?, denke ich später, welcher Professor? Sicher ein alter Mann. Sicher wieder eine schreckliche Lebensgeschichte. Aber Aviwa zuliebe! Und in das Konzert wollte ich sowieso. Da trifft sich die hiesige Prominenz, die Gäste, einfach alle ...

Am nächsten Morgen klingelt schon um halb acht Uhr das Telefon. Das Fernsehen meldet sich. »Frau Ligocka, wir hätten Sie gerne für ein Interview.« Die Redakteurin hat eine feste Stimme, viel zu laut für diese Tageszeit. »Interview? Wann denn? Morgen, übermorgen?«, frage ich verschlafen.

»Nein. Jetzt sofort. Bitte verzeihen Sie den Überfall«, entschuldigt sich die energische Stimme, aber es hört sich nicht so an, als täte es ihr Leid.

»Wir brauchen Sie gleich. Es hat sich so ergeben.«

»Aber ich ...«

Der Widerstand ist zwecklos.

»Wir schicken ein Auto zum Hotel. Es wird ein schönes Gespräch. Zu dritt. Sie werden sehen. Der Herr Professor, der Bürgermeister und Sie auf dem Platz vor der Synagoge im jüdischen Viertel. Toll.«

Den Bürgermeister kenne ich.

»Wer ist der Professor?«

»Was? Sie kennen ihn nicht?«

Die Stimme am Telefon klingt etwas gönnerhaft.

»Ein interessanter Mann. Sehr beliebt. Er leitet das Israelische Institut in Warschau. Er hat den Krieg auch hier als Kind überlebt. Versteckt wie Sie. Er hat ein Buch darüber geschrieben, Sie haben doch sicher schon davon gehört? Er ist sehr beliebt!«

»Ja, davon habe ich gehört.«

»Es wird gut werden, keine Sorge. Wir schicken gleich ein Auto. Bis später!«

Der Platz vor der Synagoge im jüdischen Viertel. Früher haben hier wirklich Juden gelebt. Sie hatten hier ihre Geschäfte, ihre Schulen, Schneider, Friseursalons, Krämerläden. In den Höfen trocknete die Wäsche. Kleine dreckige Jungs spielten in den Pfützen oder auf den Pflastersteinen Himmel und Hölle. Sie hatten Schläfenlöckchen, Payes genannt, und zerrissene Socken. Es war eng, es war schmutzig. Die Alten stritten sich, die anderen saßen in ihren schwarzen Kaftans in der Sonne vor den Geschäften und strichen über ihre Bärte. Sie gingen in ihre Jeschiwa, die Talmudhochschule. Freitags gingen sie in die Synagogen. Die Frauen verkauften Hühner auf den Holztischen. Abends zündeten sie Kerzen an ... Ich habe es nie gesehen, es war vor meiner Geburt, aber ich stelle es mir so vor.

Jetzt gibt es hier keine Juden mehr. Sie wohnen nicht mehr hier.

Die, die überlebt haben, wohnen an anderen Orten. Sie kommen nur zu Besuch. Als Gäste.

In dem Festivalbüro bekommt man ein kleines Namensschild. Auf meinem steht: Roma Ligocka – Gast.

Der leere Platz glänzt in der Morgensonne. Die hell gestrichenen Häuser tragen bunte Schilder. Fast in jedem Gebäude ist ein Café, ein Restaurant, ein Hotel untergebracht. Die alte Synagoge ist ein Museum geworden. Ein paar Touristen, sicher Frühaufsteher, sitzen in den umliegenden Straßencafés. Sonst ist es fast menschenleer.

Mitten auf dem Platz sehe ich schon den Übertragungswagen. *Telewizja* steht in großen Buchstaben darauf: FERNSEHEN. Daneben hat die Maskenbildnerin ihr Tischchen aufgestellt, mit Spiegel darauf, Schminke, Pinsel.

Sie stürzt sich gleich auf mich: »Frau Ligocka? Setzen Sie sich. Schnell, schnell.«

»Ich sehe noch so verschlafen aus«, klage ich unsicher.

»Macht nichts. Macht nichts.« Sie lächelt freundlich, aber ich weiß, was sie denkt: In deinem Alter spielt es gar keine Rolle, wie du aussiehst. Hauptsache, du hältst deinen Mund und lässt mich arbeiten.

Während sie mir eifrig mit dem Pinsel im Gesicht herumfährt, kommt schon die Redakteurin angelaufen. Sie hat lockiges Haar in zwei Farben: Der untere Teil ist pechschwarz, der obere feuerrot. Sie drückt hastig meine Hand.

»Wann seid ihr fertig?«, fragt sie die Maskenbildnerin. »Lasst euch Zeit«, entscheidet sie dann. »Wir interviewen jetzt erst den Professor.«

Ich drehe mich um und sehe direkt vor der Synagoge ein rotes Sofa. Ein Mann sitzt darauf – groß, schlank, braun gebrannt, weißhaarig. Er raucht Pfeife.

»Warten Sie hier«, befiehlt die Rot-Schwarz-Haarige.

»Wie denn?« Ich ahne Schlimmes und beginne, etwas sauer zu werden. »Wird es kein Gespräch zu dritt geben?«

»Nein«, sagt sie leichtfertig, »wir haben es uns anders überlegt. Wir führen die Gespräche schön der Reihe nach. Erst er. Dann Sie. Der Bürgermeister kommt später. Ist besser so.«

Und als sie sieht, dass ich protestieren will, legt sie mir beruhigend die Hand auf die Schulter.

»Nur aus technischen Gründen«, fügt sie hinzu. »Bis gleich also!«

Sie verlässt uns schnell, setzt sich zu dem silberhaarigen Mann aufs Sofa und hält ihm das Mikrofon unter die Nase.

Die Maskenbildnerin schwingt wieder ihren Pinsel über mein Gesicht. »Schließen Sie die Augen«, sagt sie.

Hier in der Nähe ist der jüdische Friedhof, wo mein Vater begraben liegt. Ich müsste das Grab eigentlich wieder richten lassen ...

»Schnell, schnell, Sie sind gleich dran.« Die Redakteurin reißt mich bald darauf aus meinen Gedanken. Sie hat gerötete Wangen und eine Zigarette in der Hand, von der die Asche herunterfällt. Sie hustet, trinkt Wasser.

»Machen Sie mich wenigstens mit dem Professor bekannt«, sage ich, noch immer etwas beleidigt.

»Mit Professor Schwarz? Aber gerne.«

Wir gehen ein paar Schritte auf den Mann zu, der gerade von dem Sofa aufgestanden ist und immer noch seine Pfeife raucht. Dann nehmen ihn auf einmal blitzschnell zwei junge Männer in die Mitte. Ein Auto kommt direkt vor die Synagoge gefahren, die Tür wird aufgerissen, der Professor hastig hineingeschoben, die Männer springen hinterher. Es dauert vielleicht nur zwei Minuten. Er ist weg. Zurück bleiben das leere Sofa und ein leiser Pfeifenduft.

Die Synagoge ist hell erleuchtet, strahlt schon von weitem in der dunklen Straße. Autos fahren vor und bekannte Leute entsteigen ihnen: der Bürgermeister, der Bischof, ein paar Schauspieler. Sie werden von jungen Menschen in weißen Hemden zu ihren Plätzen begleitet. Es herrscht diese tuschelfreudige, erwartungsvolle Atmosphäre: Ein Fest kann beginnen.

Ich habe ein langes weißes Abendkleid an, sehr sommerlich. Ich fühle mich gut. Das Kleid ist aus weichem, fließendem Stoff, es schmeichelt dem Körper, es schmeichelt der Seele. Von einem jungen Mädchen mit langen Haaren werde ich gleich in die erste Reihe gebracht. Ich sitze neben dem Bürgermeister – dies schmeichelt meiner Seele noch mehr ... Ein paar Sitze weiter links von mir entdecke ich das markante Gesicht des Mannes von heute früh.

Die alte Synagoge. Frisch renoviert, schön. Vielleicht zu sehr renoviert. Zu schön. Hier war ich so oft als Kind. Noch früher haben hier meine Eltern geheiratet. In dieser Stadt, an diesem Ort verschieben sich für mich die Grenzen. Es gibt Momente, in denen ich nicht genau weiß, was Heute, was Gestern ist.

Diese Musik, diese schöne, traurige Musik, mag ich sehr. Immer, wenn ich sie höre, stelle ich mir eine Familie am Tisch sitzend vor, darauf eine rote Samttischdecke mit weißer Spitze. Vater, Mutter, Kinder, Onkel und Tanten. Kerzenlicht. »*S'hma!* Höre!«

Der Kantor singt mit großer fester Stimme, sie füllt den ganzen Raum: »*Baruch ata Adonai.* Gott segne uns.« Wo ist Gestern, wo Heute?

Erst gestern war ich hier als kleines Kind. Es war kalt, die Heizung funktionierte nicht. In den Mosaiken fehlten viele Steine, der Putz fiel von den Wänden. Ich lief zwischen den Bänken hin und her, freute mich, dass ich an diesen Tagen nicht zur Schule musste. Es waren die jüdischen Feiertage, sie waren nur für uns. Meine »arischen« Freundinnen mussten zur gleichen Zeit in dem stickigen Klassenzimmer sitzen – das war fein.

Es freute mich, auch wenn die Leute um mich herum immer weinten. Sie standen oder saßen in kleinen Grüppchen, es waren nicht viele. Nicht viele sind übrig geblieben. »Überlebt« hieß das Wort. »Wer hat überlebt?« Dies war die Frage zur Begrüßung, dies war die Frage zum Abschied.

Sie weinten alle. Oben auf dem Balkon die Frauen. Unten die Männer. Es waren mehr Frauen und nur wenige Männer. Am Eingang standen kleine Leuchten und Kerzen. Für jeden Verstorbenen eine. Es war ein ganzes Meer von Kerzen. Die Synagoge war ein einziger leuchtender Ozean. Und zwischen all dem wir Kinder. Ein winziger Haufen: dunkle Haare, blasse Gesichter und immer noch verschreckte Augen.

»Ich habe heute Schinkenbrot gegessen«, verkündete ein Junge mit gedämpfter Stimme und lächelte frech. Er wollte damit nur provozieren, und alle schauten ihn neidisch an. Denn Schinken essen ist uns verboten.

Die Musik hört plötzlich auf, der Chor hat sein erstes Lied beendet. Jetzt sind die Redner an der Reihe. Ich kann ruhig weiterträumen. Wo war ich doch stehen geblieben?

»Und jetzt übergebe ich das Wort dem Direktor des Israelischen Instituts in Warschau.« Die lange dunkle Gestalt zu meiner Linken springt schon auf die Bühne. Jungenhaft, unkonventionell, lächelnd. In seinem schwarzen Hemd und seiner schwarzen Hose sieht er zwischen all den Anzügen, weißen Hemden, Krawatten, Smokings irgendwie privat aus.

Er entschuldigt sich auch gleich für seine Kleidung: »Wissen Sie, in meinem Land, in Israel, ist es immer so heiß, ich vergesse einfach dauernd meine Jacke.« Er lacht. Sein Lachen ist ansteckend, und alle lachen mit.

Er spricht polnisch, spricht englisch. Es funkelt, zwischen ihm und dem Publikum entsteht Spannung. Es knistert. Man sieht, dass er es gewohnt ist, im Mittelpunkt zu stehen, und dass es ihm Spaß macht. Er ist hier auch bekannt, das sieht man. Die Leute mögen ihn. Er spricht über Lustiges, über Trauriges. Macht Witze, wird ernst. Er spricht über den Krieg in Israel. Er sagt nicht immer nur das, was die Leute hören wollen, aber die Leute wollen hören, was er sagt. Er lächelt viel, ist braun gebrannt, seine weißen Haare bilden einen schönen Kontrast zu der dunklen Haut. Manche Frauen kriegen den Mund gar nicht mehr zu.

Was für ein Mann!, denke ich erstaunt. Was für ein Mann!

Dann meldet sich wieder der Chor. Die Musik trägt mich, ob ich es will oder nicht, in die Vergangenheit zurück. Manche Melodie ist mir so vertraut, auch wenn ich sie nie im Leben gehört habe.

Zum Schluss singen sie »Wenn der Rebbe tanzt«, das ist ein lustiges Lied, das kenne ich. Hat meine Mutter auch gesungen.

Haben sie es auch bei ihrer Hochzeit gesungen? Damals in Krakau. In dieser Synagoge. Meine Eltern, sie waren noch so jung.

Nach sieben langen Verlobungsjahren durften Tosia und David heiraten. Im Winter 1933, in der Sonnwendnacht.

»Die längste Nacht des Jahres haben wir uns für unsere Hochzeitsnacht ausgesucht«, erzählte später meine Mutter stolz. So macht man das!

Mein Vater war damals sechsundzwanzig Jahre alt, Tosia dreiundzwanzig, und sie waren verliebt wie am ersten Tag. Zu Hause wartete auf sie und die Gäste eine riesige Tafel: Gänsebraten, Berge von Kuchen, Rosinenwein. Später sind sie aufs Land gefahren. Mein Vater hatte dort ein kleines Häuschen gekauft. Tosia hat er es genannt, wie seine Frau. Viele Kinder wollten sie haben. Fünf mindestens. Sie bekamen nur mich.

Als der Krieg kam, war David einunddreißig und Tosia achtundzwanzig. Er kam ins Lager, sie mit mir ins Ghetto.

»Baruch ata Adonai«, singt der Chor noch mal zum Abschied. Und alle stehen auf, singen mit. Der Professor springt wieder auf die Bühne, gibt dem Chorleiter die Hand, trällert mit ihm noch ein kleines Solo: *»Schalom, schalom* – Friede soll sein.«

Später im Gedränge der vielen herausströmenden Gäste fischt mich Aviwa aus der Menge heraus. Sie hält mit einer Hand die meine fest, mit der anderen schnappt sie die des Professors, der sich noch mit jemandem unterhält. Einen Augenblick sieht es so aus, als wolle sie unsere Hände verbinden.

»Darf ich vorstellen«, sagt sie. Er schaut auf mich ein wenig von oben herab, ist so viel größer als ich. Ein warmer starker Händedruck. Seine dunklen Augen mustern mich aufmerksam, neugierig.

»Nett, Sie kennen zu lernen.«

»Ich bin David Schwarz.«

Juli

Das Foto auf dem Umschlag begegnet mir in den letzten Tagen überall. Die dunklen Augen, die schönen Hände, die Pfeife. Das Buch über die Kindheit von David Schwarz. Es ist in den Zeitungen zu sehen, in den Schaufenstern der Buchhandlungen am Marktplatz, auf Plakaten. Natürlich muss ich es kaufen und fange auch gleich an zu lesen.

⁘

An einem grauen kalten Tag im Ghetto, es war frühmorgens oder abends vor der Polizeistunde, niemand weiß es heute noch, nahm eine jüdische Mutter die kleine Hand ihres Sohnes und drückte sie in die Hand einer jungen Polin.

»Nimm ihn, Hanni«, sagte sie flehend. »Nimm ihn, er wird dir Glück bringen.«

Glück?, dachte die blonde Frau. An jeder Ecke wimmelt es doch von Gestapo.

Sie kam nur zu einem kurzen Besuch hierher, um ihren früheren Arbeitgebern, die sie sehr mochte, ein paar Lebensmittel zu bringen. Sie hat es sogar geschafft, sich den richtigen Passierschein dafür zu besorgen.

Jetzt stand sie ratlos mitten in diesem stickigen dunklen Zimmer, der Junge neben ihr. Er hatte schwarze Locken, große schwarze Augen und war winzig. Gerade zwei Jahre alt.

Wenn er bloß diese schwarzen Haare nicht hätte, dachte Hanni.

»Er wird dir Glück bringen«, wiederholte die Mutter eindringlich. »Dafür kommst du in den Himmel. Nimm ihn zu dir, er wird für dich beten. Vielleicht wird er mal Priester ...«

Hannis Finger spielten nervös mit dem kleinen goldenen Kreuz, das an ihrem Hals hing. Sie stand immer noch unentschlossen da, obwohl sie schon längst wegmusste. Es war zu gefährlich, die Juden zu besuchen.

Die jüdische Mutter zog schnell einen großen alten Koffer hervor, der unter dem Bett lag.

»Wenn es nicht anders geht«, sagte sie hastig, »dann packst du ihn da rein.«

»Das wird er nie aushalten«, rief Hanni. »Da geht er nie hinein.«

»Doch. Er wird ganz still daliegen. Ganz brav.«

Sie kniete nieder, öffnete den Koffer.

»Versteck dich, Davidel!«, flüsterte sie dem Kind ins Ohr. »Versteck dich, bitte.«

Ohne zu zögern, sprang der Kleine in den Koffer, rollte sich zusammen wie ein kleines Tierchen und schloss die Augen.

»Siehst du!«, sagte seine Mutter und stand wieder auf. »Wir haben mit ihm geübt.«

Die Frauen schauten sich tief in die Augen. Sie standen eine Weile schweigend da. Aber zum Überlegen war keine Zeit mehr.

Von den umliegenden Straßen hörte man schon Schüsse, Gebrüll und raues Hundegebell.

»Komm, Davidchen«, sagte die blonde Frau und zog ihr kariertes Wolltuch enger um die Schultern. »Komm mit.«

Der Kleine legte ruhig und vertrauensvoll seine Hand in die ihre. Er kannte Hanni seit seiner Geburt – sie war früher seine Kinderfrau.

Die Mutter knöpfte ihm sorgfältig sein Mäntelchen zu und zog ihm die Mütze tief in die Stirn. Es sah so aus, als gingen die beiden einfach spazieren. »Mit der Mütze sieht man seine Haare nicht so«, sagte die Mutter.

Sie standen schon an der Tür.

»Warte, Hanni, warte!« Die Mutter suchte noch etwas in der Handtasche und legte der Polin ein kleines Foto in die Hand.

»Da sind wir alle drauf«, sagte sie atemlos.

Hanni nahm den kleinen Karton und schob ihn zwischen den Ledereinband ihres Gebetbuches.

»Davidel!«, rief plötzlich eine dünne Mädchenstimme aus der Ecke des Zimmers.

Davids ältere Schwester, die bis dahin völlig apathisch auf dem Bett gesessen hatte, sprang auf, lief barfuß auf die beiden zu und drückte ihrem Bruder eine kleine Stoffpuppe in die Arme. Einen Clown.

»Jahrelang wusste ich nicht, dass ich eine Schwester habe«, wird David später sagen, »aber an den Clown kann ich mich noch heute gut erinnern.«

Auf der Straße standen die gestapelten Möbel. Da die Wohnungen von Menschen völlig überfüllt waren, hatte man die Möbel auf der Straße abgestellt. Der Regen prasselte darauf.

Die junge Frau umklammerte fest das Händchen des Kleinen, in der anderen Hand hielt sie den Koffer. Sie gingen quer über den Platz.

Dann geschah alles blitzschnell. Ein Lastwagen bog um die Ecke. Von weitem sah Hanni, wie die uniformierten Männer heraussprangen und in den engen Gassen verschwanden. Bald wurden Menschen aus den Häusern getrieben und unter fürchterlichem Gebrüll auf die Lastwagen geladen.

Der Koffer, dachte Hanni verzweifelt. Ich muss das Kind schnell in den Koffer packen. Sie drehte sich um, aber David war nicht da. Die kleine Gestalt hatte sich von ihrer Hand losgerissen und war verschwunden. Bevor Hanni es sehen konnte, war David auf die gestapelten Möbel zugelaufen und in einen halb geöffneten Schrank gekrochen. Der Lastwagen fuhr mit großem Gepolter an ihr vorbei. Niemand beachtete sie.

Hanni zog sich das Tuch wieder enger um die Schultern und schaute sich noch mal um. Das Kind war nicht zu sehen.

Ist vielleicht besser so, dachte sie einen kurzen Moment. Jetzt wäre die Gelegenheit, allein weiterzugehen. Wenn er nicht da ist …

Dann sah sie, dass sich in einem großen Spiegelschrank, dessen Tür einen Spalt offen war, etwas bewegte. Ein kleiner Schuh kam zum Vorschein, dann eine kleine Hand. Hanni zog das zitternde Bündel heraus und drückte es fest an sich.

»Komm, David.«

»Wenn mich meine Mutter Hanni damals in dem Schrank nicht gefunden hätte«, erzählte David in seinem Buch, »wäre ich wahrscheinlich nicht mehr am Leben.«

Ich lege das Buch aus der Hand und schließe die Augen. All das sehe ich so nahe vor mir, als wäre es ein Teil meiner Geschichte. Als wäre es die Geschichte meines Bruders ...

»Die erste Etappe meiner Flucht war überstanden«, schreibt David. »Ich kann mich so gar nicht daran erinnern, es wurde mir später, viel später erzählt. Aber mein Leben war noch lange nicht gerettet.«

»Das Erste, woran ich mich wirklich erinnern kann«, erzählt David weiter, »war die völlig überfüllte Wohnung irgendwo am Stadtrand. Meistens lag ich unter dem Bett, auf dem die Erwachsenen saßen. Sie tranken Schnaps. Sie fluchten.

Nachts holte mich meine neue Mutter heraus, wusch mich, gab mir zu essen. Ich glaube, dort verbrachten wir den ganzen Winter. Die Leute, die da mit uns wohnten, mochten mich nicht. Sie schoben mich immer wieder unters Bett. Sie wollten nicht, dass ich meine Mütze abnehme. Sie zogen sie mir immer wieder tief ins Gesicht. Sie stritten sich mit Hanni wegen mir, weil sie Angst hatten. Sie brüllten uns an, schimpften.

Eines Tages fuhren wir, Hanni und ich, mit dem Zug ganz weit weg. An die lange Fahrt erinnere ich mich sehr gut. Es war meine erste Zugfahrt. Sie dauerte den ganzen Tag, die ganze Nacht, vielleicht noch länger. Auch ein Mann war da: Hannis zukünftiger Ehemann und mein neuer Vater ...

Immer wenn Fremde ins Abteil kamen, kroch ich schnell unter die Bank, das konnte ich ja so gut ...

Auch heute noch: Wenn jemand das Zugabteil betritt, in dem ich sitze, habe ich als erwachsener Mann für einen kurzen Moment das Gefühl, dass ich mich unter der Bank verkriechen muss. Auch heute noch ...«

Sie kamen vor einem alten, etwas heruntergekommenen Häuschen an. Es hatte ein Dach aus Holz und kleine Fenster. Am Zaun wuchsen bunte Blumen. Hinter dem Haus fing der Wald an. Es waren nur wenige andere Bauernhäuser in der Nähe. Das Dorf war ziemlich weit weg.

Dies sollte in der nächsten Zeit Davids Zuhause sein. Hier wohnten sie zu viert: Vater, Mutter, Kind und der Vater des Vaters – Davids neuer Großvater. Er war ein alter Mann mit verhärmtem Gesicht, ruhig, schweigsam, ewig mit einer Pfeife im Mund. David freundete sich sofort mit ihm an.

»Er brachte mir bei, wie man eine Pfeife stopft und anzündet, er konnte es wie kein anderer. Manchmal, wenn wir alleine im Haus waren, erzählte er mir Märchen. Ich habe sie kaum verstanden. Es waren die ersten in meinem Leben.«

Die neue Mutter, bald war sie einfach nur noch die Mutter, hat im Pfarrhaus ausgeholfen. Manchmal, in den frühen Morgenstunden, nahm sie den Jungen mit.

Für das Kind war es ein langer Weg über eine staubige Dorfstraße. Aber das Innere der Kirche war atemberaubend schön. Die Blumen, die Farben, das Licht und die vielen Heiligenfiguren, der Altar ...

»Ich durfte auf den Altar klettern, die Blumen in die Vase stecken, Kerzen anzünden. Es gab auf der Welt nichts Schöneres ...«

Wenn Mutter auf dem Friedhof hinter der Kirche arbeitete, spielte er zwischen den Gräbern – es war sein erster Spielplatz. Ein kleiner Bach floss entlang des Friedhofs. Der Junge warf Steine in das rauschende Wasser, immer und immer wieder.

Zu Hause konnte er die schöne Kirche nicht vergessen. Er nahm eine weiße Spitzendecke vom Tisch, legte sie sich um die Schultern und spielte den Priester, zelebrierte die Messe.

Großvater schaute ihm dabei zu und nickte anerkennend.

Jeden Abend brachte Vater David ins Bett und betete mit ihm. Bald konnte der kleine Dunek – er wurde jetzt Dunek genannt – alle Gebete auswendig. Vater war sehr religiös, betete oft. Er blieb auf den Knien und betete weiter, wenn Dunek schon längst eingeschlafen war.

Es kamen aber auch ganz andere Tage und Nächte. Nächte, in denen David heftig aus dem Schlaf gerissen wurde, vom Vater aus dem Bett geholt.

»Lauf, Dunek, lauf. Schnell«, sagte er. Es war ein Flüstern und Schreien zugleich.

Der Kleine wusste: Im Wald ist ein Versteck, ein eigens dafür gegrabenes Loch. Er kannte genau den Weg dorthin. Er musste hineinkriechen und die Tannenzweige über seinen Kopf ziehen. Dort wartete er, bis sein Vater ihn holte. Es dauerte lange, manchmal sehr lange.

Die deutschen Soldaten waren unterwegs, die Polizei oder die Nachbarn hatten etwas gemerkt, im Wald hörte man öfter Schüsse. Die ganze Nacht verging, der Tag. Wenn Vater ihn holte, war das Kind oft ganz steif vor Kälte und Müdigkeit.

Das warme Bett, er möchte so sehr, dass man ihn schlafen lässt, nicht wieder herausreißt. Aber er sagte nichts, er weinte nie – er gehorchte.

Bald war das Verstecken im Wald auch nicht mehr möglich. Ein harter, sehr kalter Winter kam. Meterhoher Schnee lag auf der Erde. Abends saßen die Erwachsenen am Tisch und berieten, was zu tun war. Sie brauchten nicht viele Worte – David wusste, dass es um ihn ging. Dass man ihn verstecken musste. Er wusste nur nicht, warum.

Seine ganze Vergangenheit hatte er bereits vergessen. Ihm kam es so vor, als wurde er erst geboren, damals im Zug.

Hinter dem Haus war ein Holzschuppen, unter ihm ein kleiner Keller. Eigentlich nur ein größeres Loch. Vater baute es um, kleidete es mit Holz aus. Legte Stroh auf den Boden.

Etwa achtzig Zentimeter war es hoch. Stehen konnte man darin nicht, nur sitzen oder liegen. Die Zeit, die David dort verbringen musste, wurde immer länger. Die Nachbarn, auch die

Leute im Dorf, tuschelten schon. Eine Tochter des Nachbarn arbeitete jetzt in der Stadt bei den Deutschen. Man wusste nicht, was sie dort erzählen könnte. Als sie zu ihren Eltern zu Besuch kam, durfte sie den kleinen Dunek nicht sehen.

In der Dunkelheit stellte die Mutter heimlich eine Flasche Milch und ein Stück Brot vor den Schuppen. Eine kleine Hand holte es sich dann in das Loch herein.

Es war dunkel darin, einsam und langweilig. David sammelte kleine Holzstöckchen auf dem Boden, spielte damit Soldaten.

Eines Nachts bekam er Gesellschaft. Ein anderer kleiner Junge war eiligst zu ihm in den Keller hineingeschoben worden. Er war größer als David, vielleicht sieben oder acht Jahre alt. Er versteckte sich schon lange allein im Wald. Die Bauern gaben ihm ab und zu etwas zu essen.

Eines Abends stand er einfach vor der Tür, weil er die Kälte nicht mehr ertragen konnte. Er durfte mit David zusammen in dem Keller schlafen. Am Tag spielten sie mit den Holzstöckchen. Sie spielten Krieg. Die Stöckchen waren ihre Soldaten. In den Ritzen der Holzwände suchten sie Ameisen. Das waren die Gefangenen, weil es im Krieg immer Gefangene geben muss. Den Ameisen wurde es verboten, sich zu bewegen oder wegzulaufen. Wenn sie das taten, wurden sie getötet. Einfach zerdrückt.

David war froh, den anderen Jungen bei sich zu haben. Er fühlte sich stärker mit ihm, sicherer. Er vergaß in diesen Tagen die ganze Welt. Es war so schön, mit einem anderen Kind zu spielen.

Eines Tages war der Junge weg. Er kam auch nicht mehr wieder. Niemand wusste, was aus ihm geworden ist. Und David kannte nicht mal seinen Namen.

⁂

Ich schließe Davids Buch. Die Bilder einer Kindheit, die meiner so ähnlich war, habe ich noch vor Augen ...

Später treffe ich David ständig selbst: in Konzerten, im Theater, im Café. Überall, wo ich hinkomme, sitzt er schon da, in Gesellschaft natürlich, oder er kommt später dazu, als hätten wir uns verabredet. Es ist auch nicht schwer, sich zu treffen, wenn man gemeinsame Freunde hat und die gleichen Wege in dieser seltsamen kleinen Stadt.

»Wann kommen Sie nach Warschau?«, fragt er jedes Mal. Wir wechseln nur wenige Worte miteinander, er ist immer von vielen begeisterten Leuten umgeben. Meistens sind es Frauen, oder kommt es mir nur so vor?

Hinten auf dem Umschlag seines Buches lese ich seinen Lebenslauf: geboren in Polen, dort den Krieg überlebt, war Soldat in Israel. Studierte Geschichte und Politologie. Professor an vielen Universitäten in Israel und Botschafter in Rom. Leitet jetzt das Israelische Institut in Warschau. Verheiratet, zwei erwachsene Söhne ... Siehst du!

»Ist die Frau des Professors auch hier?«, frage ich einmal eine befreundete Journalistin, die immer alles weiß. Sie schaut mich an, ihr hübsches Madonnengesicht wirkt erstaunt.

»Seine Frau? Soviel ich weiß, lebt sie in Israel.«

Wozu frage ich das?, sage ich beschämt zu mir selbst. Ich bin ein Idiot. Es geht mich doch gar nichts an. Überhaupt nichts.

Seine Autorenlesung findet in einem Theatersaal statt. Der Raum ist voll. Ich setze mich bescheiden in eine Ecke, aber er sieht mich und winkt mir zu. Seine Augen strahlen. Sie strahlen die ganze Zeit.

Ich habe mein eigenes Buch dabei. Ich möchte es ihm schenken. Es bleibt mir nicht sehr viel Zeit dafür, denn er wird nach der Lesung gleich wieder von vielen Menschen umringt.

»Vielleicht interessiert es Sie ...«

»O ja, ich habe schon viel darüber gehört. Es interessiert mich ganz sicher.«

Dann werden wir von der Menschenmenge getrennt. Ich weiche zurück. Ich hasse Menschenansammlungen. Im Gedränge bekomme ich Angst. Ich überlasse den Autor den anderen Verehrern und gehe langsam nach Hause.

In dieser Nacht wird das Licht lange brennen in unseren Hotelzimmern. Er liest mein Buch zum ersten Mal und ich das seine weiter.

⁘

Bald musste sich der kleine David nicht mehr im Keller verstecken. Russische Soldaten fuhren in großen Lastwagen vorbei. Die Dorfjungen liefen ihnen nach. David lief mit. Die Soldaten lachten, manchmal warfen sie den Kindern etwas zu essen hinunter.

Der Krieg war vorbei und alle freuten sich. Nur der Großvater schien sich nicht zu freuen. Er saß schweigend auf seinem Bett, sprach mit niemandem. Nicht mal mit David. Er wurde immer dünner, aß kaum mehr etwas. Eines Tages fand man ihn zu Hause. Tot. Er hatte sich erhängt. Keiner wusste, warum.

Kurze Zeit später zog die Familie weg nach Schlesien, in die so genannten »neu gewonnenen Gebiete«, wo man jetzt leicht Wohnung und Arbeit fand. In eine kleine Stadt in der Nähe von Breslau. Vater fand dort Arbeit.

»Es ist auch besser so wegen der Nachbarn«, hat er zur Mutter gesagt. Aber das verstand David nicht.

In dem neuen Ort waren die deutschen Bewohner eiligst dabei, ihre Häuser zu verlassen. Hastig packten sie ihre Sachen. Wer das nicht schnell genug tat, bei dem wurde nachgeholfen.

Auch das Haus, in dem Davids Eltern jetzt wohnen sollten, wurde gerade von einer deutschen Familie geräumt. Vor dem Haus standen noch ihre Sachen.

Ein kleines deutsches Mädchen saß am Straßenrand auf einem Bündel Bettzeug. Sie war so alt wie David und schaute ihn fragend an.

Die Schule begann – David mochte sie nicht, er mochte die Kinder nicht. Aber er ging brav hin, denn er wollte ein guter Junge sein. Außerdem wollte er später Priester werden.

»Dazu muss man viel lernen«, hatte der Großvater einmal gesagt.

Im Frühjahr bekamen Davids Eltern ein Kind. Ein Mädchen. Die kleine Schwester war blond, hatte blaue Augen.

»Ein hübsches Kind«, sagten die Erwachsenen. »Ein sehr hübsches Kind. Ganz der Papa!«

Dann schauten sie David an – und sagten nichts mehr.

David liebte seinen Vater sehr. Mit der ganzen Kraft seines Herzens wollte er sein wie er. Manchmal schloss er sich in seinem Zimmer ein und schaute in den Spiegel. Dann nahm er das große gerahmte Hochzeitsfoto seiner Eltern, das auf der Kommode stand. Er schaute sich selbst im Spiegel an. Dann wieder das Foto seiner Eltern, schaute sich an, dann wieder das Foto und immer und immer wieder. Er sah doch seinen Eltern ähnlich, oder?

Einmal erwischte ihn seine Mutter dabei, wie er, das Foto in der Hand, vor dem Spiegel stand.

»Was machst du da, Kind?«, fragte sie.

»Ich schaue doch dem Papa ähnlich, nicht wahr, Mama?«, fragte der Junge und seine Ohren wurden rot. »Siehst du, Mama: die Nase, der Mund. Ich sehe doch aus wie er, nicht wahr?«

Die Mutter sagte nichts.

David erinnert sich genau an die Taufe der kleinen Schwester. Es war im Mai, die Bäume standen in voller Blüte, die Sonne schien. Sie kamen von der Kirche zurück. Der Vater schob voller Stolz den Kinderwagen, David durfte mitschieben.

Ein Nachbar, ziemlich angetrunken, bäumte sich vor ihnen auf. Er beugte sich über den Kinderwagen: »Hübsches Kind haben Sie, Herr Nachbar«, sagte er und schaukelte etwas auf den Beinen, »so blond, so blaue Augen.« Er klopfte dem Vater auf die Schulter. »Auch Ihre Frau hat helles Haar. Wieso ist nur der Junge so dunkel? Komisch, nicht?«

Vaters Gesicht wurde purpurrot. Er sagte nichts, schob Davids Hand von dem Kinderwagen weg und ging schnell weiter. Den ganzen Weg nach Hause schwieg er.

Später tranken die Erwachsenen Wodka. Sie saßen, die Familie und die Gäste, am großen Tisch mit weißer Decke darauf. Sie sangen. Der Junge schlich sich leise ins Schlafzimmer, wo seine Mutter die Kleine an der Brust hielt.

»Wieso war der Papa so beleidigt?«, fragte er. »Ist er sauer auf mich? Ich schaue ihm doch auch ähnlich, oder? Warum ist er sauer?«

»Weil – weil du so jüdisch aussiehst, David. Das mögen die Leute nicht«, sagte seine Mutter gequält.

»Musste ich mich deswegen früher im Keller verstecken?«

»Ja.«

»Aber ich bin kein Jude, nicht wahr?«, fragte der Junge und hielt den Atem an.

»Nicht wahr, Mama?«

Hanni schwieg eine Weile, ihre Augen wanderten von ihm weg.

»Du bist doch unser Kind«, sagte sie dann leise. »Das weißt du doch.«

Sie streichelte dem Jungen die Haare.

»Du bist unser Sohn«, sagte sie dann mit fester Stimme.

❖

Es geschieht etwas Seltsames mit mir.

Ich verliebe mich in dieses Buch, ich bin voll von warmen, zärtlichen Gefühlen für diesen kleinen Jungen, dessen Kriegsschicksal dem meinen so ähnlich ist. Er hat so vieles erlebt und empfunden wie ich damals. Es war die gleiche Angst, die gleiche Verzweiflung. Auch er hatte das Gefühl, falsch zu sein, und er glaubte, immer ein braver Junge sein zu müssen, damit man es ihm verzeiht.

Ich wollte schon immer einen Bruder haben. Wie schön wäre es, einen Bruder zu finden ... Auch heute noch.

Abends sehe ich David. Er steigt gerade in sein Auto, muss eilig irgendwohin fahren.

Als er mich sieht, schiebt er seine Jungs zur Seite und breitet die Arme aus. Er drückt mich fest an sich.

»Ich habe dein Buch gelesen heute Nacht. Wir müssen reden.«

Ich bleibe auf der Straße stehen. Schaue dem wegfahrenden Auto nach.

Er hat nicht mehr »Sie«, er hat »Du« zu mir gesagt.

Ich spüre alles immer zuerst im Hals. Er ist wie zugeschnürt. Ich kann auch nichts mehr essen.

»Was ist mit dir?«, fragen meine Freundinnen. Sie trinken Tee, vor ihnen ein Tablett voller Kuchen. Diese herrlichen Krakauer Kuchen: große Cremeschnitten, braune Schokoladenkugeln mit gemahlenen Nüssen darauf, die sich »Kartoffelchen« nennen. Und kleine, weiche Butterhörnchen mit köstlicher Blaubeermarmelade darin.

»Probier doch nur eins«, sagen sie.

Mühsam würge ich ein Stück Hörnchen hinunter. Ich erinnere mich noch gut an Zeiten, in denen ich überhaupt nichts essen konnte. Anorexia nervosa nennt sich diese Krankheit. Magersucht. Ich habe seit Jahren keine Essstörungen mehr gehabt. Im Gegenteil, ich werde mit dem Alter immer verfressener. Nur wenn ich mich sehr aufrege, bringe ich keinen Bissen runter. Ich bin doch nicht aufgeregt. Warum auch? Es besteht doch gar kein Grund dazu. »Und hör sofort mit dem Unsinn auf«, sage ich streng zu mir. Aber es ist zu spät. Ich will längst nicht mehr mit dem Unsinn aufhören.

In dem Taumel der letzten Tage hätte ich beinahe meine eigene Lesung vergessen – den eigentlichen Zweck meines Aufenthaltes in Krakau. Aber als ich die schöne kleine Synagoge betrete, die eigens für kulturelle Begegnungen renoviert worden ist, bin ich wieder ruhig, konzentriert und glücklich, dass so viele gekommen sind. Junge Leute sitzen auf der Treppe und auf den Fensterbänken. Ich freue mich über die vielen Blumen. Es ist hier Sitte, dem Autor Blumen zu bringen. Im Sommer sind es besonders viele.

Ich signiere gerade die letzten Bücher. Der Saal leert sich schon, als eine junge Frau an mich herantritt. Sie ist schön, schlank.

Krakau: Roma Ligocka signiert ihre Bücher. © Pilat & Pilat

Ihr hübsches blaues Leinenkleid reicht bis zum Boden. Auf dem Kopf hat sie ein kunstvoll zu einem Turban geschlungenes Tuch.

»Hätten Sie einen Moment Zeit?«, fragt sie schüchtern und lächelt. Ihr junges Gesicht ist sehr blass. Ihre Augen leuchten grün.

Wir setzen uns in einer Fensternische auf die Bank.

»Mein Arzt hat mir Ihr Buch gegeben und mich regelrecht gezwungen, es zu lesen«, sagt sie und lächelt wieder.

Ein ungewöhnlicher Anfang.

»Und? Haben Sie es gelesen?«

»Ich war sehr krank diesen Winter«, erzählt sie unbeirrt weiter. »Ich hatte Krebs«, sagt sie in sachlichem Ton. »Und ich lehnte die Chemotherapie ab, weil ich fand, dass das alles Quatsch ist. Ich wollte nicht mehr ...«

Ich nickte nur stumm. Was kann ich darauf antworten? Dass sie noch ein Kind ist? Das weiß sie doch selbst.

»Dann las ich Ihr Buch. Es hat mir sehr viel Kraft gegeben. Das war zwar im Krieg, in einer ganz anderen Zeit, aber wenn ein Mensch so viel aushalten kann wie Sie ...«

»Und jetzt? Wie geht es Ihnen jetzt?«, frage ich schnell, denn ich bin über ihre Geschichte genauso glücklich wie beschämt.

»Es geht mir jetzt schon viel, viel besser.« Sie lächelt erneut, und ihre Finger berühren das bunte Tuch auf dem Kopf: »Nur die Haare, die brauchen noch länger.«

»Schreiben Sie mir bitte, wie es Ihnen geht?«, sage ich und halte fest ihre Hand. Ich habe auf einmal das Gefühl, dass mir das Schicksal dieses Mädchens sehr wichtig ist. Dass ich unbedingt daran teilhaben muss. Als wäre ich persönlich für ihr Wohlbefinden verantwortlich. Ich möchte einfach, dass sie lebt.

Der Saal ist schon leer, ich sammle eilig meine Sachen ein. Die vielen Blumen kann ich gar nicht tragen ...

»Kann ich Ihnen helfen?« Die junge Frau mit dem Turban kehrt vor der Tür um und sammelt mit mir die Sträuße ein. Auch große Jasminzweige sind dabei, sie verdecken fast ihr ganzes Gesicht.

»Soll ich Sie ins Hotel fahren?«

»Ja, gern, bloß was mache ich mit den Blumen in meinem Hotelzimmer?«

Wir beschließen, sie zum jüdischen Friedhof zu bringen, und sie fährt mich mit ihrem kleinen Auto dahin. Der Friedhof ist eigentlich schon geschlossen, aber man lässt uns hinein.

Gemeinsam verteilen wir die bunten Gebinde auf die verwitterten Grabsteine. Es sind nicht viele alte Steine da, all die anderen hinten sind neu. Im Krieg haben die Deutschen den Friedhof verwüstet, die Grabplatten zerschlagen. Die übrig gebliebenen Fragmente hat man jetzt zu einer Mauer zusammengefügt. Es sieht seltsam bizarr aus. Viele geheimnisvolle Zeichen und Symbole sind darauf, und hebräische Buchstaben. Die Sonne geht langsam unter. In ihren schrägen goldenen Strahlen legen wir die letzten Blumen auf das Grab meines Vaters.

Es kommt mir vor, als hätte ich es schon mal gesehen, wie eine Szene aus einem längst vergessenen Film. Mit einer fremden Frau stehe ich am Grab meines Vaters. Ich weiß nicht mal ihren Namen.

»Ich heiße Malina«, sagt sie zum Abschied.

Ein schöner Name. Es klingt, als wäre es eine Frucht. Malina.

Das Straßenfest am Ende des Festivals ist jedes Jahr ein Ereignis. Besonders die jungen Leute freuen sich darauf. Ob es regnen wird, wie letztes Jahr? Wetten werden abgeschlossen.

Ich bin nicht jemand, der für Straßenfeste geeignet ist, aber in dem schönen Restaurant, neben der Synagoge, haben sie immer einen Platz für mich reserviert. Im ersten Stock am Fenster. Von dort kann ich sehen, wie die Straße immer voller wird. Unzählige junge Leute strömen herein. Musiker spielen, der Lautsprecher dröhnt. Auch der Übertragungswagen ist da, *Telewizja.* Junge Mädchen mit langen Haaren haben bodenlange Röcke und kurze Hemdchen an. Dazwischen viel nackte Haut. Sie bewegen sich so, als ob sie dauernd tanzen würden. Mit und ohne Musik.

In meiner Kindheit war diese Straße still und verlassen.

Meine Großmutter hat hier früher, vor dem Krieg, ihre Hühner gekauft, denke ich am Fenster sitzend. Ob es ihr jetzt gefallen hätte?

Meine Eltern haben dann das jüdische Viertel verlassen. Sie zogen um in eine schöne Wohnung, in eine andere Gegend, die viel hübscher war. »In dem alten Viertel wohnt man nicht«, hat meine Mutter gesagt. Ihr hätte es hier vielleicht gefallen. Es ist ja alles wieder ganz neu.

Der Raum, in dem ich sitze, füllt sich schnell. Fast alle kennen sich, reden durcheinander, trinken Wein. Nächstes Jahr, so Gott will, wieder in Krakau. Oder in Jerusalem? Neue Gäste kommen dazu, begrüßen sich. Adressen werden ausgetauscht, Visitenkarten. Mir gegenüber sitzt eine englische Schriftstellerin. Sie kommt angeblich auch aus Polen, sagt man, aber es lässt sich nicht feststellen, denn sie spricht den ganzen Abend kein Wort.

Ein paar deutsche Touristen haben sich hierher verirrt, sie verstehen nicht viel von dem, was gesprochen wird, aber es scheint sie nicht zu stören, sie amüsieren sich gut.

Nur David zeigt sich nicht. Ist er vielleicht schon abgereist? »Siehst du, siehst du? Er ist weg.« Ja, ich sehe. Morgen reisen alle ab.

»Fährst du wieder nach München?«, will jemand wissen.

Ich nicke.

»Was willst du noch in deinem Deutschland?«, fragt ein anderer, der schon einige Gläser Wein getrunken hat. »Wozu fährst du dahin? Warum bleibst du nicht hier? Was suchst du dort?«

Ja, was mache ich in Deutschland? Was machen wir hier in Polen, in Amerika, in Israel? Wir machen doch immer nur das Gleiche: Wir versuchen zu leben.

Ich kann beim besten Willen nicht behaupten, dass ich Davids Hereinkommen nicht bemerkt hätte. Auch wenn ich mit dem Rücken zur Tür sitze, auch wenn ich mich gerade unterhalten und Wein getrunken habe. Auch wenn die Musik, die von unten kommt, sehr laut tönt.

Es ist wie ein kleiner Stromschlag. Er setzt sich mit seinen Leuten an den Tisch nebenan. Einen Platz an seiner Seite lässt er frei, und er bleibt frei, bis ich mich später dazusetze.

»Roma«, sagt er und legt seine Hand auf die meine – er wird sie den ganzen Abend nicht mehr loslassen.

»Roma.« Es klingt nicht wie eine Begrüßung, sondern wie eine Inbesitznahme. »Wann kommst du nach Warschau?«

Ich bin verwirrt, versuche geschäftsmäßig zu bleiben. Ich möchte mich nicht blamieren, nicht hereinfallen.

»Sie meinen, wir könnten bei Ihnen ... eine Veranstaltung ... Das macht mein Verlag ...« Es hört sich sehr dumm an, ich weiß.

»Zuerst hör auf, ›Sie‹ zu mir zu sagen. Müssen wir denn vorher Brüderschaft trinken?«

Ja. In Krakau muss man das.

Als wir unsere Gläser hochheben, wird es auf einmal ganz still im Raum. Eine Pause im Gespräch, die manchmal in einer großen Runde entsteht. Und alle bemerken uns.

»Bitte, noch mehr Wein!«, rufen sie und klatschen.

David gibt mir einen zarten Kuss auf die Wange.

»Ich heiße ...«

»Ich weiß, Herr Professor. Und was die Veranstaltung betrifft, das muss man langfristig planen ...«

David spricht zu mir ruhig, geduldig und leise, wie zu einem Kind. »Ja, eine Veranstaltung muss man lange planen, ich weiß. Sie könnte in meinem Institut stattfinden. Sehr gerne sogar. Aber jetzt möchte ich, dass du mich einfach besuchst. Ich lebe allein in einer schrecklich großen Villa. Ich möchte dich einladen. Zum Wochenende vielleicht. Was machst du in der nächsten Zeit? Was hast du für Pläne?«

Ich könnte sagen, dass ich keine Zeit habe, dass tatsächlich alles schon verplant ist. Es wäre sogar nicht gelogen. Mein Buch erscheint jetzt in vielen Ländern. Ich muss reisen. Im Winter nach Amerika. Aber ich sage das alles nicht. Ich möchte das kleine Licht der Unvernunft, das in mir brennt, nicht löschen. Ich sage gar nichts.

Von unten kommt laute Musik – jüdische, spanische, brasilianische –, und alle tanzen: Jüngere und Ältere, Fremde und Freunde. Wir tanzen mit.

Die Musik mischt sich nun mit den rhythmischen Klängen der afrikanischen Trommel. In dem Spiegel an der Wand sehe ich flüchtig und undeutlich meine Silhouette, das rote Kleid, die wehenden Haare. Sehr unseriös. Davids Hand sucht immer wieder die meine …

Plötzlich kann ich das alles hier nicht mehr ertragen. David spricht gerade mit jemandem, dreht sich für einen kurzen Moment weg, und ich laufe einfach davon. Die Treppe hinunter, hinaus auf die Straße. Ich muss allein sein.

Mühsam bahne ich mir den Weg frei, unter den vielen lauten Menschen. Manche sind schon ziemlich angetrunken.

Etwas weiter ist die Straße schon leer.

Ich laufe, laufe und laufe. Es kommt mir so vor, als ob ich einige Zentimeter über der Erde schwebe, wie auf einem fliegenden Teppich. Oder auf dem Laufband am Flughafen. Es ist dunkel, erst jetzt fängt es leicht zu regnen an. Die ersten Tropfen kühlen mein glühendes Gesicht.

Eigentlich wollte ich ein Taxi nehmen, aber das fällt mir erst ein, als ich schon nahe an meinem Hotel bin. Ich ziehe die hochhackigen Schuhe aus und laufe barfuß weiter. Einmal bleibe ich stehen, ich spüre das Pochen meines Herzens bis zum Hals, und ich bekomme keine Luft.

»Das ist doch alles nicht wahr«, sage ich zu mir. »Es ist nicht wahr.«

»Geh doch endlich weiter«, sagt die Vernünftige in mir. »Es regnet, du wirst dich erkälten.«

Mit schmutzigen nackten Füßen betrete ich den glänzenden Marmorfußboden in der Hotelhalle. Der Mann an der Rezeption schaut mich verwundert an.

Ich setze mich aufs Bett, wo Davids Buch noch liegt. Ich konnte nicht mit David sprechen. Jetzt rede ich mit seinem Foto.

»Wer bist du, fremder Mann?«, frage ich. »Du heißt David –

wie mein Vater. Ich dachte, du könntest so etwas wie mein Bruder sein.«

»Gott sei Dank bin ich es nicht«, antworten seine dunklen Augen.

»Was findest du an mir? Warum ich?«

»Weil ich mir vorstellen kann, dass du mich ohne viele Worte besser verstehen kannst als die anderen. Besser vielleicht als irgendjemand auf der Welt.«

»Wird es also etwas Ernstes?«

»Wir werden sehen ...«

»Ich möchte mich aber von niemandem mehr verletzen lassen. Nie wieder.«

»Schau mich an. Schau mich doch an«, sagen seine Augen wieder. »Glaubst du, dass jemand wie ich jemanden wie dich verletzen kann?«

»Ich sehe nicht mehr aus wie früher.«

»Stell dir vor, mich interessiert auch dein Inneres. Und das Äußere, das hast du hoffentlich gemerkt, das finde ich so auch ganz in Ordnung ...«

Bis in der Früh bleibe ich wach. Die kurze helle Sommernacht ist zu Ende. Ich stehe am Fenster und betrachte den rosa Himmel, die silbernen Dächer, die Kirchtürme. Die ersten Vögel fangen an zu zwitschern. Es ist nicht die Nachtigall, es ist die Lerche ...

Meine Telefonnummer! Plötzlich fällt mir ein, ich habe ihm in der Aufregung keine Telefonnummer gegeben! Verdammt.

Eine moderne Julia darf nicht so vergesslich sein. Eine deutsche Handynummer würde für ihn hier in Polen vielleicht nicht so leicht herauszufinden sein.

Ob er schon abgereist ist?

Das jüdische Viertel scheint an diesem Sonntagmorgen tatsächlich schon verlassen zu sein. Hier, in einem der Hotels muss er wohnen. Hier stand wenigstens öfter sein Auto.

Ich bin schnell mit einem Taxi hierher gefahren. Jetzt weiß ich nicht mehr weiter. Ich kann doch nicht einfach vor seinem Hotel stehen und warten wie ein verliebter Teenager.

Unentschlossen gehe ich weiter. In einem Gartencafé an der Ecke sitzt die mir bekannte Journalistin. Die mit dem Madonnengesicht, ganz weiß angezogen, mit glatt zurückgebundenem Haar. Ein Kränzchen ihrer Verehrer um sie herum.

»Roma!«, ruft sie fröhlich, als sie mich sieht. »Roma! Wir gehen gerade den Professor verabschieden. Kommen Sie mit?«

David spricht mit allen gleichzeitig, verabredet sich, signiert noch Bücher. Wir stehen um das Auto herum. Der Fahrer bringt seine Koffer, öffnet die Tür. Bis ich zu Wort komme, ist es fast schon zu spät.

»Ich habe Ihnen meine Telefonnummer aufgeschrieben, Herr Professor. Die wollten Sie doch haben.«

David steckt mit einem neutralen Gesichtsausdruck den kleinen Zettel in die obere Jackentasche.

»Und wie ich die haben möchte«, flüstert er mir ins Ohr. »Ich rufe an«, sagt er wieder offiziell. »Bald.«

»Ich habe mich da ganz schön in etwas hineinmanövriert«, denke ich Stunden später. Etwas ziellos wandere ich durch die Stadt. Die Euphorie der letzten Nacht ist einer leicht melancholischen Stimmung gewichen.

Die Sonntagsspaziergänger sind unterwegs. Langsam, gemächlich und faul bummeln sie durch die engen Gassen, sitzen in Straßencafés, essen Eis. Die jüngeren Väter tragen ihre Kinder auf den Schultern. Die herausgeputzten Mütter traben hinterher.

»Wie geht's jetzt weiter?«, frage ich mich.

»Bald«, hat er gesagt. Was heißt bei ihm »bald«? Eine Woche? Oder zwei? Ich kann doch nicht hier im Hotel bleiben und auf seinen Anruf warten.

»Und wenn du in München bist, willst du nicht gleich wieder nach Polen zurückfliegen«, meldet sich die Vernünftige. »Du hast ja gar keine Zeit dafür. Kennst du nicht deine Termine?«

»Ja, du hast Recht, Vernünftige. Du hast ja so Recht.«

»Also. Pack deine Koffer, fahr weg. Vergiss das Ganze.«

»Hör zu, Vernünftige«, versuche ich sie zu beschwichtigen, »ich muss hier sowieso noch einige Tage bleiben. Ich habe bei meinem polnischen Verlag zu tun. Und Ende der Woche hat David Geburtstag. Das Datum stand in seinem Buch. Wenn er sich bis zu diesem Tag nicht meldet, packe ich meine Sachen, fahre weg und vergesse. Gut?«

»Gut. Einverstanden.«

Am Montag früh sitzen wir im Verlag am großen runden Tisch. Ich mag die jungen Leute um mich sehr. Ich mag ihre konzentrierten Gesichter, ihre Kompetenz, ihren Humor.

Es macht so viel Freude, mit ihnen zu arbeiten. Wir planen mein neues Buch. Ich kann mir nichts Schöneres vorstellen als diese Arbeit, ich hab schon wieder festen Boden unter den Füßen. Das Buch ist schon geschrieben, das Schwerste überstanden. Jetzt muss es nur noch besser werden. Wir reden über Zeichnungen und Bilder, über Formen und Farben. Wir schauen uns bunte Dias an. Es macht mir Spaß ...

Jemand wird sich ganz sicher über das neue Buch freuen. Eine junge Frau namens Malina.

Als das Telefon in meiner Handtasche klingelt, vergesse ich alle guten Manieren und krame es hastig heraus. Dann renne ich hinaus auf den Flur.

»Hier spricht das Israelische Institut in Warschau«, meldet sich eine freundliche Frauenstimme. »Frau Ligocka? Herr Direktor möchte Sie sprechen, ich verbinde.«

»Ja, danke.« Herzklopfen. Trockene Kehle.

»Roma. Und? Kommst du?«

»Ja, David. Ich denke, schon ...«

»Wann? Heute? Morgen?«

»Nein, nein, nicht heute«, lache ich. »Auch nicht morgen. Ich muss hier noch arbeiten. Ende der Woche vielleicht. Du hast Geburtstag und ...«

»Ah, mein Geburtstag, den hätte ich beinahe vergessen. Gut. Ich hole dich mit dem Auto ab.«

Verrückt, er will die ganze Strecke noch mal zurückfahren, um mich abzuholen.

»Wir werden dann zusammen meinen Geburtstag feiern!«

»Ist etwas passiert?«, fragt mich die junge Lektorin, als ich mich wieder zu ihnen an den Tisch setze. Sie schaut mich besorgt an. »Können wir helfen?«

Ja, es ist etwas passiert, denke ich, aber helfen kann mir niemand mehr.

Die nächsten Tage esse ich wenig, arbeite viel. Leicht wie eine Wolke schwebe ich, schwerelos. Immer etwa zwanzig Zentimeter über der Erde.

»Ich bin verliebt«, erinnere ich mich immer wieder mitten in der Arbeit, ganz überrascht. Wie fühlt sich dieses Gefühl jetzt an? Genau wie vor zwanzig Jahren. Es fühlt sich gut an.

Nachts lese ich noch Davids Buch zu Ende.

Der junge Schüler blieb seinem Kindheitstraum treu. Er wollte Priester werden. Er hat schon immer gern gelernt.

»Du könntest Professor werden, Lehrer am Gymnasium. Du solltest später eine Familie gründen, Kinder haben«, sagte sein Vater immer wieder.

Aber der Junge hatte sich bei einem Priesterseminar angemeldet.

»Warum will Vater nicht, dass ich Priester werde?«, fragte er seine Mutter.

»Du kennst ja Vater, er hat seinen eigenen Kopf«, wich sie aus. »Er hat immer andere Vorstellungen als die anderen.«

»Hat es mit meinem Aussehen etwas zu tun?«, bohrte David weiter. »Weil ich wie ein Jude aussehe? Darum will er nicht, dass ich Priester werde.«

»Ach, David«, sagte sie wie immer, »mach dir nicht immer so viele Gedanken.«

David studierte fleißig, las viel, freundete sich mit anderen jungen Menschen im Seminar an. Die Zeit seiner Priesterweihe kam näher. Kurz davor wurden noch letzte Einzelgespräche mit den jungen Priesteranwärtern geführt.

»Bist du dir ganz sicher«, fragte sein geistlich führender Priester in ernstem Ton.

»Überleg es dir gut«, schrieb sein Vater, »und tue nichts Entscheidendes, bis wir nicht miteinander gesprochen haben. Ich bitte dich von ganzem Herzen darum.«

Der Brief kam in der Zeit, als dem Sohn vor lauter Prüfungen der Kopf rauchte. Er hatte auch beide Hände voll zu tun, die Welt für sich neu zu erschaffen und einzurichten.

»Ich komme zu dir. Ich will dich besuchen. Warte auf mich ...«

David las den Brief flüchtig. Es war ein kariertes Blatt Papier, die Buchstaben mit einem Kopierstift geschrieben. Noch nie in seiner ganzen Studienzeit hat ihn der Vater hier in der Stadt besucht. David vermisste es nicht mal. Er war in einem Alter, wo der Besuch der Eltern meistens nur Kummer bedeutete.

Sie trafen sich am Bahnhof – es war eine lange Zugfahrt –, Vater sah schüchtern und verlegen aus. »Er ist älter geworden«, dachte sein Sohn. Sie wussten nicht, wohin, sie wussten auch nicht, was jetzt zu tun war. Keiner wollte als Erster das Gespräch anfangen.

»Lass uns in die Kirche gehen, in die heilige Messe«, schlug David vor.

Als sie nach dem Gottesdienst aus der Kirche heraustraten, brach der Vater im Gedränge zusammen. Er bekam einen Schwächeanfall. Als es ihm etwas besser ging, kehrten sie in die leere Kirche zurück.

Sie saßen auf den Stufen des Altars. David saß etwas höher. Er betrachtete seines Vaters Kopf mit dem schütteren Haar, in dem sich schon eine lichte Stelle abzeichnete. Er war ratlos, voll Liebe und Verzweiflung, für die er keine Worte fand.

»Was möchtest du mir sagen, Vater?«, wollte er fragen. Aber er traute sich nicht mehr. Später brachte er ihn zum Zug.

»Mach dir keine Sorgen«, sagte David leichtfertig. Es war kalt, und der Zug fuhr gleich ab. »Ich komme bald nach Hause. Wir werden über alles sprechen.«

»Noch vor deiner Priesterweihe?«

»Vor der Priesterweihe. Ja.«

Aber dazu kam es nicht mehr. Am nächsten Tag kam das Telegramm:

»Vater heute Nacht an Herzinfarkt gestorben.«

Zu Hause gab es dann für Gespräche auch keine Zeit mehr. Verschiedene Dinge waren zu erledigen, zu ordnen, Entscheidungen zu treffen. Und der zwanzigjährige David war jetzt der einzige Mann im Haus.

Einige Wochen nach dem Tod des Vaters erkrankte die Mutter. Sie hatte schon lange Krebs. Als Vater noch lebte, hatte sie es allen verheimlicht. David saß an ihrem Bett und hielt ihre Hand. Er hat nichts mehr gefragt, er wollte auch nichts mehr wissen.

Eines Tages aber war sie es, die ein Gespräch suchte. Und David erfuhr es. Er erfuhr alles, vom Ghetto, von dem Koffer.

»Ich kannte da jemand von der Bautruppe. Wir kamen raus, auf die andere Seite«, sagte sie.

David glaubte sich zu erinnern: an die Gestapo, an den Spiegelschrank und an den Clown natürlich.

»Und meine Eltern? Haben sie mich nach dem Krieg nicht gesucht?« Es war keine Frage und auch keine Feststellung.

»Sie waren tot, ganz sicher«, sagte die Mutter.

»Woher weißt du das?«

Die Mutter machte müde die Augen zu. »Wir glauben es. Es waren doch alle in diesem Ghetto umgebracht worden.«

»Und ihr? Habt ihr sie auch gar nicht gesucht?«, fragte David mit einem unterdrückten Schluchzen im Hals. »Warum?«

Er konnte sich noch an die vielen Zeitungsanzeigen gleich nach dem Krieg und noch Jahre danach erinnern. Er hat sie als Kind doch selbst gelesen.

Moris Goldmann mit Familie gesucht.
Zuletzt gesehen im Ghetto von ... Nachricht erbeten an die Redaktion
Ryfke Meir deportiert nach Auschwitz?
Von ihrer Schwester Sara aus Lublin gesucht ...

Seitenlang ging es weiter.

»Warum habt ihr euch nicht gemeldet?«

Sie schwieg lange. Die Luft im Zimmer war schwer von den vielen Fragen und unausgesprochenen Vorwürfen.

»Weil du inzwischen unser Sohn geworden bist, Dunek«, sagte Hanni.

Monate später, nach dem Tod der Mutter, fand David in ihren Papieren das kleine Foto.

Dass er David Schwarz heißt, hat sie ihm noch gesagt. Jetzt verstand er auch, warum sie ihn Dunek nannten – weil es weniger jüdisch klang.

Jetzt sah er sie alle: einen bärtigen Mann, ein kleines Mädchen mit Hut, eine schöne junge Frau mit einem Säugling auf dem Schoß. Auf der Rückseite stand in sauberer, ordentlicher Schrift: »Familie Schwarz im Jahre 1940. Nathan Schwarz mit seiner Frau Ethel und ihre Kinder Dora und David.«

Kurze Zeit später beschloss David, nach Israel zu fahren und dort zu bleiben.

So endet das Buch.

❖

Sie kommen am späten Nachmittag. Es ist ein brennend heißer Tag. Der Fahrer und der junge Aufpasser – diesmal ist es nur einer – haben kurzärmelige Hemden an. Wir reden nicht viel. Selbst am Abend ist es noch heiß. David bekommt zum Geburtstag eine Rose von mir. Ich von ihm einen ganzen Strauß.

Unterwegs in einem schönen Restaurant am See, mit viel Kerzenlicht, feiern wir seinen Geburtstag. Im Garten am Seeufer sind kleine leuchtende Fackeln aufgestellt. Selbst eine Geburtstagstorte wird von irgendwoher gezaubert.

Später fahren wir weiter durch das nächtliche Polen. Nach Warschau sind es noch etwa zweihundert Kilometer. Wir schweigen fast die ganze Zeit. Ab und zu zündet David sich seine Pfeife an. Sonst liegt seine Hand auf dem Sitz, neben der meinen.

Das Haus ist wirklich groß. In der Dunkelheit fallen mir nur die schmiedeeisernen Gitter an den Fenstern auf. Vor dem Haus steht ein Polizeiauto, aus dem man ein leises Stimmengemurmel hört. Der Fahrer bringt meine Sachen nach oben, macht Licht.

»Wir haben hier sechs Gästezimmer«, sagt David im offiziellen Ton eines Gastgebers. »Suche dir aus, welches dir am besten gefällt.«

»Darf es das sein, das am nächsten zu deinem liegt?«, frage ich leise.

»Es wäre mir sehr recht«, flüstert er mir ins Ohr.

Ich wache früh auf, stehe vor dem Spiegel und prüfe kritisch mein Gesicht. Es gibt nichts zu verbessern: Mein Gesicht ist seltsamerweise glatter, hell und rosig. Ich betrachte es mit Erstaunen, als gehöre es nicht zu mir. Es strahlt, da ist für Schminke gar kein Platz.

Barfuß gehe ich die Treppe hinunter. Ein herrlicher Kaffeeduft kommt mir entgegen.

»Komm, beeil dich«, ruft David aus der Küche. In Jeans und weißem T-Shirt sieht er auch nicht aus, als wäre er in dieser Nacht älter geworden.

»Ich mach den besten Espresso weit und breit«, verkündet er. »Das habe ich in Italien gelernt. Ich war da zwei Jahre als ...«

»... Botschafter in Rom. Ich weiß.«

Es stehen viele gute Sachen auf dem Tisch, aber ich kann immer noch nichts essen. David hat Geduld, fragt auch nicht, warum. Er schmiert eine Scheibe Brot mit Butter und schneidet sie in kleine Stückchen.

»Iss, so viel du kannst«, sagt er sanft.

Die Küche ist groß und hell, die weißen Möbel glänzen in der Sonne, auch die Kacheln sind weiß. Einige haben ein blaues Blumenmuster. Es ist still.

Nur aus dem Polizeiauto, das vor dem Gartenzaun steht, kommen leise Geräusche: »Vierundzwanzig, vierundzwanzig. Kollege, melde dich, melde dich ...«

Ich fahre mit der Hand durch Davids Haar. Es ist ganz kurz geschnitten, wie bei einem Soldaten, silbern und unglaublich weich ...

»Du hast Haare wie ein junger Hund.«

»Ich *bin* ein junger Hund«, sagt er und seine Augen lachen.

Der Abschied am Flughafen ist kurz. David schreibt mir viele Telefonnummern auf seine Visitenkarte: »Ruf an, wann du willst. Tag und Nacht.«

»Es wird also etwas Ernstes mit uns«, stelle ich sachlich fest.

»Wir werden sehen.«

»Ich möchte aber nicht, dass mir noch jemand wehtut ...«

»Wie könnte ich dir ...«

Ich habe es neulich schon mal irgendwo gehört.

August

München. Meine vertraute, schöne, helle Wohnung nimmt mich in Empfang. Auf den weißen Möbeln liegt etwas Staub. Die Rosen auf dem Balkon sind vertrocknet – ich war lange nicht da.

Wenn ich an meinem Schreibtisch sitze, sehe ich durch das Fenster ein großes Stück Himmel. Vor mir stapelt sich die Post. Meine Agentin will mich sprechen, der Verlag. Es gibt viel zu organisieren. Mein Buch erscheint im Herbst in Amerika, man muss das alles planen.

Will ich denn nach Amerika?

Ich tauche wieder in das sommerlich glitzernde München ein – es scheint zu einer ganz anderen Welt zu gehören als die, aus der ich gerade gekommen bin.

Auf dem Weg zum Verlag sehe ich mir die Schaufenster an. In den Boutiquen gibt es aufregende Sommerkleider. Und ich verkleide mich so gern. Ich spiele mir dann eine andere vor, die ich nicht bin, nie sein werde. Ich kann nicht widerstehen und trete in die teuren Läden ein.

Früher hätte ich mich als alte Emigrantin gar nicht hineingetraut. Jetzt kaufe ich dies und jenes, und jedes Mal wundert es mich, wie nett die Leute zu mir sind. Ich weiß, sie sind nur nett zu meiner Kreditkarte. Aber es rührt mich trotzdem.

Zu Hause erledige ich brav die Post, führe Gespräche, schreibe Briefe. Die Vernünftige ist zufrieden mit mir, denn ich tue es gar nicht halbherzig. Ich vertiefe mich in die Arbeit und beobachte gleichzeitig, wie ein kleines Teilchen von mir ganz woanders weilt. Auch Davids Foto, auf den Schreibtisch gestellt, schaut mir dabei wohlwollend zu.

Er ruft auch bald an, meldet sich, lässt mich nicht warten, brauche mir keine Sorgen zu machen, mit schlechter Laune den Tag zu beginnen. Er macht sich nicht rar, macht sich nicht wichtig, ist einfach da. Ob er weiß, wie gut mir das tut? Ich glaube, ja.

Dass er allerdings zu allen möglichen und unmöglichen Tages- und Nachtzeiten anruft, kümmert ihn wenig. Er ruft an, morgens um fünf, wenn er nicht schlafen kann. »Hab ich dich geweckt?«, fragt er ohne Reue.

Er hat Recht: Was ist schon das bisschen Schlaf?

Es klingelt weit nach Mitternacht: »Wenn du mich jetzt sehen könntest. Ich sitze in meiner Küche, verkleidet wie ein Idiot, in Smoking und Fliege. Ich komme von einem Empfang.«

»Du siehst sicher umwerfend aus. Hat es dir gefallen?«

»Ach was, lauter Esel.«

Tagsüber meldet sich die freundliche Frauenstimme: »Hier spricht das Israelische Institut ... ich verbinde.«

Ja, ja, möchte ich sagen, verbinden Sie mich so oft es nur geht. Ich freue mich darauf.

Er erwischt mich morgens im Park, wo ich erneut meine Runden drehe, denn ich möchte ja wieder schlanker sein und schöner.

»Was machst du gerade?«

»Ich laufe«, sage ich verschwitzt, nachdem ich erst das Telefon in sämtlichen Hosentaschen gesucht habe. »Ich laufe.«

»Wohin?«, fragt David, der so etwas albern findet.

»Einfach so, im Park.«

»Aha, und die anderen sitzen schon seit Stunden am Schreibtisch. Sehr ungerecht.«

Zwei Tage später begrüßt mich die nette Frauenstimme schon beim Morgenkaffee.

»Roma, kennst du so ein Jagdschlösschen, etwa zwei Stunden von Warschau entfernt?«, fragt David. »Es soll sehr schön sein.«

»Warum?«

»Dort findet eine Tagung statt, und ich muss ein Referat halten. Ich habe mir überlegt, wir könnten den Vortrag gemeinsam halten. Eine Art Dialog. Mit dem Thema, um das es geht, sind wir beide vertraut. Die Organisatoren ...«

»Ja, kennen sie mich denn?«, unterbreche ich ihn.

»Natürlich kennen sie dich. Und sie wären entzückt, dich einzuladen.«

Er hat schon alles in die Wege geleitet, ohne mich zu fragen.

»Also, wann kommst du? Ich warte am Flughafen.«

Kann ich denn Nein sagen?

Es ist leichter, mein Leben umzukrempeln, als sich mit diesem erwachsenen Mann zu streiten, der wieder ein Junge geworden ist.

Der Flughafen in Warschau. Bald werde ich ihn auswendig kennen. Bis der Sommer zu Ende ist, werde ich unzählige Male hin- und herfliegen. Das kleine Café, der Blumenladen. David wird immer am Eingang warten. Von weitem werde ich seine schlanke Gestalt erkennen, sein schwarzes Hemd, die weißen Haare. Er wird dastehen, die Hände ruhig auf die Absperrung gelegt, von Pfeifenduft umgeben. Sein stämmiger Fahrer hinter ihm.

In einem Delikatessenladen in München sehe ich einen leuchtend gelben Kübel mit vier Flaschen edlem Champagner. Als ich nach Warschau fliege, nehme ich das bunte Ding mit. Es hat einen Deckel mit einem Henkel, und ich trage es einfach wie eine Handtasche.

»Was ist denn das für ein Eimer?«, fragt David belustigt statt einer Begrüßung.

Später im Auto und in seiner Wohnung überkommt mich dieses seltsame Gefühl des Fremdseins, das man manchmal hat, wenn man sich auf jemanden sehr gefreut und mit ihm in Gedanken viel gesprochen hat. Es kommt einem so vor, als wäre man noch gar nicht angekommen. Als würde man immer noch unterwegs sein. Aber David weiß sehr gut, mit Frauenstimmungen umzugehen.

»Na, gib schon deinen komischen Eimer her«, sagt er und macht geschickt eine Champagnerflasche auf.

Es ist ein neues, aufregendes Gefühl, mit David gemeinsam auf der Bühne zu sitzen. Diesmal muss ich mir nicht das Herz aus der Brust herausreden. Er weiß immer, was ich sagen will, übernimmt einfach und redet weiter. Es ist so, als hätten wir im Leben nie etwas anderes gemacht.

Später wandern wir gemeinsam durch den schattigen alten Park um das Schloss herum. Die beiden Jungs halten sich diskret im Hintergrund. Wir setzen uns auf eine Bank und lassen die Sonne auf unsere Haut brennen.

Ein paar Zeitungsreporter von der lokalen Presse entdecken uns, kommen auf uns zu. Wir geben gemeinsam ein Interview, wieder so, als wäre es unser Alltag.

»Ich bin auf einmal so müde«, sagt David später, als sie weg sind. Und seine Augen lachen wieder. Er kann so schön nur mit den Augen lachen. Viele kleine schräge Fältchen zeigen sich auf seinem Gesicht. Es ist ein heller Nachmittag, wir fahren ins Hotel. Seine Müdigkeit ist ja so ansteckend ...

Abends sitzen wir auf dem Balkon, trinken Rotwein, genießen die Sommernacht. Davids Pfeife duftet süß – der Duft umhüllt uns, mischt sich mit dem Duft der frisch gemähten Wiese.

Wir sind ganz allein, außerhalb unseres Lebens, am Ende der Welt. Bis tief in die Nacht ist es noch heiß, wie in Italien.

»Erzähl mir von Rom«, bitte ich ihn.

»In einer Nacht wie dieser, sagt man, singen in Rom die Fontänen«, sagt er träumerisch. »Ich habe oft Sehnsucht nach dieser Stadt. Sie hat so viele Geschichten, sie verändert sich ständig. Im Frühling ist sie ganz gelb von Mimosen, voll von ihrem süßen Duft. An jeder Ecke verkauft man ganze Büsche davon. Man schenkt sie schönen Frauen.« Er lächelt mich an.

»Im Winter ist die Luft klar, das Licht hell. Man genießt, dass es ruhiger in der Stadt ist. Weniger Touristen, weniger Lärm. Wenn man spazieren geht, sieht man auf den Straßen sogar die *Romani*, die echten Römer. Und die Brunnen singen wieder.

Nach zwei Jahren musste ich nach Hause zurück, weil meine Frau krank wurde. Ich fuhr nach Israel, um mich um die Kinder zu kümmern, sie gingen noch zur Schule. Sie wurde dann später wieder gesund, der Verdacht hat sich nicht bestätigt.

Aber seitdem haben wir nicht mehr zusammengewohnt. Ja, ich wäre gern in Rom geblieben ... Ich habe mich manchmal aus meinem Büro weggestohlen, habe einfach blau gemacht. Ich wanderte durch die Straßen, entdeckte immer wieder etwas Neues. Ich kaufte am Campo dei Fiori auf dem Markt ein. Oder im jüdischen Viertel. Kennst du das jüdische Viertel, die Piazza Mattei?«

»Nein.«

»Siehst du. Ich werde dir das alles eines Tages zeigen müssen. Unbedingt. Das jüdische Viertel – *Villagio degli ebrei* nennt man es –, das jüdische Dorf. Es ist eine Welt für sich, wie eine kleine Insel. Das frühere Ghetto. Ghetto ist ja ein italienisches Wort, und Juden waren unter den ältesten Bewohnern Roms. Sie haben sich ihre Bräuche und Traditionen bis heute bewahrt. *Romani da Roma* nennen sie sich, die Römer aus Rom. Und wie die kochen ... Ich habe da immer Brot gekauft, Fleisch und den süßen Kuchen. Dort gibt es die besten Trattorien der Stadt ...«

»Lass uns hinfahren«, sage ich mit einem Seufzer.

»Da schlenderst du am Nachmittag durch die Straßen, die Frauen sitzen draußen vor der Tür, die Männer diskutieren vor den Bars. Jeder kennt jeden. Die Handwerker haben ihre Läden, es ist laut dort, aber doch so friedlich.

Aber auch dort treffen wir überall auf unsere Wunden, ob wir es wollen oder nicht ...«

David schweigt eine Weile, wird nachdenklich. Sein Gesichtsausdruck verändert sich.

»Wir werden überall mit unseren Wunden konfrontiert, wir sind wahrscheinlich dazu bestimmt, an sie zu rühren, sie aufzusammeln. Wo wir nur hinkommen, begegnet uns der Schmerz und wartet darauf, dass wir ihn mitnehmen. Kennst du die Geschichte vom jüdischen Gold?«

Ich schüttle den Kopf.

»Im September 1943 hat das deutsche Oberkommando in Rom verkündet, dass das jüdische Leben im Ghetto zu verkaufen sei. Nicht zu vernichten, nein, zu verkaufen. Für eine Menge Gold – fünfzig oder sechzig Kilo waren es – durften die römischen Juden ihr Leben behalten. Es wird ihnen nichts geschehen, nur das Gold sollten sie hergeben, und zwar innerhalb von sechsunddreißig Stunden.

Also sammelten die gehetzten Menschen Gold: Ringe, Ketten, alte Broschen, Münzen, Zahngold, alles. Kannst du dir sechzig Kilo Gold vorstellen? Ein ganzer Berg. Selbst die nicht jüdischen Nachbarn haben etwas abgegeben, soviel ich weiß, sogar die Kirche. Am Ende haben die Deutschen ihr Gold bekommen. Mehr sogar, als sie verlangt haben. Eines Tages dann im Oktober, im Morgengrauen, natürlich war es ein Samstag, ein jüdischer Feiertag ...«

»... fuhren in dem jüdischen Viertel die Lastwagen vor«, beende ich den Satz.

»Ja. Frauen wurden abtransportiert, Männer, Kinder und Greise, Schwangere, Kranke. Insgesamt fast zweitausend Menschen. Sie wurden nach Auschwitz gebracht. Nur elf sind zurückgekommen.«

»Lass uns die Gegend ein bisschen erkunden«, schlage ich am nächsten Morgen vor. Ich mag den Gedanken nicht, nach Hause zurückzufahren. Ich möchte noch ein wenig hier bleiben, mit David. Auch wenn es nur Stunden sind.

»Eine gute Idee«, sagt David.

Wir fahren aufs Land, geradeaus auf den holprigen Straßen. Oberhalb der Straße, grüne sanfte Hügel, viel Wald, viele Obstbäume. Der vollkommene blaue Himmel denkt nicht daran, sich nur ein bisschen zu verändern.

Wir fahren an alten hölzernen Kirchen vorbei, an kleinen Häusern. Sie sind weiß gestrichen oder leuchtend blau, haben winzige Fenster, viele Blumen davor. Es ist nicht alles gepflegt, manches heruntergekommen, Hühner laufen gackernd herum. Ein einsames schwarzes Pferd schaut uns melancholisch an. David wird immer begeisterter: »Schau dir die Landschaft an!

Wo hast du noch solche Dörfer? Schau dir die Häuser an! In so einem Haus habe ich meine Kindheit verbracht. Wo findet man noch auf der Welt solche Häuser wie auf einer Kinderzeichnung?«

Wir sind immer besserer Laune, stecken sogar mit unserer Stimmung den Fahrer an. Er pfeift am Steuer leise vor sich hin. Ein netter Mensch, Kayetan heißt er, ein ehemaliger Boxer, man sieht es noch an seiner etwas schiefen Nase. Und seine Arme sind bärenstark.

Wir sind ganz unbeschwert, völlig albern. Dann entdecken wir, dass in einem kleinen Städtchen gerade Jahrmarkt ist. David kauft begeistert eine Menge Spielzeug. Pferdchen aus Holz, bunte Bauklötze, pfeifende Tonvögel – alles für seinen Enkel.

Sein Fahrer und ich schauen uns das belustigt an: Dass ein siebenjähriger Junge in Israel noch mit diesen Sachen spielen will, ist nicht sehr wahrscheinlich. Auch mir will David unbedingt eine Kette aus großen bunten Holzkugeln um den Hals hängen. Ich wehre mühsam ab. Es ist nicht leicht, ein verliebter Teenager zu sein und gleichzeitig eine Dame zu bleiben.

Nur unser jüngerer Begleiter, er heißt Elijas, scheint dies alles nicht sonderlich zu interessieren. Er hält sich diskret im Hintergrund, aber seine Augen sind hellwach. Sie registrieren, ob sich jemand David zu sehr nähert. Dann kommt er ganz ruhig zwei Schritte nach vorn und stellt sich dazu.

Wir packen Davids ganze Beute ins Auto. Fahren weiter. Bekommen alle Bärenhunger. Ein kleiner Gasthof findet sich auch gleich. Es wird für uns sogar im Garten gedeckt, der Tisch unter die Bäume gestellt, so wie wir es wollten.

David und ich sind beide nicht sehr streng mit den jüdischen Essensvorschriften. Aber wir respektieren sie schon. Wir essen normalerweise kein Schweinefleisch und mischen nicht das Milchige mit dem Fleischigen. Jetzt aber vergessen wir es für eine Weile. Wir sind in Polen auf dem Land, das Essen hier ist deftig, schmeckt so gut ...

»Kannst du wenigstens anstandshalber die Augen zumachen, wenn ich meinen Fisch esse?«, sagt David und lädt sich auf seinen Teller eine große Bratwurst, mit vielen Zwiebeln darauf.

»Ja, ich kann, wenn du keine Milch dazu trinkst.«

»Milch zu Fisch? Nie im Leben!« Er lacht. Ich nehme sein Gesicht in beide Hände und ziehe es nahe an mich heran. Ich habe nie einen reifen Mann mit so viel Lebensfreude gesehen. Zärtlich fahre ich mit den Fingern an seinen tiefen Stirnfalten entlang.

»Du bist ein Sünder, weißt du ...«

»Das Essen wird kalt«, sagt er nach einer Weile. »Außerdem schauen unsere Jungs zu.«

»Wie lange kennt ihr, du und der Chef, euch schon?«, fragt mich Elijas auf dem Weg zum Auto. Wir sprechen Englisch miteinander und durch das »du« wird alles vertrauter.

»David und ich, wir kennen uns seit ein paar Wochen.«

»*You are so close,* ihr seid so vertraut«, sagt er.

»Weil wir uns in unserer Kindheit schon gekannt haben«, möchte ich ihm noch sagen. »Wir haben es bloß bis jetzt nicht gewusst.«

Eigentlich wäre schon Zeit, zurückzufahren, aber David hängt noch einem Gedanken nach. »Hast du eine Landkarte von hier?«, fragt er den Fahrer.

»Ich brauche keine Landkarte. Ich habe alles im Kopf«, antwortet dieser.

»Dann zeig mir die Karte.« Er breitet sie auf seinen Knien aus und vertieft sich darin.

»Hier müsste doch in der Nähe ... Na ja, vielleicht nicht ganz in der Nähe, aber auch nicht zu weit ... Ja, hier ist es. Das Dorf, in dem ich damals gewohnt habe. Im Krieg. Dreh um, Kayetan«, sagt er entschlossen. »Dreh um. Wir machen jetzt richtige kurze Ferien.« Mich hat er wieder nicht gefragt. Dies fällt ihm nach einer halben Stunde erst ein.

»Du bist hoffentlich einverstanden?«, fragt er und nimmt meine Hand, die wie immer neben seiner liegt.

Ich lache nur.

Wir irren eine Weile umher, selbst Kayetan mit seinen Straßenkenntnissen verfährt sich mehrmals. Wir fragen natürlich niemanden, David will sein Dorf ganz allein finden.

Er glaubt immer wieder etwas zu erkennen: das Wäldchen, den Fluss. »Hier müsste es eine kleine Brücke geben«, aber es ist keine Brücke da. Schließlich sehen wir das Dorf.

Die alte Kirche ist frisch renoviert, das sieht man schon von weitem. David möchte gar nicht hineingehen.

»Fahr bitte weiter, Kayetan.«

Es sind nur ein paar Minuten. Davids Gesicht ist voller Anspannung. »Ich wollte es nie mehr sehen. Erst jetzt mit dir.«

Wir stehen vor dem Holzzaun. Dort, wo das Haus war, ist nur ein großes schwarzes Loch. Die frisch umgegrabene Erde liegt herum. An Stelle des Holzschuppens und des Kellers liegen Bretter und Ziegelsteine. Ein Schubkarren steht daneben, ein paar Gummistiefel. Offensichtlich will sich hier jemand ein neues Haus bauen.

Zum Wald sind es nur ein paar Schritte. Davids Gesicht hat immer noch diesen angespannten Ausdruck. Wir suchen, drehen uns im Kreis. David geht wieder zum Haus, dann ganz langsam Richtung Wald. Er macht kleine Schritte, wie ein Kind. Aus dem ehemaligen dichten Wald ist nun ein kleines Wäldchen geworden, aber David kämpft sich durch wie in einem Dschungel.

Das Einzige, was wir schließlich finden, ist eine kleine Erdhöhle. Niemand könnte sich darin verstecken, kein Erwachsener, kein Kind. Ein Kind vielleicht ...

David setzt sich erschöpft auf die Erde, ich neben ihn. Unsere Füße baumeln über dem Erdloch. Wir schweigen. David legt den Arm um mich und beginnt plötzlich zu weinen, so wie Männer manchmal weinen: heftig und verzweifelt. Ich weiß nicht, wie ich ihn trösten soll, er ist so groß, so stark – ich bin ratlos, weine auch.

In der Stille, die danach in uns entsteht, erzähle ich ihm eine Geschichte, die ich früher mal gelesen habe. Ich erzähle sie ihm so, wie ich sie noch in Erinnerung habe.

»Vor vielen, vielen Jahren gab es in einem kleinen jüdischen Städtchen einen Zaddig, einen gerechten, sehr frommen Mann. Zum Beten zog er sich oft in den nahe gelegenen Wald zurück. Er nahm seine heiligen Bücher, seine liturgische Kleidung, aß nichts und betete inbrünstig. In dem Städtchen warteten seine Juden auf ihn, denn wenn er zurückkam, hatte er immer eine Lösung für ihre religiösen oder privaten Probleme gefunden.

Jahre später, nach vielen Pogromen, gab es den Zaddig nicht mehr, seine liturgische Kleidung war weg, die Bücher verbrannt. Aber die Juden kannten die Stelle im Wald. Wenn sie Sorgen hatten – und wann hatten Juden keine Sorgen? –, gingen sie in den Wald und beteten am gleichen Fleck.

Nach weiteren vielen Jahren und vielen Pogromen kannte niemand mehr die Stelle im Wald. Aber die Juden wussten, dass es sie einmal gab, und das musste genügen.«

Als wir weiterfahren, verdunkelt sich der Himmel schnell, es wird windig und kalt. Ein Gewitter zieht auf. Wir finden ein kleines Hotel. Kayetan kennt sich hier aus. Es ist eine umgebaute Mühle.

Wie immer inspiziert Elijas zuerst unsere Zimmer, dann nickt er, und wir dürfen rein. Davids Zimmer ist besonders schön, groß, mit einem Kamin.

Abends ist es kalt. Einen heftigen Regen gab es inzwischen. David versucht, ein Feuer im Kamin anzuzünden, aber das Holz ist feucht.

»Schaffst du es?«, frage ich skeptisch.

»Ich bin Soldat, ich schaffe alles«, entgegnet er, vor der Feuerstelle kniend. Es ist seine übliche scherzhafte Art, zu antworten, aber es klingt nicht fröhlich. Nichts an diesem Abend ist fröhlich, außer dass wir zusammen sind. Der heutige Nachmittag lastet noch auf unseren Herzen.

David hat es geschafft: Wir sitzen auf dem Boden und schauen zu, wie die hohen Flammen das Holz fressen.

»Lass dich nicht täuschen«, sagt David nach einer Weile. »Ich bin ein einsamer, trauriger Mann. Man sieht es vielleicht nicht gleich.«

Heute Abend sieht man es. Sein Gesicht ist müde und kantig geworden.

»Ich hatte nie eine glückliche Ehe. Vielleicht ist es nicht leicht mit mir ...«

»Ich habe nicht gemerkt, dass es schwierig ist mit dir«, antworte ich.

Ich sitze ganz nahe am Feuer, umfasse mit den Armen meine Knie. Die Flammen malen rote Schatten an die weiße Wand, man kann den Blick gar nicht davon abwenden.

»Vielleicht haben wir beide kein Glück mit unseren Partnern gehabt, weil wir in der Kindheit gelernt haben, dass es für uns nur Freunde oder Feinde gibt. Wer uns nicht geliebt hat, hasste uns, konnte uns töten – es gab nichts anderes. Wir waren allein als Kinder, nur auf uns gestellt, immer nur allein.«

»Meine Frau«, erzählt David, »ist in Amerika geboren, hat dort die Zeiten des Krieges überlebt. Sie ist erst später mit ihrer Familie nach Israel gekommen. In Israel gibt es Juden, weißt du, die uns übel nehmen, dass wir das alles mit uns hier in Europa haben geschehen lassen. Dass wir uns haben töten lassen und uns nicht gewehrt haben. Die Familie meiner Frau gehörte dazu. Da war kein Gespräch mehr möglich.«

Wir sitzen noch lange am Feuer, können nicht schlafen. Von der Nacht ist nicht mehr viel übrig geblieben. Von weitem hören wir das Gebrumme des abziehenden Gewitters.

In einer kleinen Bar am Tresen trinken wir unseren Morgenkaffee. Alles ist schon für die Rückfahrt bereit, die Taschen im Auto verstaut.

Der junge Elijas, der sich sonst immer im Hintergrund hält, setzt sich zu uns. Er hat ein schönes Gesicht, schwarze Augen mit endlos langen Wimpern, wie ein Kind. Er ist vielleicht dreiundzwanzig und hat einen sehr muskulösen, durchtrainierten Körper.

»Darf ich Roma etwas fragen, David?«, sagt er und wird rot dabei. »Weil sie in Deutschland lebt ...«

»Aber sicher, Elijas. Natürlich.«

»Wie ist es in Deutschland, du musst es wissen, weil du dort schon so lange zu Hause bist. Wie ist es zwischen Deutschen und Juden?«

Ich verstehe seine Frage zuerst nicht. »Es ist verschieden. Im Allgemeinen aber gut. Beide Seiten geben sich sehr viel Mühe.«

Aber dies ist nicht das, was Elijas hören will.

»Wie ist es zwischen Männern und Frauen? Ich meine, geht das, dürfen wir das?«

»Ich glaube schon. Aber diese Frage muss jeder für sich selbst entscheiden.«

»Aber du hast selbst nicht ...«

Ich schaue David kurz von der Seite an. »Nein, ich selbst habe nicht.«

»Letzten Sommer verbrachte ich in Heidelberg«, erzählt Elijas, etwas mutiger geworden. »Ich war dort zu einem Fortbildungskurs, und da habe ich ein Mädchen kennen gelernt. Eine Deutsche.«

»Schön?«

»Sehr schön«, er fährt ungeduldig fort – in seinem Alter ist Schönheit eine Selbstverständlichkeit, »und sie versteht das alles, meine ganze Situation ... Sie versteht mich einfach.«

»Na, dann ist ja alles bestens.« Ich ertappe mich dabei, dass ich Elijas Sorgen nicht ganz so ernst nehme, wie sie es verdienen, weil ich etwas neidisch bin auf ihn und auf seine hübsche Freundin, auf dieses junge Glück.

»Jetzt möchte ich, dass sie nach Israel kommt. Dass wir heiraten. Ich möchte sie meiner Mutter vorstellen. Du bist Mutter, hast auch einen Sohn. Was meinst du, was wird meine Mutter dazu sagen? Kann das gut gehen?«

»Ach, Elijas«, seufze ich von ganzem Herzen, »frage mich etwas Leichteres ...«

Als wir schon gehen wollen, kommt eine junge Kellnerin zu uns, die uns schon die ganze Zeit beobachtet hat. Sie schaut mich an, dann David, dann wieder mich.

»Ich habe Sie, glaube ich, schon im Fernsehen gesehen. Sind Sie Schauspieler?«, fragt sie.

»Nein, das sind wir nicht.«

In ihrem Kopf arbeitet es, dann merken wir, dass sie sich plötzlich erinnert. Jetzt weiß sie es wieder. Wir sind die Holocaust-Überlebenden, die man im Fernsehen zeigt, damit sie ihre Geschichten erzählen können. Sie wird noch verlegener, weil sie gefragt hat, gleichzeitig will sie nett zu uns sein – so nett und taktvoll, wie die Leute manchmal zu Behinderten sind ...

»Hier bei uns«, sagt sie zum Abschied, »ist in der Nähe ein jüdischer Friedhof. Wollen Sie ihn nicht besuchen«, meint sie freundlich. »Es ist nicht weit.«

Wir biegen links ab in eine holprige, enge Straße. Wir schauen uns den Friedhof an. Wenige alte Grabsteine stehen auf einer kleinen Wiese. Um die Steine sind sauber Blumen gepflanzt, sonst ist alles ziemlich wild bewachsen.

Ganz hinten sehen wir eine große, hagere Gestalt in schwarzer Soutane. Ein Priester, der mit einer Harke die Erde bearbeitet.

Als er uns bemerkt, legt er das Gerät weg, kommt näher und begrüßt uns. Auch er kennt uns vom Fernsehen.

»Sie sind der Leiter des Israelischen Instituts in Warschau«, sagt er zu David und wischt sich sorgfältig die Hände ab.

»Ich freue mich, dass Sie zu uns gekommen sind.«

Wir schauen uns gemeinsam die wenigen Gräber an. Es sind alte hebräische Schriften darauf. David liest sie uns vor. Die Jahreszahlen zeigen, dass die meisten Menschen hier lange vor dem Krieg gestorben sind, einer sogar erst ganz kurz davor. »Glück hat er gehabt«, sagt David.

Der Priester lädt uns zu sich zum Tee ein. David und ich werfen uns einen Blick zu – es ist klar, dass wir nicht Nein sagen können. Das Pfarrhaus ist nicht weit.

»Ich kam vor neun Jahren hierher«, erzählt uns der Priester auf dem Weg dorthin, »und zufällig habe ich den alten jüdischen Friedhof entdeckt. Es waren erst sechs Gräber, dann habe ich noch drei gefunden. Jetzt sind es neun«, bemerkt er mit einer gewissen Zufriedenheit. »Sie waren ziemlich zerstört natürlich, mit Unkraut bewachsen und mussten erst einmal restauriert werden.«

»Haben Sie alles alleine gemacht?«, frage ich anerkennend.

»Es gibt viele jüdische Friedhöfe hier«, sagt er nachdenklich. »Sie wurden im Krieg restlos zerstört, niemand kümmerte sich mehr darum. Jetzt weiden Kühe darauf. Das darf nicht sein, fand ich, und ein paar junge Leute aus dem Dorf haben mir dabei geholfen.«

Die Pfarrei ist von einem schönen Obstgarten umgeben, wir nehmen auf der Holzveranda Platz. Ein großer Hund mit Schlappohren begrüßt uns.

»Ein Schäferhundmischling?«

»Aber nein, es ist ein Hoverward, eine alte deutsche Hunderasse«, erklärt der Priester stolz. »Es gibt keinen Besseren, um Haus und Hof zu bewachen. Und verstehen kann er alles.«

Ich bin verrückt nach Hunden, also tolle ich mit dem Tier auf dem Boden herum. Als ich mich dann wieder hinsetze, legt er mir seine große Schnauze mit den wissenden dunklen Augen auf den Schoß, und so bleibt er eine ganze Weile.

Wir bekommen den Tee und noch warmen Hefekuchen mit Kirschen, direkt aus dem Ofen. Die Wirtschafterin bringt das Tablett. »Setz dich zu uns, Waleria«, sagt der Priester.

Sie ist eine alte Frau mit zusammengebundenem schütterem Haar, unter dem die rosige Haut schimmert, und großen, abgearbeiteten Händen. Etwas schüchtern setzt sie sich zu uns.

»Waleria kann Ihnen viel erzählen«, meint der Priester. »Sie stammt aus der Gegend, ist hier aufgewachsen. Sie hat alle Juden hier gekannt.«

Waleria nickt nur stumm mit dem Kopf.

»Du hattest doch eine jüdische Freundin«, der Priester gibt nicht auf, »Rosi hieß sie.«

»Rosa hat sie geheißen, Rosa Neufeld«, verbessert die Haushälterin. »Sie war meine beste Freundin in der Schule. Ein schönes Mädchen.« Ihr altes Gesicht erhellt sich bei der Erinnerung. »Große blaue Augen hat sie gehabt, und Zöpfe, so dick«, sie spreizt ihre geröteten Finger weit auseinander. »Sie hat mir immer erlaubt, bei ihr abzuschreiben, sie war gut im Lernen.

Und ihre Pausenbrote hat sie mir abgegeben, weil sie von zu Hause immer so viel bekommen hat. Ihre Eltern waren etwas besser gestellt, sonst waren hier eher ärmere Leute. Die Rosa war nett, selbst unser Religionslehrer hat sie gemocht, obwohl sie Jüdin war.

Als sie dann wegmussten, die Juden, da hat mein Bruder zu meinem Vater gesagt: ›Wir lassen Rosa taufen und ich heirate sie.‹ Mein Bruder war schon sechzehn und ein bisschen in Rosa verliebt. Aber sie mussten doch alle weg ...«

»In das Lager?«

»Nein, nicht in das Lager. Sie wurden hier in den Wald getrieben und erschossen. Alle. Sie mussten sich die Gräber selbst schaufeln. Sie mussten sich nackt ausziehen und ihre Sachen abgeben. Manche Leute von uns sind später hingegangen und haben sich das heimlich angesehen. Aber mein Vater hat es uns nicht erlaubt.«

Ich schaue in den friedlichen blauen Himmel, schaue die vielen Obstbäume mit den reifen Früchten an, das gutmütige kantige Gesicht des Priesters, den ruhig schlafenden Hund zu meinen Füßen.

Wie viele solche Geschichten müssen unsere Herzen noch aushalten?

»Sind hier noch einige alte Häuser übrig geblieben?«, frage ich, um ein wenig das Thema zu wechseln.

»Die jüdischen?«, antwortet Waleria. »Nein, nicht viele, höchstens drei oder vier, aber da ist nichts mehr drin. Die Synagoge haben die Deutschen gleich am Anfang angezündet. Es waren viele Juden hier. Geschäfte haben sie gehabt, schöne Läden, eine Bäckerei.

Sie haben eine Speise gehabt, die war aus Rindfleisch, Graupen und Bohnen. Das musste dann für vierundzwanzig Stunden zum Bäcker in den Ofen. Das war gut, und es hat in der ganzen Stadt geduftet.«

»*Tschulent* heißt es«, werfe ich ein.

»Kennen Sie es?« Die alte Frau wartet die Antwort nicht ab. »Freitagabend«, erzählt sie weiter, »wurde alles zugemacht und sie gingen in die Synagoge. Da wurde es auf den Straßen auf einmal ganz still. Sonst war es hier immer sehr laut, besonders die Kinder haben viel Lärm gemacht. Es ist langweilig hier ohne Juden ...«

Wir verabschieden den Priester, den Hund, küssen Waleria auf polnische Art: drei Mal auf die Wange.

»Bleiben Sie gesund.«

Es ist so, wie David gesagt hat: Ob wir es wollen oder nicht, wir sind zu Sammlern der jüdischen Geschichten geworden. Aber wem soll man es sonst erzählen, wenn nicht uns?

In Warschau packe ich wieder meine Sachen.

»Du kommst aber bald wieder«, sagt David.

»Du bist ein Despot, weißt du das?«

»Das habe ich schon mal gehört, ja.«

»Die Flugzeuge fliegen in beide Richtungen. Du könntest auch mich in München besuchen.«

»Das dürfte schwierig werden«, antwortet er kurz. In der Tat. Meine Wohnung in München ist zwar groß, aber ich kann ihn mir trotzdem nicht mit seinen zwei Aufpassern bei mir vorstellen.

Mit David ist alles angenehm. Selbst der Abschied am Flughafen. Es ist ja nur für ein paar Tage. »Sei fleißig«, sagt er. »Du hast jetzt großen Erfolg. Diese Zeit gehört dir. Vergeude sie nicht.«

Unsere Wochenenden, an denen ich ihn besuche, sind fast alle gleich, beinahe langweilig. Aber gerade das gefällt uns. Wir sitzen im Wohnzimmer, ziehen die blaugrünen Vorhänge zu. Es sind sehr heiße Augusttage. Die Klimaanlage summt. David klimpert ein wenig auf dem Klavier, er hat im Seminar mal Orgel gespielt.

Es ist heiß, aber als ich einmal die schmiedeeiserne Gittertür vor dem Balkon aufmachen möchte, schüttelt David den Kopf: »Mach es bitte nicht«, sagt er schnell. An die Geräusche aus dem Polizeiauto im Garten habe ich mich schon gewöhnt.

»Siebenundvierzig, wo bist du? Melde dich, Kollege ...« Es wirkt beruhigend.

Wir essen in der Küche. Der Kühlschrank ist immer voll. David hat zwei »Engelchen«, wie er sie nennt, die für ihn kochen. Sie kochen gut. Am Wochenende haben sie frei.

Manchmal fahren wir abends zum Essen, suchen uns ein hübsches Lokal aus. Meistens aber sind wir zu faul dazu. Einmal laden wir seine Mitarbeiter zum Essen ein. Es sind sehr nette junge Israelis, ernsthaft und gebildet. David stellt mich ihnen vor – nicht ohne diskreten Besitzerstolz.

Unsere Nächte sind kurz. Wir können beide nicht gut schlafen. Manchmal wachen wir auf, setzen uns aufs Sofa, trinken Tee, erzählen uns Geschichten, versuchen dann wieder einzuschlafen. David nimmt eine schöne dünne, goldfarbene Wolldecke und wickelt sie um mich. »Damit du dich nicht erkältest. Die Farbe steht dir gut.«

David ist der einzige Mann, der mich nicht zu fragen braucht, warum ich oft die halbe Nacht wach liege. Manchmal wird er im Schlaf von einem seltsamen trockenen Schluchzen geschüttelt. Er flüchtet sich dann in meine Arme, und alles ist gut.

Wenn ich morgens aufstehe, sitzt er oft schon an seinem Schreibtisch und telefoniert.

»Es ist sieben Uhr morgens, David.«

»Meine Mitarbeiter haben sich schon daran gewöhnt«, lächelt er. »Du hast ja gesagt, ich sei ein Despot.«

Er telefoniert viel. Sein Telefon ist immer in Reichweite. Tag und Nacht.

»Ich muss immer erreichbar sein«, sagt er. »Stört dich das?«

Es stört mich nicht. Ich bin nicht zu ihm gekommen, um irgendetwas zu ändern.

Er spricht meistens Hebräisch, eine Sprache, die ich nicht verstehe. Er telefoniert mit seinen Kindern. Er spricht mit seinem Enkel. Das merke ich, weil seine Stimme dann ganz weich wird, und sein Hebräisch hört sich anders an.

»Weißt du, was er zu mir gesagt hat?«, erzählt er danach

stolz. »Komm bald, Opa, hat er gesagt. Ich vermisse dich. Das hat er wirklich gesagt«, wiederholt er ganz entzückt.

Er führt viele dienstliche Gespräche auch an den Wochenenden, und ich weiß, dass sie ein Teil seiner Arbeit sind.

»Dem habe ich es aber gegeben«, lacht er und zwinkert mir zu, nachdem er lange und intensiv auf jemanden eingeredet hat.

»Es war der Minister. Alter Sturkopf. Wir waren zusammen beim Militär.«

Wir genießen die ganz besondere Zeit, die wir zusammen verbringen. Weit weg von unseren bisherigen Leben. Es rührt mich immer wieder, wie schön und harmonisch wir unseren gemeinsamen Alltag finden. Gleichzeitig aber kommt es mir so vor, als wären wir Kinder – ein Mädchen und ein Junge –, die Eheleute spielen. In einem großen geliehenen Puppenhaus.

Ich bringe ihm eine neue Erzählung von mir mit, die ich gerade geschrieben habe. *Die Gartenlaube* heißt sie.

»Soll ich sie dir vorlesen?«, frage ich.

»Ja.« David gefällt es sehr, wenn ich ihm vorlese.

Es ist die Geschichte meiner Tante, die einen einzigen geliebten Sohn hatte. Eines Tages haben ihn ein paar betrunkene Jugendliche ins Wasser geworfen. Er konnte nicht schwimmen und ist ertrunken – gerade am Tag seines Abiturs. Es war nicht im Krieg, nein, es war in einem friedlichem Jahr, 1936. Die Tante ist dann aus Kummer gestorben. Sie saß in dieser Gartenlaube und wartete, dass ihr Junge doch noch nach Hause kommt. In der Laube hat man sie gefunden.

Es ist wieder keine lustige Geschichte, und als ich aufhöre, sind Davids Augen voller Tränen. Wir weinen beide. Wir weinen auch bei einer bestimmten Art jüdischer Musik. Wir weinen gemeinsam und wir brauchen dieses Weinen. Es ist ein gutes Weinen – ruhig und befreiend.

Wir lachen auch viel. Ich höre mich zum ersten Mal in meinem Leben laut lachen. Es hört sich so komisch an, dass ich wieder lachen muss. Wir sind oft richtig albern.

»Wie alt sind wir denn, sechzehn, siebzehn?«, frage ich David.

»Siebzehneinhalb«, meint er, »aber das macht nichts. Alt waren wir schon.«

Eines Tages kramt David natürlich eine Schachtel mit alten Fotos heraus. David mit wichtigen Männern, die ihm die Hand drücken und in die Kamera lächeln. Ich sehe den jungen sportlichen David beim Handballspielen, den erwachsenen David beim Militär. David mit zwei Kindern, mit dem Enkel. David mit einer dunkelhaarigen Frau unter einem Denkmal sitzend. Und ich erfahre das Ende von Davids Geschichte, das er in seinem Buch nicht mehr aufgeschrieben hat.

»Als ich nach Israel kam«, erzählt er, »habe ich niemanden von meiner Familie finden können. Eine Zeit lang habe ich einfach so vor mich hin gelebt. Habe die Sprache gelernt, manchmal habe ich im Schlafsack am Strand geschlafen, aufs Meer geschaut, überlegt, was ich mit meinem Leben weiter machen soll, allein zwischen meinen zwei Familien, die es gar nicht mehr gab. Mal habe ich das Land gehasst, mal habe ich es geliebt. Dann kam ich zum Militär. Sie haben mir später bei der Suche nach meinen Verwandten geholfen.«

Ich sehe mir David auf dem Foto an, in Uniform. Schönes, lockiges Haar. Junge, schwarze, glühende Augen.

»Wie war das für dich, beim Militär?«, unterbreche ich ihn.

»Ach, weißt du« – er schweigt eine Weile –, »es ist alles nicht so schwer. Es ist nicht schwer zu sterben, auch das Töten ist leicht. Schwierig ist vielleicht nur, den kleinen Jungen zu beruhigen, den man in sich trägt, der sich fürchtet und verzweifelt nach Hause will ...

Später traf ich meine leibliche Schwester Dora in Jerusalem. Ich weiß nicht, was ich da gefühlt habe. Wahrscheinlich vor lauter Aufregung gar nichts mehr. ›Ich werde dich nicht erkennen‹, hat Dora am Telefon gesagt, ›aber du erkennst mich.‹ Und so war es dann auch.

Von meiner Schwester erfuhr ich es: Sie waren beide im Lager.

Sie und die Mutter. Unsere Mutter ist getötet worden. Dora wurde von den älteren Insassen des Lagers versteckt. Überlebte, kam nach Israel. Dort hat sie den Vater getroffen. Er war in einem anderen Lager gewesen, ist drei Jahre später gestorben – mit siebenundvierzig Jahren.

›Stell dir vor, er hat es aber geschafft, vorher noch mal zu heiraten‹, erzählte Dora.

Meine Schwester war auch verheiratet. Mit einem Rabbiner.

›Komm mit mir in die Synagoge, David‹, sagte er zu mir.

Ich war noch nie in einer Synagoge gewesen, in meinem ganzen Leben nicht. Habe mich nicht getraut.

›Kann ich denn dahin gehen?‹, fragte ich ihn. ›Vor drei Jahren wollte ich noch katholischer Priester werden.‹

›Und ich bin ein jüdischer Rabbiner. Das ist kein Priester, das ist mehr wie ein Lehrer oder ein Richter. Und ich sage dir, du kannst mit in die Synagoge.‹

Wir haben später noch jahrelang theologische Dispute geführt. Ich habe viel von ihm gelernt.«

Ich nehme das Foto der dunkelhaarigen Frau in die Hand. Sie hat Davids Gesichtszüge, sie wirkt nur etwas strenger.

»Was macht sie jetzt?«, frage ich.

»Dorchen? Sie lebt in der Nähe von Jerusalem. Sie ist mit dem Alter sehr religiös geworden. Betet fast den ganzen Tag. Wir haben nur wenig Kontakt.«

»Und was ist aus deiner zweiten Schwester geworden, der polnischen?«

»Die lebt jetzt in Deutschland. In der Nähe von Hamburg. Mit ihr habe ich noch weniger Kontakt.«

»Dann kann ich vielleicht jetzt deine Schwester sein. Ich wollte immer schon einen Bruder haben.«

»Ja. Einverstanden. Aber hast du es dir auch genau überlegt?«, fragt er nach einer Weile ernsthaft, und wir müssen wieder lachen.

Später sammle ich die Fotos ein und lege sie wieder in die Schachtel zurück. Ich schaue mir nochmals Davids Kinder an, seinen Enkel. Sein ganzes bisheriges Leben.

»Wenn ich hier am Institut aufhöre«, sagt David – er sitzt neben mir mit der Pfeife in der Hand –, »habe ich Angebote, wieder als Professor an die Uni zu gehen. In Tel Aviv natürlich, aber auch im Ausland. Hier in Warschau oder in Rom ...«

»Wir werden nicht heiraten können«, sagt er unvermittelt. »Meine Frau lässt sich nie scheiden«, antwortet er auf die nicht gestellte Frage. »Es wäre auch keine schöne Geschichte, nach so vielen Jahren. Sie lässt mich nie los. Ich werde nie frei sein.«

Ich antworte nicht. Ich schließe die Augen und stelle mir eine schöne jüdische Hochzeit in Krakau vor. Die Juden heiraten meistens im Freien unter einem Baldachin, den man *Chuppa* nennt.

Der Bräutigam zerschlägt ein Glas, das bringt Glück, und küsst die Braut. Alle rufen: »*Maseltow*, hundert Jahre sollt ihr werden!« Das könnten wir in unserem Alter auch brauchen.

Ich kenne im jüdischem Viertel einen schönen schattigen Hof mit vielen alten Bäumen. Dort könnte die Feier stattfinden. Unsere Kinder werden dabei sein. Davids Söhne und mein Sohn. Und alle unsere Freunde. Es wird Karmel-Wein gereicht und süßes Gebäck. Später werden wir alle zusammen an einer großen Tafel sitzen. So wie ich es oft in meinen Bildern gemalt, aber nie erlebt habe. Meine Lieblingsmusikanten, die besten Klezmer der Welt, werden spielen, und alle tanzen. David wird meine Hand halten.

Was ziehe ich an? Weiß wäre nicht mehr passend. Aber etwas langes Cremefarbenes vielleicht, und die Haare hochgesteckt ...

David nimmt meine Hand in die seine. »Es wird keine schöne jüdische Hochzeit in Krakau geben«, sagt er, als könnte er meine Gedanken lesen.

»Wer wird denn in unserem Alter noch ans Heiraten denken«, sage ich und schenke ihm eines von meinen ehrlichsten Lächeln.

Das Telefon klingelt. Ich öffne gerade die Tür meiner Wohnung in München, stelle das Gepäck ab. Eine große Tageszeitung ruft an. Seltsam. Eine ungewöhnliche Zeit haben sie sich ausgesucht für ein dienstliches Gespräch. Es ist Sonntagabend.

Der Mann hat eine etwas zu hohe Stimme: »Ich schreibe gerade einen Artikel über eine jüdische Familie in Krakau.«

»Für die Zeitung?«

»Ja. Nein. Eigentlich bin ich freier Journalist.«

»Und?«

»Ich habe ein wenig recherchiert, auch über Ihre Familie. Da bin ich auf etwas gestoßen. Ist es wahr, dass Ihr Vater ein Kapo im Lager war?«

In meinem Kopf herrscht absolute Stille. Es tickt nur etwas wie eine Uhr. Unaufhörlich.

»Ich weiß nur, dass mein Vater in der Widerstandsbewegung war. Das eine schließt das andere ja wohl aus«, sage ich mit heiserer Stimme.

»Ach ja? Interessant!«

»Hören Sie, wenn Sie über mich etwas schreiben möchten, sollten Sie dann nicht vorher mit mir persönlich sprechen und nicht am Telefon?«

»Ich weiß nicht. Vielleicht schreibe ich ja gar nichts. Es war bloß so eine Idee. Ich rufe noch mal an.«

Klick. Er legt auf, und mir fällt erst jetzt ein, dass ich nicht gefragt habe, woher er meine geheime Telefonnummer hat.

Ich werde wohl immer wie ein Kind reagieren. Mit mir kann man alles machen, wenn man mich nur einschüchtert.

Ich liege auf dem Teppich, habe Magenkrämpfe. Man muss liegen bleiben, dort, wo man ist, sich nicht bewegen, Augen schließen. Sich auflösen. Das habe ich als Kind gelernt. Dann kann man sich auch vor sich selbst verstecken.

Ich habe keine Angst.

Ich bin die wunderbare, von David ausgewählte Frau. Ich bin ruhig und sanft und edelmütig. Ich darf keinen Zorn empfinden, keine Angst haben. Ich habe keine Angst – nur Bauchschmerzen.

»Wenn du einen bekannten Namen hast«, hat meine Verlegerin einmal gesagt, »tauchen um dich herum immer irgendwelche Verrückten auf. Du musst damit leben.«

Ich will nicht mehr daran denken. Ich kann nicht erlauben, dass ein fremder Mensch in meinem Leben herumstöbert und mich in Panik versetzt. Ich will es schnell vergessen. Es war sicher nur ein Spinner. Ich muss an etwas anderes denken. Ich muss es vergessen, vergessen, vergessen.

Viel lieber denke ich daran, dass ich so gerne mit David schöne lange Ferien machen würde. Noch bevor dieser Sommer zu Ende ist. Wir könnten zusammen für längere Zeit verreisen, nicht bloß für zwei Tage. Er wird sicher noch Urlaub haben. Vielleicht in die Schweiz fahren oder nach Italien. Viel Zeit füreinander haben. Ich könnte ihm auch München zeigen. Die Berge. Im Urlaub muss er seine Aufpasser nicht bei sich haben.

Ich möchte es mit David besprechen, am liebsten gleich. Soll ich ihn anrufen? Aber nein, lieber nicht am Telefon. Ich werde ihn fragen, wenn wir uns sehen, beim nächsten Mal.

Mein Vater war ein guter Mensch, hat der Mann in Amsterdam gesagt. Er hat ihn im Lager gekannt ...

Ich muss David nichts mehr fragen. Bald erzählt er es mir am Telefon. David wird den Urlaub in Israel verbringen, mit seiner Familie, mit seinen Kindern. Er freut sich schon auf seinen Enkel. Spricht nur noch von ihm. Es war alles schon lange geplant.

»Habe ich dir das nicht gesagt?«, fragt er, da ich bei diesem Gespräch etwas schweigsamer geworden bin.

»Da siehst du mal wieder«, sagt er zerknirscht, »wenn man so lange allein lebt wie ich, gewöhnt man sich auch an, alle Entscheidungen allein zu treffen.«

Er hat bloß vergessen, mich über seine Pläne zu unterrichten.

»Auf dem Rückweg aber könnte ich dich in München besuchen. Das lässt sich sicher machen.« Das wirft er mir wie ein Bonbon hin.

Ich versuche die winzigen Stiche der Eifersucht, die ich im Herzen spüre, nicht größer werden zu lassen. Es war doch lange geplant ...

Nur nichts festhalten wollen. All das habe ich im Leben schon geübt. Ich habe gewartet und angerufen und Briefe geschrieben. Ich wartete geduldig und ungeduldig. Habe Fragen gestellt und Antworten gesucht. Gefunden habe ich immer nur mich allein.

Ich darf nicht zeigen, dass ich traurig bin. Er soll kein schlechtes Gewissen haben – diese Lektion habe ich auch schon gut gelernt. Es ist doch alles schön, wie es ist, und mehr gibt es nicht.

Über Nacht beschließe ich, nach Nizza zu fahren.

»Bleib nicht zu Hause, warte nicht auf seinen Anruf aus Israel. Fahr doch weg. Sei wie ich, sei vernünftig«, sagt mir die Vernünftige.

»Ich versuche es ja.«

»Dann fahr doch jetzt weg. Gönn dir schöne Ferien.«

»Gut, dann sag mir doch, wohin ich alleine fahren soll.«

Nizza. Meine Wahl ist nicht sehr originell, aber jetzt brauche ich zum Wohlfühlen einen vertrauten Ort. Die Stadt ist für mich wie das Wohnzimmer einer alten Tante. Vieles erinnert mich an die gute alte Zeit. Sie ist etwas verstaubt, der Glanz ist ab, aber über dem Ganzen schwebt ein Hauch von der feinen mondänen Welt. Man muss sich nur die vielen Autos wegdenken. Es erinnert an etwas, von dem man nicht weiß, ob man es selbst erlebt oder nur im Kino gesehen hat.

Mit ein wenig Schadenfreude versuche ich, mir David in seiner heißen Tel Aviver Wohnung vorzustellen, von der lauten

Familie umgeben, mit dem kleinem Enkel an der Hand. Und, in der gleichen Zeit, ich allein in Nizza in einem Luxushotel, mit allen möglichen und unmöglichen Männern flirtend. Davids Zuneigung hat mich mutig gemacht. Vielleicht übermütig. Es ist alles nur ein Spiel.

September

In der Früh packe ich schnell ein paar bunte Sommersachen in die Reisetasche. Im Packen bin ich ja geübt. Zum Schluss werfe ich noch das gerahmte Foto von David hinein. Ist das vielleicht kindisch? Vielleicht, na und?

Kurze Zeit später sitze ich schon im Flugzeug.

Das Hotel, das ich gefunden habe, ist ein altes, gediegenes Haus, etwas altmodisch. Nicht das Negresco diesmal, das voll von der russischen Mafia sein soll, aber ganz in der Nähe. Der Beschreibung nach kann ich mir dort viele vornehme Engländer vorstellen, die im Salon ihren Tee schlürfen. Es liegt auch an der *Promenade des Anglais*, mit Blick aufs Meer natürlich. Die laute Straße, die mich von ihm trennt, will ich auch diesmal vergessen. Ich denke an den Strand, an die grüne Liege, oder wird sie diesmal blau sein? An die Sonne, die meine Haut wärmt, während ich das Blau des Himmels und den Salzgeruch des Meeres in mich aufsauge, mich darin auflöse ...

Ich fliege nach Nizza – wieder allein. Glücklich? Unglücklich? Ich weiß es nicht.

Am späten Nachmittag habe ich das schöne große Zimmer mit dem breiten Bett und dem grün gekachelten Bad inspiziert, habe die Balkontür weit aufgemacht und dem wie immer unglaublich blauen Meer guten Tag gesagt.

Jetzt sitze ich auf der Hotelterrasse, trinke kühlen Rosé, von einem Maître serviert, der selbst für die Côte d'Azur viel zu gut aussieht. Leicht beschwipst rufe ich David an, freue mich, ihn zu überraschen.

»Roma? Schön, dich zu hören.« Seine ruhige Stimme und seine Freude tun mir wie immer gut.

»Ich sitze auf der Terrasse eines wunderschönen Hotels, schaue aufs Meer, denke an dich, trinke auf dein Wohl ...«

»Dann wirst du schön braun sein, wenn ich zurückkomme, ich freue mich schon darauf« ist seine einzige, ruhige Antwort darauf. David wundert sich nie über etwas – habe ich das schon vergessen?

Ihn zu überraschen, dazu braucht man mehr.

An diesem Abend beschließe ich, eine ganze Woche lang glücklich zu sein, nur glücklich. Jede Stunde, jede einzelne Minute. Keine Sorgen zu haben, meine zwei Bücher verkaufen sich gut. Das erste Mal kann ich Geld ausgeben, ohne das ewige Sündegefühl wie eine Faust im Magen zu spüren.

In dieser einen Woche in Nizza kann ich so tun, als wäre ich reich. Meine üblichen Ängste werde ich im Hotelschrank verschließen, zusammen mit meinem deutschen Pass und dem Münchner Wohnungsschlüssel. David wird mich anrufen: »Bist du schon braun?«, wird er fragen. »Was macht dein Enkel, Liebster?«, werde ich antworten.

Noch tief in der Nacht sitze ich auf meinem Balkon, das letzte Glas Wein in der Hand, eigentlich ist es schon eines zu viel. Die Autos und Motorräder werden in der Dunkelheit zu schnell vorbeischießenden Lichtern. Das Schaukeln in meinem Kopf hat den Rhythmus der Meereswellen. Ich mache Pläne für die nächsten Tage: schnell braun werden, jung aussehen, Hummer essen, früh aufstehen, am Meeresufer entlanglaufen, der Sonne entgegen. Noch weiß ich nicht, dass mir für all das nur zweieinhalb Tage bleiben. Ganze zweieinhalb Tage.

In den frühen Morgenstunden ist die Uferpromenade noch nass, der Lärm erträglich, man hört noch das Meeresrauschen und sieht, wie die Silberstrahlen auf den Wellen tanzen.

In knappen schwarzen Shorts und roter Schildmütze mische ich mich unter die Läufer. Die meisten laufen weit, bis zum Hafen. Ich bin nicht so sportlich und bleibe am Blumenmarkt. Ich versinke in Farben und Düften, bewundere die Berge von wunderschönem Obst. Alles – die Erdbeeren, Himbeeren, Trauben – möchte ich gleich kaufen und aufessen.

Das kleine nostalgische Bistro an der Ecke sieht aus wie in Paris. Schwarz-weiße Kacheln, hohe Barhocker, große Kaffeetassen. Selbst der Patron sieht aus wie aus einer Zigarettenreklame: buschiger Schnurrbart, blaues Hemd und schief sitzende Baskenmütze.

»Je vous en prie Madame«, gurrt er mir entgegen und stellt den Kaffee und ein goldfarbenes, luftiges Croissant vor meine Nase.

Als ich mich am nächsten Morgen auf den gleichen Barhocker setze, werde ich schon als alte Bekannte begrüßt.

Das Braunwerden am Strand ist etwas anstrengend, dafür verbringe ich die Nachmittage ruhig und stilvoll in einem *Salon de Thé* an der Promenade. Ich schaue mir die bunt gekleideten Touristen an, die an mir vorbeiziehen – meistens sind es Pärchen. Und ich? Allein. Ach was, das macht doch gar nichts mehr. Ich bin jetzt auch ein Teil eines Pärchens, auch wenn sich die andere Hälfte wer weiß wo befindet. Der Tee duftet zart nach Vanille. »Eine *Tarte Tatin* noch?«, fragt der Kellner verführerisch. »Noch einen Kuchen, Madame?« Nein! Doch, ja! Natürlich. Nur her damit.

Am nächsten Morgen wache ich sehr früh auf. Eine Weile schaue ich zu, wie in den ersten Sonnenstrahlen die Promenade mit Wasser gesprengt wird, dann drücke ich mir die rote Mütze tief in die Stirn und laufe, laufe, laufe. Ich fühle mich federleicht, alterslos, zeitlos. Die silbernen kleinen Wellen auf dem Wasser zwinkern mir zu, einige hübsche, braun gebrannte Männer laufen an mir vorbei.

»Bonjour, Madame, comment allez-vous, aujourd'hui?«, fragt der Patron.

»Vite, einen Cappuccino«, hauche ich noch ganz außer Atem. Er lacht breit, und als ich mich umdrehe, um mir ein Croissant zu nehmen, gibt er mir einen saftigen Klaps auf den Po.

»Mais qu'est-ce que tu fais?«, empört sich gleich die Besitzerin hinter ihm. *»Tu es absolument fou!«*

Der Patron wird mit viel Geschnatter in die Küche verbannt.

»Au revoir, Madame, à demain«, flötet seine Frau süß zum Abschied.

Sie weiß es nicht, und ich weiß es auch noch nicht, dass ich morgen schon eine ganz andere sein werde.

Immer noch in dem Gefühl, zwanzig zu sein, trete ich auf die Straße. Armer Mann, denke ich zugleich belustigt über den Patron, wenn er wüsste, dass er so hart bestraft wurde wegen einer Fast-Großmutter.

Später, auf dem Weg ins Hotel, scheint der Tag so richtig mit mir spielen zu wollen. Eine Männergestalt kommt mir entgegen. Ich glaube es kaum: Es ist Harrison Ford, mein Lieblingsschauspieler! Er kommt aus der Richtung des Hafens, wo die großen weißen Yachten stehen, von denen jede die seine sein könnte. Er trägt weite Shorts und ein verschwitztes Polohemd, lächelt mich an. Ein flüchtiges, etwas schiefes Lächeln.

War er das wirklich? Ich entscheide, er war es. Ganz sicher.

Langsam fühle ich mich, als hätte ich hier schon lange Ferien gemacht oder noch besser, als würde ich hier einfach dazugehören.

Ich gehe vorbei an diesen schönen weißen Häusern mit den Jugendstilbalkonen und bunten Jalousien und träume den ewigen Emigrantentraum. Wie wäre es, so eine von Blumen umgebene Villa zu besitzen, in diesen sonnendurchfluteten Räumen für immer zu wohnen? Es ist ein Spiel, das ich oft spiele, wenn es mir irgendwo besonders gut gefällt: Ich stelle mir vor, wie es wäre, einfach für immer dazubleiben. Ich, die noch nie irgendwo dazugehört hat. Hier zu bleiben? Was heißt für einen Emigranten schon »für immer«?

In einem alten Laden, meinem Lieblingsladen, wo es wunderbare Kräuter, hausgemachtes Olivenöl und Parfüm gibt, kaufe ich einen kleinen Flakon, *Fleur de Provence* heißt der Duft.

Es ist Siestazeit. In meinem Zimmer ziehe ich die Vorhänge zu, lege mich aufs Bett, döse vor mich hin. Der Ventilator dreht sich und wirbelt in der Sonne goldenen Staub auf. Ein leichter Geruch von gebratenem Fisch mischt sich mit Zitronenduft. Lieber Gott, denke ich, kann es sein, dass auch ich glücklich, leicht, frei von Angst sein könnte? Hast du wirklich noch ein paar fröhliche, unbeschwerte Tage für mich? Darf ich denn hier sein, in all diesem Luxus? Ich, ein Kind aus dem Krakauer Ghetto?

Bald werde ich zurückfliegen. Ein Mann wird mich erwarten. Kann es diesmal so sein, dass der, den ich liebe, mich auch liebt?

Bevor ich richtig einschlafe, denke ich noch an das hübsche goldene Armband, das ich in der Altstadt gesehen habe. Es bestand aus vielen zierlichen Musikinstrumenten: kleinen Gitarren, Geigen, Flöten. Es ist nicht etwas, was ich brauche, es ist einfach nur schön. Ich werde es mir heute Abend kaufen.

Wenn David anruft, muss ich ihm unbedingt von meinem Bistro-Patron erzählen ... Das Klingeln des Telefons ... Es klingelt lange, es klingelt laut ... Ich kann die Augen nicht aufmachen, es klingelt immer noch, und ich weiß schon: Es klingelt nicht gut.

»Roma«, sagt seine Stimme, und wie immer ist es keine Frage, sondern eine Inbesitznahme. »Roma.«

»Ist etwas passiert?«, frage ich überflüssigerweise, denn ich weiß schon, dass etwas passiert ist.

»Meine Frau ist sehr krank. Ich habe sie getroffen.« Er schweigt eine Weile, atmet nur. »Sie ist sehr schwer krank. Ich werde eine Zeit lang bei ihr bleiben müssen. Ich kann jetzt hier nicht weg. Wir werden uns lange nicht sehen können. Vielleicht sehr lange. Ja, ich rufe an, ich verspreche es. Sobald ich mehr weiß. Sie hat Krebs ...«

Einen kurzen Moment bleibe ich auf dem Bett sitzen, drücke mir ein Kissen auf den Bauch. Ja, hast du wirklich geglaubt, dass du das Schicksal überlisten kannst? Dass du das Spiel weiterspielen kannst? Hier herumzuhüpfen, zu träumen? Als gäbe es nicht ein Schicksal, als gäbe es nicht dein Leben, als hättest du nicht gewusst, was deine Aufgabe ist?

Auf wackeligen Beinen gehe ich ins Bad, schaue in den Spiegel. Ich sehe eine etwas ältere Frau mit tiefen Schatten unter den Augen.

Weißt du denn nicht, dass es deine Aufgabe ist, Schicksalsschläge zu ertragen? Im Ertragen bist du Weltmeister. Einfach immer wieder weitergehen, alles auf die leichte Schulter nehmen, nicht zögern, nicht anhalten. Immer weitergehen ... Schicksalsschläge. Diesmal ist es nicht mein Schicksal. Oder doch?

Ich bleibe nicht lange im Zimmer.

Ich weiß, was zu tun ist, in Krisensituationen kenne ich mich aus. Mein Leben besteht ja aus Krisen. Was stand auf dem Programm? In die Stadt gehen, Armband kaufen.

Wie ein Automat ziehe ich mich an, gehe in die Stadt.

Auf der Straße erst merke ich, dass es noch viel zu früh ist. Es ist noch heller Nachmittag, es ist heiß, die Sonne brennt, es sind kaum Menschen auf der Straße. Die Läden sind geschlossen. Unter brennender Sonne bin ich allein mit meinen Gedanken, die ich gar nicht zu Ende denken will.

Wird diese Frau jetzt sterben? Bin ich denn schuldig? Lieber Gott, das habe ich doch nicht gewollt. Wirklich nicht? Ich habe doch nur ... Ich habe mir manchmal nur vorgestellt, wie es wäre, wenn es diese Frau nicht gäbe ... David wird jetzt die schwersten Stunden seines Lebens durchleben. Noch weiß er es nicht. Es kann Monate dauern. Er wird müde sein, eine Müdigkeit, die er noch nie gekannt hat. Und er wird ein Schuldgefühl haben, das ihn nie mehr verlassen wird.

Er wird nachher ein anderer sein. Und ich? Werde ich ihm helfen können? Und später? Wird er mich noch wollen?

»Hör auf, hör auf«, versucht die Vernünftige mich zu beruhigen. »Du musst das alles jetzt nicht zu Ende denken.« Ich bleibe kurz mitten auf der Straße stehen, gehe dann weiter.

Und ich? Will ich diesen Mann allein für mich haben? Auch wenn wir verwandt, vertraut sind? Ich kenne ihn doch erst seit ein paar Monaten. Wir wollten doch nur mal sehen, was daraus werden kann. Was wird jetzt daraus? Kann ich mit ihm zusammenleben? Kann ich überhaupt mit jemandem zusammenleben?

Eine mir fremde Frau soll jetzt sterben. Lieber Gott, ich habe es doch nicht so gemeint!

Ich gehe immer weiter in der Hitze des Nachmittags, ich weiß nicht mehr, wo ich bin, die Straßen sind mir fremd. Ich biege in eine enge Gasse ab und sehe am Ende eine kleine gelbe Kirche. Die Tür ist offen.

Ein dunkles Quadrat, in einem unerträglich grellen Licht. In der Mitte des Quadrats, im Inneren der Kirche, ein winziges Fenster aus kleinen Glasscheiben, es leuchtet blau.

Ich gehe auf die Kirche zu, ich muss mich hinsetzen, muss mich ausruhen. Diese Kirche mit der offenen Tür scheint auf mich gewartet zu haben. Meine Kehle ist ganz trocken, mein Herz pocht. Noch auf der Straße fange ich an zu beten. Das einzige Gebet, das ich kenne: Vater unser im Himmel, ... dein Wille geschehe. Dein Wille ... Ich halte inne, ich kann das Gebet nicht zu Ende sprechen. Ich habe Angst vor meinen Gedanken. Selbst das Gebet macht mir Angst. Denn im Grunde meines Herzens weiß ich schon, wie ich mir seinen Willen vorstelle.

❖

Zu Hause duften meine Sachen noch lange nach *Fleur de Provence*. Am Boden meiner Reisetasche finde ich ein kleines, schön verpacktes Geschenk. Das habe ich am ersten Tag in Nizza – vor einer ganzen Ewigkeit – für Davids Enkel gekauft. Eine kleine Mundharmonika. Später war ich versucht, sie ins Meer zu werfen, nahm sie dann aber doch mit. Vielleicht wird noch alles gut ...

Ich weiß nicht mehr genau, wie ich die letzten Tage in Nizza verbracht habe. Mechanisch und stur bin ich bei meinem Tagesrhythmus geblieben, ging spazieren, aß brav meinen *Salade Niçoise*. Ich spülte ihn mit einer kleinen Karaffe Rosé hinunter, der Wein trug mich dann sanft über die heißen Nachmittagsstunden hinweg.

Der Patron in meinem Bistro schaute weg – die grell geschminkte Besitzerin lächelte kalt. Niemand mehr schien mich hier zu lieben.

Die meiste Zeit saß ich am Strand und schaute aufs Wasser. Ich war wie betäubt, unfähig wegzugehen, obwohl mir der Lärm und die Hitze längst schon unerträglich schienen. Alles in mir sträubte sich gegen die neue Situation. Nein, sagte ich mir, nein, zwei Menschen haben sich gefunden, die einander ihr Leben lang gesucht haben. Ein kleines Wunder ist geschehen – das kann doch nicht alles jetzt schon zu Ende sein ...

Ich wollte David in Israel anrufen, aber jedes Mal stellte ich mir vor, dass er gerade bei seiner Frau im Krankenhaus sitzt.

Ruf trotzdem an, sagte ich mir, er wird sich freuen, vielleicht braucht er es sogar. Ich zögerte, tat es doch nicht. Ich wusste, mein Anruf kann ihm nicht helfen und mir auch nicht.

Und er meldete sich nicht mehr.

Geduld, sage ich mir. Nicht daran denken, nicht zurückschauen. Jetzt ist es Zeit, nach Hause zu fahren. Und dort gibt es viel zu tun.

Das Telefon klingelt ständig. Aber es ist nicht David. Es sind fremde Menschen, die mich fragen, ob ich zu einem Vortrag, einer Diskussion mit den Jugendlichen, mit Älteren, zu einem Interview kommen könnte. Ja, ich kann. Die Begegnungen mit den vielen fremden wohlwollenden Menschen brauche ich jetzt mehr denn je. Sie suchen in mir Stärke, Hoffnung, Vergebung, sie bekommen sie auch. Für zwei, drei Stunden bin ich eine andere. Bin mutig, optimistisch, unverwundbar.

»Ihre Kindheit war so schrecklich, ich möchte Ihnen am liebsten meine eigene fröhliche Kindheit schenken«, sagt eine Frau zu mir. Eine Leserin, die ungefähr in meinem Alter ist. Ich gehe auf sie zu und umarme sie wortlos. Wie sonst kann ich mich für ein solches Geschenk bedanken?

Wenn ich dann nach Hause komme, habe ich nicht mehr die Kraft, zu weinen. Ich starre nur aus dem Fenster in die dunkle, undurchsichtige Nacht. Tage vergehen, Nächte.

Immer noch kein einziges Wort von David.

Einen Sommer lang wollte ich versuchen, jemand anders zu sein, mein Schicksal, das mich zum Alleinsein zu verurteilen schien, aufzuheben. Es ist nicht gelungen. Es gelingt nie.

Nur einen Sommer lang – Davids bloße Gegenwart in meinem Leben gab mir eine noch nie gekannte Sicherheit. Fast glaubte ich schon, festen Boden unter den Füßen zu haben. Jetzt schaue ich wieder in Abgründe. Was wird aus David und mir?

Ich versuche, diese Gedanken zu verdrängen, aber sie formieren sich auf meinem Horizont bedrohlich wie Soldatentruppen im Morgengrauen. Sie warten darauf, mich anzugreifen, und ich muss mich wehren. Ganz allein.

»Ein jüdisches Duell«, nannte es meine Mutter, mit den eigenen Gedanken zu kämpfen.

Der Anruf, auf den ich so sehr warte, erwischt mich doch unvorbereitet. Es ist Sonntagmorgen, ich wasche mir gerade die Haare.

»David.« Ich finde schwer die Worte. »Wie geht es?«, frage ich und möchte die Antwort nicht hören. Die nassen Haare kleben an meinem Nacken.

»Unverändert«, sagt er, »alles unverändert.«

Der da spricht, ist ein anderer David: unsicher, fast verlegen, nicht der David, der gewöhnt ist, dass man seine Vorschläge immer akzeptiert.

»Hör zu«, sagt er. »Ich muss zu einer Konferenz nach Wien. Das gehört zu meiner Arbeit, offiziell leite ich ja noch das Institut. Ich dachte nur, weil es ja so nahe an München ist ...«

»Wann?«

»Du kannst natürlich Nein sagen. Ich könnte es gut verstehen.« Er will mich gar nicht überreden, fast ist es so, als würde er von mir eine Absage erwarten. Und ich merke, es wäre ihm auch egal.

»Ich bin jetzt kein guter Gesellschafter. Viel Zeit haben wir auch nicht. Ich muss gleich wieder zurück. Den ganzen Tag habe ich Sitzungen. Ein Abend, eine Nacht bleiben uns ...«

»Meinst du, dass es eine gute Idee ist?«, frage ich, auch wieder unsicher geworden.

»Wahrscheinlich nicht. Aber wir könnten uns wenigstens sehen.«

❖

Diesmal holt mich nur Kayetan ab, der seinen Chef nach Österreich begleitet hat. David ist noch in einer Konferenz.

»Sie werden gleich sehen«, er nickt traurig mit dem Kopf als Antwort auf meine stumme Frage, »der Chef hat jetzt sehr viel Kummer.«

»Können Sie mir etwas versprechen, Kayetan?«, frage ich eindringlich, ich weiß, dass er mich mag. »Sie sehen David öfter, telefonieren immer mit ihm. Versprechen Sie mir, wenn Sie merken, dass es ihm schlecht geht, dass er mich brauchen könnte, mich anzurufen? Er tut es vielleicht selbst nicht. Sie kennen ihn ja.«

»Aber sicher«, sagt Kayetan, er ist von meinem Vertrauen ganz gerührt. »Sie können sich auf mich verlassen.«

Wir nähern uns dem Hotel, und ich bekomme das mir so bekannte Herzklopfen. Noch vor kurzem habe ich mich darüber gefreut, weil es zeigte, wie lebendig mein Herz ist. Jetzt macht es mich nur unsicher.

Ich kenne das Hotel, an dem wir gerade ankommen. Ich kenne so viele Hotels, irgendwie gehören sie zu meinem Leben. Es ist ein vornehmes altes Haus mitten in der Fußgängerzone, in der elegantesten Straße von Wien, mit den vielen schönen Geschäften. Ich kenne auch die Stadt gut – hier lebte meine Mutter einige Jahre. Ich habe sie oft besucht.

Die Hotelhalle ist in Dunkelrot gehalten: schwere rote Samtvorhänge, antike Sessel, gedämpftes Licht. Die Bilder an den Wänden zeigen elegante Damen in Biedermeierkleidung.

Ein Pianist spielt am Klavier sanfte Melodien.

Ich sehe David schon von weitem. Es verursacht wie immer einen kleinen Stromschlag in meinem Herzen. Er sitzt allein am Tisch, hat ein schwarzes Hemd an und ein schönes dunkles Sakko. Seine Hände beschäftigen sich mit der Pfeife. David sieht wie immer gut aus und passt auch zu dieser Umgebung. Er hat die Gabe, überall, an jedem Ort, gut dazuzupassen.

Aber er wirkt einsam, müde und abgespannt. »Magst du Sachertorte?«, begrüßt er mich auf seine übliche Art. »Hier ist sie echt.«

Wir sitzen in der Hotelhalle, sehen einander an, lange und unentschlossen, unter all den vielen Leuten, als hätten wir Angst, allein zu sein.

»Ich kann gar nicht aus Israel weg«, sagt er mir später sachlich, als wir oben sind. »Ich werde da gebraucht, muss dort alles regeln, mit Ärzten sprechen, mit dem Krankenhaus, sie zu Untersuchungen begleiten.«

Trotz seines geschäftlichen Tons merke ich sofort, dass er sich schwach und unsicher fühlt. Diese Gefühle kenne ich so gut von mir – ich kann sie auch bei einem anderen Menschen spüren.

»Für meine Söhne ist das alles, wie du dir denken kannst, sehr, sehr schwer. Ich muss für sie da sein ...«

»Ich habe vor ein paar Tagen einen bösen Anruf von einem merkwürdigen Menschen bekommen. Ich spüre, er wollte mir Böses, ich weiß, dass da etwas Dunkles auf mich zukommt«, möchte ich ihm erzählen.

Aber meine innere Stimme winkt sofort ab. Mit dem Funken Demut und Heiligkeit, den Liebende manchmal besitzen, weiß ich, dass ich David in diesem Moment nur zuhören kann, dass meine eigenen Ängste jetzt keine Rolle spielen.

Wir sitzen nahe beieinander. Auch wenn es gegen alle Vernunft ist, seine Nähe bringt mir ein Gefühl der Wärme, der Sicherheit, Geborgenheit. Seine Stimme, sein Geruch ...

Selbst jetzt, aller unserer Ratlosigkeit zum Trotz, finde ich bei ihm das vollkommene Gleichgewicht, das ich sonst immer so vergeblich suche. Vorher wollte ich ihm so viele Fragen stellen, auch von mir erzählen. Jetzt ist alles unwichtig.

Ich genieße, dass wir noch etwas Zeit haben, dass ich hier mit ihm sein kann. Noch sind es neun Stunden, dann vier, dann zwei ...

Später schaue ich dem großen Wagen nach, der ihn in Richtung Flughafen wegbringt.

»Ruf an, wenn du mich brauchst«, habe ich noch gesagt, bevor er die Wagentür schloss, als wüsste er nicht auch so, dass er mich immer und jederzeit anrufen kann. Er sah mich mit seinen dunklen Augen müde an. »Ich weiß, ich weiß.«

Es ist noch früh, mir bleibt ein bisschen Zeit. Eigentlich wollten wir noch auf den Straßen von Wien spazieren gehen. Es sollte nicht sein.

Jetzt gehe ich allein. Ich schlendere durch den Hofgarten, den Burggarten – diese Parkanlagen kenne ich so gut von früher. Die Sonne scheint, aber es ist windig und nicht sehr warm. Einige gut genährte Kinder spielen auf der Wiese, ihre fülligen Mütter unterhalten sich auf den Bänken sitzend.

Auch ich bin hier als junge Mutter mit meinem kleinen Sohn Jakob spazieren gegangen. Jahre ist es her.

Meine Mutter lebte damals in Wien, nicht weit von hier. Sie wohnte neben dem beliebtesten Lebensmittelmarkt der Stadt, Naschmarkt genannt. Sie genoss es, dort einzukaufen, ohnehin liebte sie das Essen und das Kochen. Als sie uns beide zu Besuch hatte, schleppte sie immer Berge von Lebensmitteln nach Hause: Enten, Käse, Eier, Obst.

»Du, sie haben hier die größten Eier in der Stadt«, sagte sie in ihrer verschmitzt frivolen Art.

Sie kochte leidenschaftlich gern. Sie lud öfter Freunde zum Essen ein, auch unsere meist ausgehungerten Künstlerfreunde. Es machte ihr Spaß, sie alle satt zu sehen und von ihrer Kochkunst beeindruckt. Aber am liebsten kochte sie für Jakob und mich.

Roma mit ihrem kleinen Sohn Jakob in Wien um 1970.

»Geh du nur mit dem Kind in den Park, geh an die frische Luft, ich kümmere mich ums Mittagessen«, sagte sie.

Als wir zurückkamen, stand sie ungeduldig an der Tür.

»Es ist schon spät, und ich warte und warte. Sicher habt ihr in der Stadt auch etwas genascht und habt jetzt keinen Appetit mehr ...«

Wie alle jüdischen Mütter wollte sie uns dauernd füttern, als könnte sie durch ihr gutes Essen das unsichere Emigrantenschicksal ihrer Tochter und des kleinen Enkels besänftigen.

Sie liebte Jakob über alles. Mit ihm konnte sie so unbeschwert lachen, wie sie es mit mir nie gekonnt hatte. Manchmal ließ ich ihn bei ihr, wenn ich arbeiten musste – in ihrer kleinen, sonnigen, immer sauber geputzten Wohnung.

Solange es meine Mutter gab, konnte ich mich bei ihr einfach fallen lassen und wieder ein kleines Mädchen sein. Sie kümmerte sich dann um uns beide, als wäre ich meines Sohnes ältere Schwester. Ich lag auf dem Sofa, die Füße ausgestreckt, während sie in der Küche gekocht und gebacken hat.

»Schau mir doch bitte zu, Roma«, bat sie mich. »Schau zu, wie ich das mache, damit du es später auch kannst. Ich schreibe dir das Rezept gleich auf, es ist ganz einfach!«

Ich machte nur faul die Augen zu. »Mach du das, Mama, ich brauche es nicht zu lernen. Dich wird es immer geben.«

Ein paar Jahre später ist sie dann eines Tages sanft eingeschlafen: ruhig und still, wie sie gelebt hat. Als wollte sie mir auch durch ihren Tod keine Umstände machen.

Ihre Kochrezepte, geschrieben in der schönen altmodischen Schrift, habe ich immer noch, sauber in ein Buch geklebt. Lange, lange ist es her ...

Es ist windig, fängt zu regnen an. Ich komme jäh zur Gegenwart zurück. Auf dem mir so bekannten Weg hier im Park bin ich ganz automatisch beim großen Palmenhaus gelandet. Jakob hat hier so gerne gespielt, die riesigen Palmen bewundert, die fast das Glasdach sprengen wollten. Jetzt ist ein Kaffeehaus darin. Auf dem Rasen davor wirbeln schon einige gelbe Blätter umher, fallen mir auf die Füße. Kommt bald schon der Herbst?

❖

»Liebe Malina, es ist schon herbstlich geworden in München. Der Sommer scheint vorbei zu sein, er hat sich eilig und viel zu früh verabschiedet. Wie ein Kind hoffe ich jedes Jahr, dass der Sommer ewig dauern wird. Es überrascht und enttäuscht mich immer aufs Neue, wenn ich sehe, er geht doch ... Es hat sich diesen Sommer in meinem Leben viel ereignet: Vielleicht ist jetzt Zeit, darüber nachzudenken.

Seit Tagen regnet es schon. Ich versuche trotzdem, morgens ein bisschen zu laufen. Eigentlich zwinge ich mich nur noch dazu. Direkt vor meiner Haustür habe ich einen herrlichen Park: Er ist schön groß, mit vielen alten Bäumen, Wiesen und sogar mit einem kleinen rauschenden Bach.

Beim Laufen sehe ich zu, wie die nassen roten und gelben Blätter von den Bäumen fallen. Sie bleiben an den Schuhen kleben, man muss aufpassen, um nicht auszurutschen.

Du hast mir so schöne Briefe geschrieben.

Hoffentlich bist du mir nicht böse, dass ich sie noch nicht beantwortet habe. Ich war ja so viel unterwegs in letzter Zeit ...«

Drei Briefe von Malina lagen schon ziemlich lange auf meinem Schreibtisch und warteten auf mich, zusammen mit der anderen Post. Ich erkenne sie sofort: Es sind rosa Umschläge, mit niedlichen Blümchen darauf. Man kann sich leicht das zärtliche und verspielte Mädchen vorstellen, das sie schrieb. Aber ich weiß, dass es nicht irgendein unbekümmertes junges Mädchen ist, sondern die kranke, gesunde Malina, die ich inzwischen als eine enge Freundin betrachte.

Hoffentlich geht es ihr gut, denke ich bange, bevor ich zu lesen beginne.

»Liebe Roma, oft stelle ich mir vor, Sie sind bei mir und sprechen mit mir. In Ihrem Buch habe ich so viel von mir entdeckt ... Erst durch Sie

habe ich verstanden, dass ich zuerst die wichtigste Person für mich bin – und nicht die anderen.

Denn es geht um mich, immer nur um mich. Es fängt mit mir an.

Ich bewundere Ihre Ehrlichkeit und Ihren Mut. Darf ich Ihnen öfter schreiben, Ihnen einfach so aus meinem Leben erzählen?

Ich bin froh, dass ich Sie kennen gelernt habe. Ich glaube, es hat mich sicherer und stärker gemacht.

Immer noch träume ich nachts von der Krankheit. Ich träume, ich bin wieder im Krankenhaus. Ein neuer Tag bricht herein – wieder ein Tag voller Infusionen, Chemie, Spritzen ... Ich zähle wieder die Tage, wann ich die Maske abnehmen darf, die meinen Mund vor den Bakterien schützen soll. Und dann das Schlimmste: In der Nacht wird das Nachbarbett mit einem Laken zugedeckt. Am nächsten Morgen ist es leer.

In meinen Träumen schaue ich in den Spiegel und sehe wieder, wie mir die Haare ausfallen, die Augenbrauen. Es ist dumm, sich darüber Sorgen zu machen, sagt man mir. Trotzdem, ich möchte schön sein, wenn ich sterben muss. Ich bin erst zweiundzwanzig Jahre alt ...

Jetzt versuche ich so zu leben, als würde ich jeden Tag neu entdecken. Ja, die Krankheit hat es nicht leicht mit mir. Ich habe beschlossen, so schnell wird sie mich nicht besiegen. Noch habe ich die Krankheit – aber sie hat mich nicht. Diese Gedanken haben auch mit Ihrem Buch zu tun, mit Ihrem Mut und Ihrer Kraft.

Jetzt scheint die Krankheit aufgegeben zu haben. Nur noch bei einem Kontrollbesuch im Krankenhaus, wenn ich die Patienten sehe, die Betten, kommen die Albträume wieder. Ich gehe raus und bin wie gelähmt ...

Ich fange wieder zu studieren an: Geschichte und Publizistik. Die Geschichte des Holocaust interessiert mich ganz besonders. Sie haben als Erste in mir das Interesse dafür geweckt. Jetzt möchte ich es zum Thema meiner Arbeit machen. Ich wandere sozusagen auf Ihren Spuren.

Und noch eine große, für mich wunderschöne Neuigkeit: Ich habe meine eigene Wohnung. Die erste in meinem Leben.

Sie ist nur vierundfünfzig Quadratmeter groß, aber ich habe ein paar Wände einreißen lassen, und jetzt ist es ein einziger, schöner heller Raum. Mit wenigen einfachen Holzmöbeln eingerichtet, sieht es eher spartanisch aus. Aber ein Bücherregal steht schon drin: Meine Lieblingsbücher haben darin Platz, auch das Ihre. Die anderen Bücher müssen noch in den Kisten warten.

Natürlich möchte ich auch eigenes Geld verdienen: Ich habe eine schöne Arbeit gefunden in einem Zeitungsarchiv. Es ist nur halbtags, aber ein wenig Geld bringt es schon, und ich kann dort sehr viel Material für mein Studium sammeln.

Und das Wichtigste vielleicht zum Schluss: Ich habe jemanden kennen gelernt. Kurz nachdem Sie schon weg waren …«

»Liebe Malina, natürlich kannst du mir schreiben, sooft du willst. Jeden Brief von dir lese ich mit Freude – es macht mich glücklich. Und es macht auch demütig, weil im Vergleich mit dem, was du in diesem Jahr erlebt und geschafft hast, sich die Erlebnisse meiner letzten Monate fast belanglos anfühlen, obwohl sie natürlich für mich wichtig waren.

Ich hoffe, du bist nicht enttäuscht, wenn ich nur kurz antworte. Das Leben, das ich jetzt führe, ist so schwer zu beschreiben.

Über die Liebe lässt sich im Moment nicht viel berichten. Und über meine Arbeit kann man nicht berichten.

Ich sitze stundenlang am Schreibtisch, schaue hinaus in den Himmel, der sich aufhellt und später irgendwann, unmerklich für mich, wieder verdunkelt. Oft frage ich mich, was ich eigentlich mache, suche nach Wörtern, die ich in Gestalt von Schriftzeichen aufs Papier setze. Erst dann, später, beginnen sie zu leben.

Früher, als ich Bilder gemalt habe, konnte ich neue Welten für mich entdecken und erschaffen, sie waren sofort da, real und greifbar. Aber jetzt, wie kann ich, selbst wenn es nur ein privater Brief wie der für dich ist, Worte mit Wörtern beschreiben?

Auch ich habe diesen Sommer jemanden kennen gelernt. Kurz bevor wir uns getroffen haben. Man sagt, das Alter schützt vor Liebe nicht, aber Liebe schützt vor dem Alter. Jetzt ist es leider schon mehr oder weniger zu Ende.

Die Liebe – sie existiert immer noch, auch wenn sie manchmal nur noch ein Schmerzgefühl ist. Sie besteht, wird stärker, stirbt und lebt dann wieder auf.

Es ist wichtig für mich und tröstlich, dass du mich als stark und mutig empfindest. Ich bin es sicher nicht immer. Im Moment fühle ich mich eher ratlos.

Die gute Nachricht: Wir können uns sehen. Ich dachte zwar, ich werde jetzt eine Zeit lang nicht mehr nach Polen fahren. Aber Anfang Oktober erscheint in Krakau mein zweites Buch – die polnische Ausgabe –, und du bekommst es natürlich von mir als eine der Ersten (dein Urteil interessiert mich sehr). Ich komme also in zwei, drei Wochen zur Buchvorstellung. Dann lade ich dich zu einem Glas Wein oder etwas anderem ein, was immer du nur wünschst. Wir werden uns sicher viel zu erzählen haben und in Krakau haben wir genug Zeit dafür.

Ich freue mich sehr über deine Erfolge. Ich freue mich für dich und auch über dich. Jeder Tag, den du erlebst, ist auch so etwas wie ein Gewinn für mich – vergiss es nicht. Bleib gesund, du bist gesund, ich weiß es. Bis bald, Malina, wir sehen uns!«

Es gibt Briefumschläge, die signalisieren: Es ist nichts Gutes darin. Man mag sie gar nicht öffnen.

Dieser liegt schon eine ganze Weile auf meinem Schreibtisch. Ich habe gezögert und es hinausgeschoben, ihn aufzumachen. Aber irgendwann tut man es doch.

Es ist ein sauber ausgeschnittener Artikel der großen Tageszeitung, auf die sich dieser merkwürdige abendliche Anrufer vor ein paar Wochen berufen hat. Jemand hat ordentlich den Namen der Zeitung und das Datum dazu geschrieben. Aber keinen Absender. Natürlich nicht.

Zuerst sehe ich die Fotos. Die Augen meiner Großmutter – tragische schwarze Augen, von dunklen Schatten umgeben, in ihrem kleinen Gesicht. Die Bilder meines Vaters – jung und schön vor dem Krieg, dunkelhaarig, strahlend. Und dann nach dem Krieg graumelierte Haare, aufgedunsenes Gesicht, matte, verzweifelte Augen eines erst neununddreißigjährigen Man-

David Liebling, 1928 und 1946 kurz vor seinem Tod.

nes. Dann mein eigenes Gesicht – meine Augen, auch voller Angst. Diese Augen sehen nicht nur aus wie meine eigenen Augen. Es sind meine. Sie schienen sich hier verloren zu haben, auf diesem Zeitungsblatt.

Ich schaue mir die Bilder an, und ich weiß, es ist kein Film und kein Roman. Dies ist kein fremdes Leben, sondern mein eigenes. Dies ist meine Familiengeschichte und ich kann nicht mehr davor weglaufen …

Zuerst frage ich mich, was all die privaten Fotos hier sollen. Dann weiß ich es: Sie gehören zu dem Zeugnis, das ein fremder Mensch, ein Journalist, hier ablegt. Ein falsches Zeugnis.

Meine Kehle ist wie zugeschnürt. Mein Mund wie ausgedörrt. Ich fühle eine schreckliche Kälte in mir, dabei sind meine Wangen brennend heiß.

Jahrelang habe ich mich gefragt, was ich tun werde, wenn jemand diese alte Geschichte herausholen sollte. Die Wahrheit ist: Ich habe es bis jetzt nicht geschafft, mit irgendjemandem darüber zu sprechen. Selbst mit mir selber nicht. Möglicherweise habe ich das Unglück meiner Familie mein Leben lang mit mir herumgetragen – seitdem ich sieben Jahre alt war.

Der Artikel ist kurz und knapp wie die meisten Zeitungsartikel. Ich frage mich, an was dieser Mann gedacht hat, bevor er zu diesem Keulenhieb angesetzt hat. Ob er sich auch einen kurzen Moment vorgestellt hat, was er den Kindern des Menschen, mit dem er sich gerade in diesem Augenblick, vielleicht auch nur ein paar Stunden, beschäftigt, fürs Leben antut?

Nein, er beschäftigt sich mit niemandem, er schreibt nur. Sein Objekt interessiert ihn wenig, dessen Kinder oder Enkel schon gar nicht. Er schreibt schnell ein paar Zeilen, bevor er sich einem anderen Thema widmet. Denn das Schreiben ist sein Beruf. Was für einen Schmerz er damit auslösen kann, einen Schmerz der Jahre, Jahrzehnte dauert, interessiert ihn nicht.

Dass geschriebene Dinge viel Gutes, aber auch so viel Böses anrichten können, dass sie heilen oder töten können, dies gehört nicht zu seinen Überlegungen. Er freut sich nur wie eine Henne über ein frisch gelegtes Ei.

»Der Vater der Bestsellerautorin Roma Ligocka, deren Buch über eine Kindheit im Holocaust in der Welt bekannt geworden ist, soll ein Kapo im Lager gewesen sein. Angeblich hat er Menschen geschlagen und in den Tod geschickt. Nach dem Krieg ist er verhaftet worden und starb kurze Zeit später im Gefängnis.«

Dies ist zu einem etwas üppigeren Brei zubereitet worden, aber das ist im Großen und Ganzen der Inhalt. Nur so viel. Nicht mehr und nicht weniger.

Wut und Verzweiflung. Das Gefühl der Niederlage. Rachegefühl.

Ich sitze auf meiner kleinen Terrasse – es ist doch noch schön geworden, die Septembersonne wärmt ein wenig. Ich habe Lust, mit dem Kopf gegen die Mauer zu schlagen. Wenn ich je im Leben gelernt hätte zu schreien, jetzt hätte ich geschrien.

Aber mein erster Schrei ist damals im Ghetto in Krakau von Menschenhand erstickt worden. Danach habe ich mich nie mehr getraut zu schreien. Jetzt ist es zu spät, es zu lernen.

Ich sitze zusammengekrümmt, allein unter der Sonne, leer, ratlos. Ich weiß nicht, was tun. Einen Anwalt einschalten? Er soll ihn vernichten, diesen Zeitungsmann, vernichten, vernichten ...

Ich laufe im Zimmer auf und ab. Draußen habe ich es nicht ausgehalten, es ist viel zu schön im Freien. Zu schön für meine düsteren Gedanken. Ich laufe im Zimmer hin und her und suche nach einer Lösung. Ich fühle mich allein, hilflos, beschmutzt und schon wieder verfolgt. Muss ich dies jemandem erzählen? Mit Freunden kann ich nicht darüber sprechen, auch nicht mit meinem Sohn – es würde ihm bloß wehtun.

Ich rufe meine Verlegerin an. Sie soll es erfahren, schließlich bringt sie meine Bücher heraus. Außerdem ist sie eine kluge Frau.

»Rufen Sie Ihren Anwalt an«, meint sie. Nein, meinen Anwalt möchte ich nicht damit belasten, er ist ein langjähriger Freund, ich möchte nicht, dass auch er noch damit beschmutzt wird. So rufe ich eine fremde Anwältin an.

Natürlich bleibt sie ruhig, natürlich ist sie sachlich, natürlich hört sie sich meinen emotionsgeladenen Wortschwall geduldig an, natürlich antwortet sie knapp. Sie tut alles so, wie ihr Beruf es ihr eingeimpft hat.

»Wir haben zu wenig Material«, stellt sie fest. »Wir brauchen Daten, Fakten, Dokumente.«

»Mit welcher Strafe kann der Reporter rechnen?«, will ich wissen. Das Einzige, was mich beschäftigt, ist, ihn zu bestrafen.

»J'accuse!«, möchte ich schreien. »Ich klage an!«

»Wir brauchen Fakten«, wiederholt die nette Dame geduldig. »Sie sollten uns möglichst viele Informationen beschaffen. Dann erst können wir über die Strafe reden.«

Sicher hat sie Recht. Was erwarte ich eigentlich von ihr? Selbst wenn sie mir sagte, den Mann würde die Todesstrafe erwarten – würde mich das zufrieden stellen? Wenn ich jetzt ein Gewehr hätte und auch schießen könnte und er mir gegenüberstünde – was würde ich tun? Und was würde es ändern? Nein, ich weiß, der Weg führt ganz woanders hin. Ich weiß nur nicht, wohin.

In den nächsten Tagen gehe ich kaum aus dem Haus. Ich kann keine Menschen sehen. Ich esse nicht viel, schlafen kann ich sowieso nicht, denn nachts in Gedanken schreibe ich unzählige Artikel, die meinen Vater reinwaschen sollen, verwerfe sie, schreibe neue, treffendere.

Es sind doch noch schöne warme Frühherbsttage geworden. Ich kann mich darüber nicht freuen.

Nochmals rufe ich die Anwältin an. »Sie könnten vielleicht nach Polen fahren«, schlägt sie vor. »Suchen Sie Zeugen, gehen Sie ins Archiv«, sagt sie, »kramen Sie in Ihrer Erinnerung.«

Zeugen? Die jüngsten dürften jetzt weit über achtzig sein. Meine Erinnerung? Die habe ich jahrzehntelang verdrängt.

Aber gut. Ich muss sowieso noch mal nach Polen wegen der Buchpremiere – vielleicht finde ich tatsächlich etwas. Jetzt werde ich doch Detektiv in meiner eigenen Geschichte spielen müssen.

Genau das, was ich nicht gewollt habe. Noch sträubt sich in mir alles gegen die Erinnerung, noch möchte ich den Moment hinausschieben, in dem ich all meine Kraft werde sammeln müssen, um mich der ganzen Geschichte zu stellen. Um all dem Vergangenen noch mal zu begegnen. Ich mache mir keine Illusionen. Es lohnt nicht mehr, sich Illusionen zu machen. Es wird mir – über fünfzig Jahre nach seinem Tod – nicht gelingen, Vaters Leben zu retten. Es wird mir nicht gelingen, seine Unschuld zu beweisen.

Die Falle hat sich geschlossen. Ich kann tun, was ich will, kann jede Nacht den Journalisten im Traum erschießen, ich kann sagen, was ich will, in Wirklichkeit wird man mir nicht glauben. Denn vielleicht ist es gerade die Natur des Bösen, dass man ihm sofort Glauben schenkt.

»Hör auf zu fluchen, Roma. Hör auf, mit dem Kopf gegen die Wand zu schlagen, hör auf, die schönen Herbsttage zu vergeuden. Fahr nach Krakau, lass dir von anderen Menschen helfen.

Von irgendjemandem. Sieh dich dort noch mal um. Und vor allem, iss etwas, schlaf ein bisschen. Geh unter Leute.«

»Sei still, Vernünftige, du bist nicht mein altes Kindermädchen«, murre ich.

»Seit Tagen sperrst du dich ein, als wärst du selbst im Gefängnis. Wenn du glaubst, die Unschuld deines Vaters beweisen zu müssen, dann tue es. Eins steht fest: Dies bedeutet, du wirst darüber mit anderen sprechen müssen, deine beleidigte und verletzte Seele offenbaren.«

»Ja, ich weiß, und davor habe ich Angst.«

Oktober

In Krakau nieselt es. Die Tauben haben sich nass und Schutz suchend in den Mauerlöchern verkrochen.

Ich schlage den Mantelkragen hoch und begebe mich trotz des unfreundlichen Wetters in die Stadt, auf die Suche nach etwas, was ich nicht mal genau benennen kann.

Unterwegs kaufe ich dann noch widerwillig einen Regenschirm. Ich weiß, bevor der Tag zu Ende geht, werde ich ihn bestimmt irgendwo stehen lassen.

In dieser Stadt braucht man nur ein paar Leute zu kennen. Man trifft sie im Kaffeehaus, dort bespricht man alles, erfährt, was einen interessiert. Es funktioniert viel besser, als herumzutelefonieren. Auch auf der Straße trifft man garantiert sehr schnell jemanden, den man kennt: »Hör mal, ich suche eine Wohnung, eine antike Kommode.« Oder eben einen ehemaligen Lagerinsassen. Früher oder später wird man dann von einem anderen, manchmal unbekannten Freund angerufen: »Ich höre, Sie suchen einen Schrank?«

»Eine Kommode.«

»Eine Kommode, auch gut, die habe ich auch.«

Auf diesem Weg erfahre ich von der Existenz eines alten Mannes, der mir weiterhelfen könnte. Ich habe einfach angefangen, allen mehr oder weniger bekannten Menschen, die ich treffe, Fragen zu stellen. So habe ich es mir vorgenommen, auch wenn ich dabei jedes Mal einen dumpfen Schmerz in der Brust spüre. Da ich ihn schon erwarte, wird er erträglich.

»Mein Vater wurde nach dem Krieg verhaftet – als Verräter oder so ähnlich. Ich möchte mehr darüber erfahren. Kennen Sie jemanden, der davon wissen könnte? Der sich vielleicht noch an irgendetwas erinnern kann?«

Zuerst ist die Antwort immer die gleiche: »Es gibt keinen mehr, dies waren alte Menschen, die sind alle schon tot. Vielleicht leben noch einige in Amerika. Sollten Sie es nicht lieber dort probieren?«, meint man wohlwollend.

Sicher, in Amerika gibt es alles. Wahrscheinlich auch ein paar über achtzigjährige Juden, die meinen Vater im Lager gekannt haben könnten. Dort gibt es auch den alten Herrn Goldberg, den ich in Amsterdam getroffen habe. Aber ich bin hier in Krakau, wo sich die Geschichte meiner Familie abgespielt hat, wo alles angefangen hat. Und hier möchte ich zuerst suchen.

»Ein alter Mann, Berg heißt er«, erinnert sich schließlich eine Buchhändlerin. »Er war im Lager Plaszów, ganz sicher, in Auschwitz glaube ich auch. Er hält manchmal Vorträge darüber. Er ist früher nach Amerika ausgewandert, jetzt lebt er wieder hier. Kommt manchmal in unsere Buchhandlung und schimpft über die Bücher. Ich habe sogar seine Telefonnummer – aber seien Sie vorsichtig, er ist eigenartig ...«

Herr Berg ist schweigsam am Telefon.

»Frau Ligocka«, er lässt sich meinen Namen auf der Zunge zergehen, offensichtlich hat er schon von mir gehört, »die Schriftstellerin. Was verschafft mir die Ehre?«

»Darf ich Sie besuchen?« Ich möchte ihm natürlich mein Anliegen nicht telefonisch vorbringen.

Von der Idee meines Besuches ist er aber nicht sehr begeistert. Am Ende bekomme ich einen Termin wie beim Zahnarzt: morgens, acht Uhr dreißig.

»Aber seien Sie bitte pünktlich, bitte.«

Es ist ein altes Haus in der Krakauer Altstadt, das gerade renoviert wird. Ich arbeite mich durch Baugerüste, Container mit Sand, Zementkübel und schimpfende Arbeiter. Drinnen eine alte dunkle Treppe, wie ich sie aus meiner Kindheit kenne. Sie ist schmutzig und feucht und hat auch die Renovierung dringend nötig. Das Treppenhaus endet mit einer fürchterlich verschmutzten Glaskuppel, auf der Tauben sitzen – man hört ihr bedrohliches Gurren.

Die Wohnung liegt unter dem Dach. Ein Messingschild mit einem fremden Namen. »Ich wohne bei Freunden«, hat der Mann erklärt.

Ich klingle. Keine Antwort.

Resigniert und sauer setze ich mich auf die feuchte Treppe. Es ist halb neun Uhr morgens, in Krakau eine unmögliche Zeit: In der Universitätsstadt geben die Studenten den Ton an und die sind meistens keine Frühaufsteher. Hier fängt alles etwas später an.

Der alte Herr hat aber gestern ausdrücklich auf diese Zeit bestanden – ich konnte nicht widersprechen. Ob er es doch vergessen oder verschlafen hat?

Ich klingle noch zweimal energisch, bin entschlossen, sofort zu gehen. Da geht die Tür auf. Ein alter Mann sitzt im Rollstuhl.

»Dreimal sollten Sie klingeln«, meint er in nörgelndem Ton. »Wieso klingeln Sie nicht dreimal, wie ich gesagt habe?« Ich entschuldige mich schwach und bin nicht sicher, ob er die Absicht hat, mich hineinzulassen. Doch er rollt voraus mit seinem Stuhl, ich tipple unsicher hinterher.

Es ist eine typische alte Krakauer Wohnung, die man früher »gutbürgerlich« nannte. Es gibt keine guten Bürger mehr – hier ist alles nur vermodert. Der Raum ist voll von alten Möbeln, die Wände waren mal gelb gestrichen, jetzt sind sie graugrünlich, eine riesige schwarze Anrichte, eine Standuhr, die ein dauersummendes Geräusch macht. Ich setze mich auf das durchgewetzte, unbequem aussehende Sofa und schaue mir die Bilder an – Ölgemälde in schweren Goldrahmen, meistens Blumen und Landschaften.

»Wollen Sie einen Tee?«, werde ich gefragt.

Der Mann hat lange weiße Haare, die ihm auf die Schultern fallen. Er trägt ein altes Cowboyhemd und sitzt in seinem Rollstuhl in eine bunte Wolldecke gewickelt. Sein Gesicht ist dunkel, die Haut wie gegerbt, die Augen gerötet.

»Sie trinken jetzt einen Tee«, beschließt er für mich.

»Wanda«, er rollt in Richtung Küche, »Wanda, bring uns den Tee.« Die Küche steht halb offen, ein süßlicher Geruch von gekochtem Gemüse und verbrannter Milch strömt heraus. Wir bekommen den Tee von einer üppigen Blondine mittleren Alters serviert. »Meine Lebensgefährtin«, stellt der Mann sie vor.

Nachdem ich brav an der undefinierbaren milchig schmeckenden Flüssigkeit genippt habe, versuche ich mein Anliegen vorzutragen.

»Haben Sie ein Mikrofon?«, unterbricht mich Herr Berg energisch. »Bitte keine Mikrofone, keine Aufnahmegeräte.«

»Nein, natürlich nicht. Ich bin keine Journalistin. Bitte verstehen Sie mich richtig, dies ist kein Interview.«

»Was wollen Sie denn sonst von mir?«, fragt er misstrauisch. Genauso misstrauisch war er schon gestern am Telefon. Ich sehe, er ist älter, als ich dachte, sicher über achtzig. Seine Hände zittern.

»Ich wollte Sie einfach etwas Persönliches fragen. Es geht um meine Familie, um meinen Vater genau«, fange ich wieder an und spüre sofort diesen schmerzhaften Stich im Herzen.

»Es könnte ja sein, dass Sie meinen Vater getroffen, ihn gekannt haben im Krieg – oder nach dem Krieg. Sie waren auch im Lager. In Krakau vielleicht oder auch woanders. Ich weiß es nicht ...«

»Ihren Vater? Wieso?« Der Alte schlürft geräuschvoll seinen Tee.

»Weil, weil ich seine Tochter bin, weil ich wissen wollte, ob er ... Was für ein Mensch er eigentlich war. Weil es zu meiner Familiengeschichte gehört.«

»So, so, und all das wollen Sie erst jetzt wissen, nachdem Sie schon Bücher darüber geschrieben haben. Ein wenig spät, nicht wahr? Sie hätten mich früher aufsuchen sollen. Faul sind die Menschen heutzutage«, schimpft der Mann. »Faul und träge, sie wollen nur Bücher schreiben über Sachen, von denen sie keine Ahnung haben.«

»Ja, kannten Sie denn meinen Vater?«, werfe ich schnell in seinen Monolog ein.

»Ihren Vater?« Der Mann hält irritiert inne. »Wie hieß er noch?«

»David Liebling. Er war in Plaszów und ...«

»Liebling, Liebling«, er kneift angestrengt die Augen zusammen. »Nein, nie gehört. Ich habe keinen Liebling gekannt.«

»Auch im Lager nicht?«

»In welchem Lager? Ich war in sechs verschiedenen. Verstehen Sie, in sechs: Auschwitz, Mauthausen ... und so weiter! Wanda!«, ruft er plötzlich so schrill, dass ich zusammenzucke. »Habe ich im Lager einen ›Liebling‹ gekannt?«

Die Tür zur Küche geht auf, der süßlich-saure Geruch steigt mir wieder in die Nase.

»Einen Liebling? Nicht dass ich wüsste«, antwortet die Dame widerwillig. »Entschuldigen Sie mich bitte«, wirft sie noch in meine Richtung, »ich habe zu tun.«

»Ihr Vater war also in Plaszów«, nimmt Berg das Gespräch wieder auf – er scheint sich etwas beruhigt zu haben. »Da war ich auch, ganz am Anfang. Später dann, warten Sie ...«

Er rollt zu der großen Kommode, zieht eine Schublade heraus und nimmt einen riesigen Stapel maschinengeschriebener Blätter, die in einem Pappdeckel zusammengebunden sind. Dann rollt er damit zu mir und legt ihn mir auf den Schoß. Die Mappe gleitet aus seinen zitternden Händen, löst sich dabei auf – eine Schicht loser Papierblätter bedeckt auf einmal meine Knie, ein Teil fällt um mich herum auf den Boden.

»Sehen Sie«, sagt der Mann außer Atem, »sehen Sie, ich schreibe noch an meinem Buch aus der Kriegszeit. Es ist immer noch nicht fertig. Weil ich etwas erlebt habe, weil ich etwas gesehen habe. So etwas können Sie sich gar nicht vorstellen! So etwas kann sich keiner vorstellen. Alle diese Neunmalklugen, die jetzt Bücher schreiben, haben keine Ahnung. Sie haben auch keine Ahnung. Wie alt waren Sie im Krieg? Drei, vier? Sie können sich doch an nichts erinnern, an gar nichts. Und Sie wollen darüber Bücher schreiben. Aber mit mir will keiner reden, weil ich zu viel weiß – auch kein Verlag, man übergeht mich. Aber das macht mir nichts mehr aus, überhaupt nichts. Das, was ich erlebt habe, kann sich sowieso keiner vorstellen, niemand. Sie sollen mich alle in Ruhe lassen!« Der Mann beginnt zu schreien, wird ganz rot, seine Hände zittern noch mehr.

An der Tür zur Küche zeigt sich das empörte Gesicht seiner Gefährtin: »Was ist denn hier los? Was haben Sie mit ihm gemacht? Sie kommen einfach hierher und regen ihn auf. Das ist unmöglich.«

»Beruhige dich wieder, Josi. Ich habe dir tausendmal gesagt, du musst ruhig bleiben.« Sie kommt ein paar Schritte ins Zimmer hinein, hält die Lehne des Rollstuhls mit einer besitzergreifenden Geste fest.

»Bitte gehen Sie jetzt. Es tut mir Leid, aber Sie sehen ja selbst, dass er sich nicht aufregen darf.«

Ich brauche eine Weile, um die ganzen Papierblätter, die auf meinem Schoß und dem Fußboden liegen, aufzusammeln.

»Lassen Sie, ich mach das schon«, sagt die Blondine schnell.

Dann verabschiede ich mich hastig.

Draußen auf der Straße brauche ich erst mal eine ganz große Portion frische Luft, um wieder zu mir zu kommen.

Nein, sage ich mir, ich möchte keine alten Menschen mehr aufsuchen. So etwas kann ich nicht machen – ihre Ruhe stören, ihre kaputten Nerven strapazieren. Das ist, als würde ich ihre alten Wunden berühren wollen. Auch ist das nicht der Weg in die Tiefe meiner Geschichte.

Außerdem habe ich Hunger: Ich habe noch gar nicht gefrühstückt, fällt mir ein.

Ich gehe eine der Straßen entlang, die sternförmig zum Marktplatz führen. Man sieht die Türme der Marienkirche schon von weitem.

An der Ecke gibt es ein neues, zauberhaftes Café. Freunde haben es mir gezeigt. Es gehört nicht zu den alten traditionsreichen, aber es hat eine gute Atmosphäre, ist bei jungen Leuten sehr beliebt. »Provinz« heißt es. Hier gibt es heiße Schokolade, der Duft steigt einem schon am Eingang in die Nase. Um diese Zeit ist das Lokal noch ziemlich leer. Nur in einer Ecke sitzt ein mager aussehender Student mit Brille, vollkommen in seine Bücher vertieft. Ein junges Paar am Fenster diskutiert mit dem gleichen Elan die gleiche Frage, die schon tausende Paare in tausenden Kaffeehäusern besprochen haben: »Woher

Roma und ihr Vater im Frühjahr 1945.

soll ich wissen, dass du mich liebst?«, fragt das Mädchen. »Wenn du immer, wenn du nie ...«

»Du weißt, dass ich dich liebe, aber du bist diejenige, die immer, die nie ...«, wehrt sich der junge Mann. Dann versinken sie in ratloses Schweigen und halten sich nur an den Händen.

Ich setze mich an einen der einfachen, mit Wachs polierten Holztische und bestelle eine Schokolade. Der Besitzer des Lokals schaut vorbei, begrüßt mich freundlich – wir kennen uns flüchtig. Er ist ein junger Mann, recht korpulent, mit einem runden Bauch: Man sieht, dass er sich die hier servierten Köstlichkeiten auch selbst schmecken lässt.

»Na, Roma, wieder in Krakau?«, lächelt er mich an und zwinkert mit seinen hellen, intelligenten Augen.

»Ich suche meinen Vater«, antworte ich viel zu schnell und ertappe mich dabei, dass ich wieder den Fehler mache und automatisch das sage, was mir durch den Kopf geht.

»Ihren Vater?«, wundert sich der Mann.

»Nein, natürlich nicht ihn. Nur seine Geschichte.«

Man stellt eine große Tasse heiße Schokolade vor mich hin. Sie ist dunkel, dick, fast wie eine Creme, süß und duftet betörend. Ich kenne keinen Platz auf der Welt, wo es bessere gibt.

»Mama, wie schmeckt denn Schokolade?«, habe ich meine Mutter im Krieg gefragt, in der Zeit, als wir kaum etwas zu essen hatten.

»Das kann man gar nicht beschreiben«, antwortete sie, »so wundervoll schmeckt sie. Süß und klebrig wie Milch und Honig, wie Marmelade und Kuchen, aber noch viel besser ...«

Ich glaube, die Schokolade hier würde sie auch mögen.

Während ich mein Gesicht über die dampfende Tasse beuge, versuche ich, zu meinen Plänen zurückzukommen.

Was soll ich jetzt anfangen? Es sind nur wenige Tage, die ich zur Verfügung habe. Ich darf sie nicht verstreichen lassen, um mich dann eines Tages mit gepackten Koffern am Flughafen wiederzufinden mit dem Gefühl, nichts erreicht zu haben. Viel Zeit habe ich nicht: Nächste Woche, das heißt schon Anfang Oktober, wird mein Buch in Polen erscheinen. Danach muss ich nach München zurück. Dazwischen ist noch der *Yom Kippur*, der größte jüdische Feiertag, den ich natürlich hier erleben möchte. Man geht in die Synagoge, man fastet, man trifft ein paar bekannte Gesichter ...

Dort könnte ich auch ein wenig herumfragen. Die meisten aber, die man dort trifft, sind nicht alt genug für meine Fragen. Sie waren damals Kinder wie ich. Die anderen, das sind ihre Kinder und Enkel.

Was bleibt mir sonst: ein Archiv, Malina, die alten Zeitungen. Das Gericht fällt mir ein. Vielleicht gibt es dort alte Akten? Und Monteluppich, ein grässliches Wort, das Gefängnis in der Monteluppistraße. Nein, ich schaffe es nicht, dort hinzugehen – es sind zu viele Erinnerungen damit verbunden. Außerdem sind Jahrzehnte vergangen, Regime haben gewechselt – es ist sicher alles längst schon vernichtet worden.

Ich spüre, dass ich Kopfweh bekomme. Das Denken fällt mir auf einmal schwer, selbst die gute Schokolade macht mich nicht munter. Meine Gedanken bewegen sich langsam, sie schwimmen wie fette Fische im Aquarium: undefinierbar, ungreifbar.

Ich bin diesmal nach Krakau gekommen, um die Wahrheit zu finden. Die Wahrheit, welche Wahrheit? Ich weiß es nicht. Aber ich muss sie finden.

Ich habe einen ganz trockenen Hals, auch das Trinken hilft nichts. Neue Leute kommen ins Lokal herein. Sie sind nass vom Regen und durchgefroren. Jedes Mal wenn die Tür aufgeht, strömt eine Welle feuchter Luft herein, die mich erschauern lässt.

Ein paar Stunden später – am Abend des gleichen Tages – weiß ich schon, dass ich wahrscheinlich nichts von meinem Vorhaben werde verwirklichen können. Ich habe hohes Fieber, bin krank. Die Augen tun mir weh und auch der Hals. Ich habe keine Stimme mehr.

Mein alter Onkel – ein richtiger jüdischer Arzt, der in Polen lebte, als ich noch klein war – hatte für einen solchen Zustand ein Patentrezept: »Leg dich hin«, sagte er immer, »deck dich gut zu und trinke Tee mit Zitrone.«

»Bist du sicher, Onkel, dass es hilft?«, hab ich gefragt.

»Na, schaden kann es nicht«, antwortete er.

Er war ein stiller, schweigsamer Mann – seine Patienten liebten ihn. Eines Tages beschloss er, nach Israel auszuwandern. Also packte er seine Koffer, verkaufte sein kleines Haus. Dort hat er es gerade noch geschafft, die für ihn fremde Sprache zu lernen. Dann starb er. Das Gelobte Land war anscheinend nicht so gut für ihn wie das dunkle, stickige, kohlenschwarze, schlesische Städtchen, in dem er sich sein ganzes Leben mit seinen Patienten herumgeplagt hatte.

Jetzt liege ich seinem Rat folgend im Bett, mit vielen Wolldecken zugedeckt. Ich friere trotzdem und habe Schüttelfrost.

Das Schlimmste aber ist die Stimme, die ist so gut wie ganz weg. Pflichtbewusst rufe ich meinen Verlag an. Wenn ich bei der Buchpräsentation, zu der die Presse kommt, nicht sprechen kann? Der Verlag zeigt sich, wie befürchtet, sehr um mich besorgt.

»Wir schicken sofort einen Arzt«, heißt es. Ich versuche schwach, mich dagegen zu wehren.

»Ich brauche keinen Arzt«, krächze ich. »Es ist auch schon spät.«

Doch meine nette sanfte Lektorin gewinnt das ungleiche Stimmduell:

»Sie haben hohes Fieber, das ist gefährlich«, sagt sie. »Man muss sofort etwas dagegen tun. Die Ärztin, die wir zu Ihnen schicken, werden Sie mögen – sie ist auch Jüdin. Vielleicht kennen Sie sich vom Sehen. Sie ist mit unserem Haus seit langem befreundet. Eine ungewöhnliche Frau.«

Die Ärztin ist winzig. Gut einen Kopf kleiner als ich. Als sie ins Zimmer kommt, sieht es so aus, als ob ihr großer schwarzer Arztkoffer sie trägt und nicht sie ihn. Sie stellt ihn gleich auf den Boden, setzt sich zu mir und nimmt meine Hand.

»Ich habe Sie schon gesehen, Frau Doktor«, flüstere ich, »in der Synagoge.«

»Und ich Sie überall in den Buchhandlungen«, antwortet sie munter. »Ja, was fehlt Ihnen denn?«

»Sie haben wohl einen Infekt«, stellt sie fest, nachdem sie mich unglaublich schnell und sehr präzise untersucht hat.

»Was tun wir jetzt?«, seufze ich. »Ich habe keine Zeit, krank zu sein, und ich fühle mich so elend. Mein Onkel, der Arzt war, empfahl immer, sich hinzulegen und Tee zu trinken. Ob es diesmal reicht?«

»Da hat er nicht ganz Unrecht gehabt.« Sie setzt sich wieder neben mich. Die Ärztin ist etwa in meinem Alter, hat ein freundliches Gesicht, ein Auge ist lädiert, das Augenlid hängt herunter, doch sie strahlt geballte Energie und eigenartige Sicherheit aus.

»Es reicht aber nicht, sich nur hinzulegen, man muss auch die Seele ruhen lassen.« Sie schaut mich mit ihrem gesunden

Auge durchdringend an. »Haben Sie in letzter Zeit Ihrer Seele nicht zu viel zugemutet?«

Sie holt einen Rezeptblock und kritzelt etwas darauf. »Das nehmen Sie mal«, sie legt das Rezept auf den Tisch. »Jetzt muss ich gehen, ich hab noch Patienten ...«

»Und Sie, Frau Doktor, arbeiten Sie nicht zu viel? Es ist schon acht Uhr abends, und Sie gehen noch zu Patienten. Wie schaffen Sie das?«

»Ach was!« Sie macht eine wegwerfende Handbewegung. »Und wie schaffen Sie es, Bücher zu schreiben? Wir tun es, weil es uns einfach lebendig hält – das ist alles.«

»Frau Doktor«, lächle ich matt, »mir ist im Moment ziemlich weinerlich zumute. Bitte, bleiben Sie noch ...«

Sie schaut mich interessiert an und nimmt wieder meine Hand. »Na, junge Frau, wo tut es noch weh?«

»Ich möchte Ihnen etwas erzählen, Frau Doktor ...«, ich richte mich im Bett auf und flüstere ihr fast ins Ohr, denn meine Stimme versagt nun gänzlich – dadurch bekommt unsere Unterhaltung etwas Geheimnisvolles, Konspiratives. »Vor ein paar Wochen ist ein Artikel in der Zeitung erschienen, vielleicht haben Sie sogar davon gehört. Da beschuldigt jemand meinen Vater, dass er ein Kapo im Lager war, ein Mörder vielleicht sogar. Und ich weiß doch, er war im Widerstand. Jetzt suche ich also hier in Krakau dringend nach Beweisen, die ihn, na ja, entlasten könnten«, beende ich etwas unbestimmt den Satz. Vielleicht ist es der Blick dieser Frau, die mich mit ihrem einen Auge aufmerksam fixiert, oder ihr Schweigen – aber plötzlich bin ich mir über den Sinn meines ganzen Vorhabens gar nicht mehr so sicher.

Die Ärztin schüttelt nachdenklich den Kopf. »Damit quälen Sie sich also. Da sind Sie aber nicht die Einzige. Wissen Sie, wie viele solche Fälle es gab und immer noch gibt, wie viele Kinder – ich meine Kinder in Ihrem Alter, die sich früher nicht viele Gedanken über die Vergangenheit ihrer Eltern gemacht haben – jetzt plötzlich unsicher sind und Klarheit suchen? Weil sie glauben, ohne diese nicht mehr leben zu können ...«

»... und auch nicht sterben zu können«, flüstere ich dazu.

»Ich kann mich noch gut erinnern an damals«, fährt die kleine Frau fort. »Wir kamen mit meinen Eltern nach Polen zurück – wir waren im Krieg in Russland. Da gab es hier unzählige Prozesse, Anschuldigungen. Es wurde auch bei uns zu Hause darüber gesprochen, wie viele als Verräter, Verbrecher verschrien waren. Die Menschen waren verzweifelt, gedemütigt – sie mussten sich abreagieren, indem sie andere demütigten, meistens zu Recht, aber auch zu Unrecht. Dies wurde nicht immer geklärt.«

»Und jetzt sind Jahrzehnte vergangen. Da kann man wahrscheinlich nichts mehr daran ändern«, ergänze ich resigniert mit dem Gefühl, dass die Ärztin mein verzweifeltes Duell mit meinen eigenen Gedanken gerade beendet hat, indem sie es für unentschieden erklärt.

»Und jetzt«, sagt sie und schüttelt verneinend den Kopf, »tragen die Kinder dieser Menschen die Schuld in sich und werden krank. Ich habe ein paar Freunde, die Psychologen sind, wir sprechen oft darüber. Sie sind nicht die einzige junge Frau.« Sie lächelt wieder. Die Bezeichnung »junge Frau« scheint ihre Lieblingsanrede zu sein. »Nun werden Sie erst mal gesund.«

»Aber ich muss doch etwas unternehmen, ich darf es nicht so hinnehmen«, flüstere ich und kämpfe mit den Tränen, die mir in die Augen schießen.

»Haben Sie denn schon etwas unternommen?«

»Bis jetzt noch nicht. Ich, ich denke nur dauernd darüber nach.«

»Wenn ich Sie richtig verstehe«, die Stimme der Ärztin wird nachdenklich, fast unfreundlich. Sie wirft den Rezeptblock in den Koffer und auch das Stethoskop, »möchten Sie, dass Ihr Vater der Held bleibt, für den Sie ihn immer gehalten haben, ohne dabei mit den schmutzigen und blutigen Zeiten seines Lagerdaseins konfrontiert zu werden. Das wird nicht gehen«, sagt sie nüchtern. »Aber da fällt mir etwas ein«, sie lächelt wieder wie eine Lehrerin, die ihre Schülerin zurechtgebogen hat, sie aber trotzdem mag, »ich kenne da jemanden. Es ist ein guter

Freund von mir.« Sie kramt wieder ihren Rezeptblock heraus und kritzelt etwas darauf.

»Da haben Sie seinen Namen und seine Telefonnummer. Er hat in einer Behörde gearbeitet, die sich mit Polens jüngster Vergangenheit beschäftigt. Jetzt ist sie nach Warschau umgesiedelt worden, und er macht etwas anderes. Er hat aber ein phantastisches Gedächtnis und kennt die Problematik. Rufen Sie ihn an. Er wohnt außerhalb der Stadt.«

»Ich fahre hin.«

»Nun, rufen Sie ihn erst mal an und berufen Sie sich auf mich. Alles Gute, junge Frau ...«

Der Koffer der Ärztin verschwindet in der Tür und nimmt sie mit sich mit.

»Ich bin in der Stadt zu einer wichtigen wissenschaftlichen Konferenz«, hat der Mann gesagt. »Aber in der Pause können wir uns treffen. So müssen Sie nicht den weiten Weg zu mir machen. Wenn Ihnen die knappe Zeit reicht, fragen Sie sich zu mir durch.«

Er ist nicht groß, grauhaarig, sorgfältig angezogen, hat eine runde Brille und lächelt sehr freundlich. Er wirkt zuerst etwas steif, so wie man sich einen Beamten vorstellt, doch man merkt gleich, er ist es gar nicht. Es blinzelt etwas Warmes, Menschliches, Mitfühlendes hinter seinen dicken Brillengläsern.

Wir sitzen ziemlich unbequem im Korridor auf einer Bank. Die vielen Konferenzteilnehmer drängen sich an uns vorbei, trinken Kaffee aus Pappbechern, rauchen, unterhalten sich laut. Ich versuche, meine schwache Stimme zu stärken – sie ist nach drei Tagen Bettruhe noch immer nicht ganz da –, und fange an, ihm mein Anliegen zu erklären.

»Es geht um meinen Vater ...« Ich hole tief Luft, um ihm meine Geschichte lang und breit auseinander zu setzen. Panik ergreift mich, denn ich glaube nicht, es in einer Viertelstunde schaffen zu können, aber er mustert mich nur schnell über seinen Brillenrand: »Warten Sie, nur mit der Ruhe. Wie heißt denn Ihr Vater?«

»David Liebling.«

»Geboren?«

»Geboren? 1905, nein, 1908. Aber wieso fragen Sie?«

»David Liebling. Die Akte habe ich schon in der Hand gehabt. Wenn mich nicht alles täuscht ... Aber nein. Sicher. Liebling, ein ungewöhnlicher Name, ein schöner Name.«

»Es existiert also eine Akte?«

»Ja, doch. Ich erinnere mich ziemlich gut. Ob sie noch vollständig ist, das weiß ich nicht mehr genau. Es ist Jahre her, als ich sie gesehen habe. Aber das lässt sich prüfen ...«

»Wann? Jetzt gleich?« Ich spüre, wie mein Herz pocht. »Kann ich sie sehen?«

»Sie ist heute in Warschau«, der Mann macht eine beruhigende Handbewegung, »im Zentralarchiv.«

»Ich fahre gleich hin. Ich habe nicht viel Zeit, wissen Sie, und es ist so wichtig für mich.«

»Wie lange bleiben Sie in Polen?«

»Nur ein paar Tage. Könnte ich also gleich ...«

»Nur langsam«, sagt er und lächelt geduldig. »So schnell wird es leider nicht gehen. Man muss einen Antrag stellen und die Aktenansicht genehmigt bekommen. Es braucht seine Zeit, auch beim besten Willen. Aber Sie werden die Akte Ihres Vaters bekommen. Ich verspreche es Ihnen.«

»Wissen Sie, dass dieser Tag, dass unser Gespräch, vielleicht ein sehr wichtiges in meinem Leben ist? Wie soll ich Ihnen danken?«

»Nun warten Sie mal ab. Zuerst muss man wie gesagt einen Antrag stellen.« Er sucht einen Stift, dann reißt er ein Blatt Papier aus seinem Notizblock. »Ich zeige Ihnen, wie man das macht. Dann müssen Sie leider ein wenig warten. Vielleicht kann ich es aber etwas beschleunigen. Ich kümmere mich darum.«

»Und dann?«

»Fahren Sie ruhig nach Hause. Sie bekommen die Akte zugeschickt, versprochen. Es dauert drei bis vier Monate, vielleicht etwas weniger. Aber jetzt muss ich gehen.« Der Mann steht auf.

Ich stehe auch auf, bin verwirrt, fühle die Schweißperlen auf meiner Stirn.

»Und Sie meinen, es existiert über meinen Vater eine richtige Gerichtsakte?«

»Wenn er David Liebling heißt, ja, ziemlich sicher.«

An diesem Tag kann ich nicht mehr viel mit mir anfangen. Ich bin so aufgeregt und unkonzentriert, dass ich dauernd alles verliere. Im Taxi vergesse ich meine Handtasche. Kurz nachdem der nette Fahrer sie mir in das Café bringt, vor dem er mich abgesetzt hat, lasse ich im Café mein Telefon liegen. Dann finde ich meine Brille nicht mehr. Den ganzen Tag bin ich damit beschäftigt, meine Sachen zu suchen.

Abends versuche ich, etwas Ruhe in meine Gedanken zu bringen und mich auf den morgigen Tag vorzubereiten. Denn morgen ist der Vorabend des *Yom Kippur* – der Höhepunkt des jüdischen Jahres.

Es ist der Versöhnungstag.

Wir sind nur eine kleine Gruppe von Menschen, die zum Gottesdienst vor der alten Synagoge zusammentreffen. Fast sehen wir wie Verschwörer aus. Die große Synagoge aufzumachen lohnt sich wahrscheinlich nicht – so wenige sind wir. Immerhin haben wir einen Rabbiner dabei, er kommt jedes Jahr aus Amerika.

Es ist früher Abend, kalt und windig. Bald ertönt die erhabene Melodie des *Kol Nidre*, sie eröffnet den höchsten der jüdischen Feiertage, den *Yom Kippur*.

In dem kleinen Raum sitzen wir eng zusammen – eine Hand voll jüdischer Frauen, meistens ältere, aber auch ein paar jüngere haben sich hier eingefunden, wahrscheinlich sind sie nur zu Besuch in der Stadt.

Das kalte Licht des zu Ende gehenden Tages mischt sich mit dem Licht der Lampen und den vielen Kerzen. Die Männer sitzen im Vorderraum, durch einen dünnen Tüllvorhang symbolisch von den Frauen getrennt. Ich finde das getrennte Sitzen in der Synagoge schön – es entspricht der Tradition, und es sollte immer so bleiben, allen Modernisierungsversuchen zum Trotz.

Es waren immer nur die größten jüdischen Feiertage, an denen wir mit meiner Mutter zum Gottesdienst in die Synagoge gegangen sind. Mehr Religion hätte Mutter wahrscheinlich nach dem, was uns geschehen ist, nicht ertragen. Sie stellte sich wie viele andere damals auch die Frage: Wie konnte der gütige und allmächtige Gott Auschwitz und alles andere zulassen? Anständig und aufrichtig wie sie war, ist sie ihrem Gott lieber etwas ferner geblieben, als eine Religiosität zu heucheln, die sie nicht mehr empfunden hat.

Ich kann es mir nur so vorstellen, denn gesprochen hat sie mit mir darüber nie. Sie schwieg lieber. Ich selbst habe dann viele Jahre damit verbracht, Antworten auf diese Fragen zu suchen – bis ich erst in reifen Jahren, nach dem Tod meiner Mutter, eine Art Versöhnung mit meiner Religion gefunden habe.

Die wenigen Tage, die wir damals in der Synagoge verbracht haben, sind mir vielleicht gerade deshalb in Erinnerung geblieben, weil sie so anders waren als unser grauer Alltag. Als kleines Mädchen saß ich da, neben meiner Mutter, von der Erhabenheit des Tages ergriffen, aber vor allem von diesen vielen Frauen um uns herum beeindruckt. Sie waren herausgeputzt, elegant, wie es mir erschien, selbstbewusst und laut. Sie beteten, weinten manchmal, meistens aber unterhielten sie sich angeregt. Sie lasen die Gebete aus Büchern, deren geheimnisvolle Schrift ich nicht gelernt habe zu lesen.

In der ersten Reihe, so kam es mir vor, saßen immer die Reichsten und Schönsten. Die Reichsten in dieser armen Nachkriegszeit in der kleinen Stadt hatten vielleicht einen Nerzkragen um den Hals, eine Perlenkette, einen Ring. Mehr war nach dem Weltuntergang, den wir erlebt hatten, nicht übrig geblieben. Aber für ein Kind wie mich war es ein Glanz ohnegleichen.

Eine der Frauen sehe ich noch wie heute vor mir: groß, schlank, mit tadellos frisiertem, glänzendem schwarzem Haar, rot geschminkten Lippen, schönem Schmuck. Sie stand da, musterte von weitem durch die langen Wimpern die Männer – stolz und strahlend wie eine jüdische Königin. So wie sie wollte ich später mal werden. Sie hieß Ruth.

Jetzt sitze ich in der ersten Reihe zwischen zwei ziemlich korpulenten Damen zusammengequetscht. Alle sind wir natürlich festlich angezogen, dem Anlass entsprechend. Ich habe eine weiße Bluse an und ein weißes Jackett. Es heißt, man soll etwas Weißes anhaben als Symbol, dass man an diesem Tag von der Sünde reingewaschen wird. Auch wir haben Schmuck, tragen Kettchen und Ringe, mehr oder weniger kostbare.

Manche Männer haben die traditionellen Bußhemden an. Es wird langsam dunkel draußen. Der kleine Raum mit den betenden Menschen kommt mir wie eine Insel vor: Als wären wir, die kleine Gemeinde hier, die einzigen noch übrig gebliebenen Juden auf der ganzen Welt – die Gestrandeten nach der Sintflut.

Ich habe das Spitzentuch dabei, mit dem meine Mutter ihren Kopf und die Schultern in der Synagoge bedeckt hat. Ich nehme es immer an diesem Tag mit in die Synagoge – es gibt mir das Gefühl, dass sie bei mir ist, dass sie sich freut, weil ich es so mache wie sie damals oder es wenigstens versuche. Sie hat es nicht mehr geschafft, nach langer Emigration in ihre alte Heimatstadt zurückzukommen. Aber ich bin auch für sie hier, ich nehme sie einfach mit ...

Ich hebe rasch den Kopf, weil ein Schatten sich auf mich legt und mir die Sicht auf die vor uns auf dem Podest betenden Männer und die Torarollen versperrt. Eine dunkel angezogene Gestalt beugt sich dicht, viel zu dicht über mich.

»Roma, du auch hier?«

Es ist jemand, den ich noch nie gesehen habe, eine fremde Frau, dick geschminkt, in einem schlecht zu schätzenden Alter.

»Erkennst du mich nicht? Natürlich nicht, du warst damals noch klein in der Josefinskastraße ...«

»In der Josefinskastraße?«

»Ja, weißt du nicht mehr, da habt ihr gewohnt im Ghetto. Du, deine Mutter und die anderen. Ich war eure Nachbarin.«

Ich schaue zu ihr hoch. Es ist etwas Seltsames an dieser Frau, das mir Unbehagen macht. »Ich kann mich tatsächlich nicht erinnern. Tut mir Leid«, antworte ich unsicher.

»Hat es dir deine Mutter nicht erzählt? Hat sie dir später nicht das Haus gezeigt, wo es war?«

»Nein.« Ich weiß nicht recht, auf was sie hinauswill.

»Nicht mal das hat sie also getan, deine saubere Mutter ...«

Die Frau macht mir Angst. Dieses zischende Flüstern, diese dick geschminkten, bohrenden Augen – ich möchte, dass sie geht, dass sie mich in Ruhe lässt, und dem ersten Impuls folgend will ich es ihr sagen. Aber dann fällt mir ein, dass gerade sie, auch wenn sie so bedrohlich und unheimlich wirkt, etwas genauso Bedrohliches über mich wissen könnte und ich es erfahren muss.

»Und Sie, wie heißen Sie? Vielleicht habe ich doch schon von Ihnen gehört«, versuche ich freundlich und unbefangen meine Frage einzuleiten.

»Ich heiße Smith und wohne weit weg, im Ausland«, antwortet die Frau unwillig.

»Smith, das ist kein jüdischer ...«

»Jetzt heiße ich aber Smith«, unterbricht sie mich schroff.

Ich schlucke, setze aber gleich wieder an: »Sie sagen, Sie kannten meine Familie. Kurz nach dem Krieg wurde mein Vater verhaftet.« Ich spüre, wie meine Hände und Füße sofort kalt werden. Ein Jahr zuvor hätte ich nicht gefragt, aber jetzt nehme ich meinen ganzen Mut zusammen. »Haben Sie davon gehört, wissen Sie vielleicht etwas darüber?«

Das maskenhafte Gesicht der Frau wird noch starrer. Sie steht dicht neben mir, an meinen Stuhl gelehnt, ihr Gesicht tief über das meine gebeugt, fast als wollte sie mich küssen oder bespucken. Es nimmt mir den Atem.

»O ja«, sagt sie, »ich weiß einiges.« Es sieht so aus, als würde sie sich an etwas erinnern. »Eine Schande war es, eine Schande.« Sie macht lange Pausen, in denen sie mich nur mit ihren kleinen Augen fixiert. »Abgeführt haben sie ihn, eingesperrt. Unangenehme Geschichte, nicht wahr? Böses Ende in Scham und Schande. Ihr wart alle gut, ihr habt euch immer für etwas Besseres gehalten. Deine Frau Mutter, eingebildet und arrogant wie die ganze Familie. Böse Früchtchen, sehr böse …«

Die giftig zischende Stimme bohrt sich in mein Gehirn – ich kann nicht mehr atmen, und ich möchte dieser Frau gleichzeitig sagen, dass sie aufhören soll, dass sie gehen soll. Ich möchte nichts mehr wissen.

Ich sitze da, regungslos mit gesenktem Kopf, meine Füße sind aus Blei, und ich wünsche mir nur eins: unsichtbar zu sein. In der plötzlichen Stille, die dann folgt, hebe ich endlich den Kopf und sehe gerade noch, wie die dunkle Gestalt nach hinten in Richtung Tür verschwindet, in das Dunkle des Korridors, wo kein Licht mehr ist. Wer war das?

Meine pummelige Nachbarin, die in ihr Gebetbuch vertieft war, dreht ihr rosiges Gesicht zu mir. »Was wollte diese Person von Ihnen?«

»Ich weiß es nicht. Kennen Sie die Frau?«

»Nein«, sagt sie, »ich habe sie nie gesehen.«

Beim Hinausgehen, als sich alle verabschieden und sich für morgen »gutes Fasten« wünschen, ergreift die nette Banknachbarin nochmals meine Hand. »Sie sind ganz blass geworden, meine Liebe«, sagt sie mitfühlend. Dann senkt sie ihre Stimme: »Ich kenne das, wissen Sie. Uns ist letztes Jahr auch so etwas passiert. Mein Mann wurde verhaftet. Sie haben ihm Steuerhinterziehung vorgeworfen, es hat sich letztlich als Irrtum herausgestellt. Er wurde dann ziemlich schnell freigelassen. Gott sei Dank!

Aber vorher kamen so merkwürdige Leute zu mir, die ich gar nicht kannte. Sie sagten, sie haben schon immer gewusst, dass wir eine Familie von bösen Verbrechern sind. Die Menschen sind so. Machen Sie sich nichts daraus. Schönen Feiertag.«

Am *Yom Kippur* darf man den ganzen Tag nichts essen, auch nichts trinken, nicht mal Wasser. Es ist aber gar nicht so schwer zu ertragen, weil man sich in Gedanken lange darauf vorbereitet. Man fühlt sich an dem Tag nur leicht, sauber und etwas über das Weltliche erhaben. Gleichzeitig – und das ist wahrscheinlich auch ein Sinn des Fastens – merkt man, wie sehr man im Alltag von den kleinen Dingen des Lebens abhängig ist. Ein süßer Brotgeruch aus einer Bäckerei, der in die Nase steigt, ein paar Tropfen, die aus dem Wasserhahn fallen und daran erinnern, dass man heute noch nichts getrunken hat, bringen einen der Ohnmacht nahe.

Später dann, je mehr der Tag fortschreitet, fühlt man sich müde und schläfrig, aber auch weich, wirklich versöhnt und mit der Welt in Einklang.

Gegen Mittag gibt es immer ein ganz spezielles Gebet für die Verstorbenen. Es ist ein Gebet, das selbst den Juden bekannt ist, die sonst keinen Fuß in die Synagoge setzen. Auch sie wollen es nicht versäumen. Auch sie haben Verstorbene zu beklagen, für die es kein Grab und keinen Friedhof gibt – nur diese paar Minuten im Jahr in einer Synagoge. Es ist Ehrensache, daran teilzunehmen. Wir stehen alle auf. Ein einziges Schluchzen geht durch den Raum, und die Erde scheint sanft zu erbeben.

Die laute Stimme des Rabbiners ruft Namen auf, als würden sie in einen Stein gemeißelt: Auschwitz, Treblinka, Belzec, Bergen-Belsen ... Wir wiederholen sie jedes Jahr, wir kennen sie auswendig.

»Mögen ihre Seelen vereint sein mit den Seelen unserer Stammväter Abraham, Isaak und Jakob. Unserer Stammmütter Sarah, Rebecca und Rachel sowie aller Frommen im Paradies. Dafür beten wir. Amen.« Wir beenden das Gebet und wischen uns mit Taschentüchern die letzten Tränen weg.

Die Sonne geht langsam unter, viel langsamer als sonst.

Immer wieder, jedes Jahr, warte ich auf diesen Moment. Es gab, als ich klein war, diesen einen einmaligen Augenblick, bevor die Sonne unterging. Gerade noch kurz davor hat meine Mutter gesagt: »Jetzt.« Und dann gab es Kaffee und Kuchen. Das war in unserer kleinen Familie ein Ritual – kein sehr orthodoxes, denn eigentlich darf man erst nach dem Sonnenuntergang essen und trinken. Aber ich habe dieses Zeremoniell geliebt und darauf gewartet. Noch nie hat ein Stück Kuchen und eine Tasse Kaffee so gut geschmeckt wie an diesem Abend.

Es war nicht sehr fromm, ich weiß, aber meine Mutter hat es eben so gemacht. Es war etwas Heiliges für mich, und ich tue es jetzt jedes Jahr genauso. Danach sind wir noch mal langsam zur Synagoge gegangen, um uns von allen zu verabschieden.

Jetzt stehen wir mit einer Gruppe von Freunden zusammen, wünschen uns zum tausendsten Mal alles Gute, ein gutes Jahr und natürlich: »Nächstes Jahr in Jerusalem.«

Dann beschließen wir, zusammen in ein jüdisches Lokal zum Essen zu gehen, vis-à-vis der Synagoge.

Ausgehungert bestellen wir beinahe die gesamte Speisekarte. Wie es die Tradition will, gibt es zuerst die Hühnersuppe mit Nudeln und weißen Bohnen, vorher noch ein kleines Glas Kirschschnaps zum Aufwärmen: »*Lehaim*, zum Wohl!« Dann gibt es natürlich Fisch nach jüdischer Art in süßsaurem Gelee mit Mandeln und Rosinen. Dazu weiße *Challa*, kleine in Zöpfe geflochtene Brote, die Glück bringen sollen. Danach bestellen wir gebratene Ente mit Äpfeln und vielen verschiedenen Beilagen. Herr Adam, der gut aussehende grauhaarige Besitzer des Ladens, strahlt, als er unsere Bestellung entgegennimmt: »*Lehaim, Lehaim,* zum Wohl!«, wünscht er uns.

Diesen Abend sollten wir eigentlich zu Hause verbringen, zusammen mit der Familie am Tisch. Dazu muss man aber eine Familie haben. Ich esse, trinke, bin lustig, aber das Gefühl, irgendwie gestrandet zu sein, lässt mich nicht los. Ich wünsche mir, mein Sohn Jakob wäre jetzt bei mir. Wir haben es dieses Jahr wieder beide nicht geschafft. Na ja, vielleicht nächstes Jahr wirklich in Jerusalem – oder sonstwo.

Ich gehe mit Malina durch den Park. Die Sonne scheint, einige Kinder spielen um uns herum, sammeln braune, glänzende Kastanien. Wir schauen uns an und lächeln gleichzeitig, denn wir beide denken daran, dass wir dies auch vorher gemacht haben, in dem selben Park – sie vor fünfzehn Jahren und ich viel, viel früher.

»Ich wollte die kleinen Kastanien immer aufessen, du auch?«, frage ich.

Malina nickt. »Ja, man denkt, sie müssen süß schmecken.«

Sie sieht in den engen Jeans, mit den hohen Absätzen und der hellen, eng in der Taille gebundenen Jacke – noch schlanker aus als letztes Mal, aber auch sehr schön. Auf dem Kopf trägt sie immer noch das bunte Kopftuch, was mich sofort an ihre Krankheit erinnert. Ich schaue sie liebevoll an.

»Du siehst in dieser herbstlichen Stadt wie der Frühling persönlich aus«, habe ich sie begrüßt.

Sie strahlte über das Kompliment.

Wir suchen uns ein kleines spanisches Lokal aus, wo es gute Weine gibt und nette Kleinigkeiten zum Essen dazu. Eigentlich wollten wir draußen in der Sonne sitzen, aber sie wärmt nicht mehr, sie ist nur noch kalt.

Wir setzen uns in eine Nische, wo man sich ungestört unterhalten kann. Nur ein leises Stimmengemurmel erreicht unsere Ohren, das Klappern der Teller, das Summen der Espressomaschine. Man stellt den Rotwein vor uns, in dicken, grünlichen Gläsern, und einen Teller mit schönen bunten Häppchen.

»Ich habe gerade Handwerker im Haus«, berichtet Malina und zeigt ihre mit Farbe verschmierten Finger. »Wir bauen eine Küche in meine Wohnung ein. Ich möchte Kochen lernen – sehr gut kochen. Kochen Sie gern?«

»Wenn es etwas gibt, was ich gut kann, liebe Malina«, lache ich, »dann ist es Kochen. Ich habe im Leben reichlich Zeit und Gelegenheit gehabt, es doch noch zu lernen.« Aber gerade dann, wenn du es wirklich gut kannst, kann es dir passieren, dass du keine Lust mehr dazu hast, möchte ich den Satz beenden, tue es aber doch nicht.

Ich muss ganz vorsichtig sein mit Malina, ich darf sie nicht entmutigen, nicht belasten, nicht mit meiner Stimmung anstecken. Wenn ich uns beide so anschaue – dieses zarte Mädchen mit fast durchsichtigen Wangen, das gerade eben eine lebensbedrohliche Krankheit überstanden hat –, dann denke ich, sie ist der Frühling. Und ich? Ich fühle in diesen Tagen schon den näher kommenden Herbst.

Ich lasse mir von ihr erzählen, von ihrer Arbeit, vom Studium, von den – Gott sei Dank – immer selteneren Krankenhausbesuchen, von ihrem wunderbaren Arzt, der sich noch die ganze Zeit um sie kümmert.

»Ist das der, der dir damals mein Buch gegeben hat?«

»Ja«, sagt sie stolz, »das war eine von seinen vielen guten Taten.«

»Und du hast auch noch jemanden kennen gelernt?« Ich berühre sanft ihre Hand. »Erzähl.«

Ich sehe, wie in Malinas Wangen eine zarte Röte aufsteigt.

»Es ist noch so frisch, wissen Sie. Ich weiß noch nicht ... Vielleicht kann ich nächstes Mal mehr darüber berichten. Er ist so viel klüger als ich, gebildeter ...«

»Lass dir das nicht einreden«, werfe ich ein.

»Aber wir sehen uns oft«, lächelt sie. Ein warmes, fast kindliches Lächeln.

»Wann kommt Ihr Buch?«, will Malina wissen. Sie ist froh, das für sie unsichere Thema wieder zu verlassen.

»Es erscheint schon in den nächsten Tagen. Aber dies ist nicht der einzige Grund meines Besuches in Krakau«, füge ich hinzu.

»Es ist mir etwas sehr Schmerzhaftes passiert in den letzten Wochen, Malina, und ich bin hierher gekommen, um mich dagegen zu wehren. Ich fürchte nur, ich werde mich erst sehr intensiv damit beschäftigen müssen, bevor ich mich verteidigen kann.« Ich halte inne. Es kommt mir der Gedanke, dass es vielleicht nicht richtig ist, es Malina zu erzählen. Ich überlege mir auch, wie es wäre, Malina zu sein. Ihre Ruhe zu besitzen, ihr Vertrauen in das Leben zu haben, ihr unverbrauchtes Gesicht, ihre dreiundzwanzig Jahre ...

»Sich verteidigen?«, wiederholt Malina ungläubig.

Ich schaue in ihre Augen: Sie blicken mich liebevoll und hilfsbereit an. Sie sind heute nicht grün, eher graublau, ähnlich wie die hellen, gutmütigen Augen meines Sohnes ... Auch ihm werde ich eines Tages über das Ganze berichten müssen. Ich spüre, wie sich bei dieser Vorstellung mein Magen zusammenzieht.

Dann – ich weiß nicht, ist es das zweite Glas Wein, ist es die Anspannung, mit der ich in letzter Zeit gelebt habe, ist es die

Grippe, das Fieber, das noch immer in meinem Körper lodert – , erzähle ich Malina alles. Einfach alles. Es sprudelt aus mir heraus. Auch das, was ich niemandem, schon gar nicht einer fremden jungen Frau, gestehen wollte. Die Angst, die Verzweiflung, die Demütigung.

»Weißt du, was am schlimmsten an der Geschichte ist?«, frage ich und kneife die Augen fest zusammen. Schon wieder, zum zweiten Mal in wenigen Tagen, kämpfe ich mit den Tränen. Was ist eigentlich los mit mir? Ich werde hier vor diesem Mädchen nicht weinen – eine ältere Frau, die weint, ist etwas so unsagbar Trauriges, das werde ich Malina nicht zumuten.

»Das Schlimmste ist, dass ich mir nicht mehr sicher bin, ob ich an die Unschuld meines Vaters so ganz vollkommen glaube, so unerschütterlich wie früher. Wenn es so wäre, hätte mich das Ganze vielleicht nicht so mitgenommen.«

»Aber Ihr Vater, war er ...«

»Es kann sein«, unterbreche ich sie, »dass ich trotzdem insgeheim erwarte, dass er doch etwas Schreckliches getan hat.« Es ist mir klar, dass ich in diesem Moment Malina etwas gestehe, was ich mir selbst noch nie eingestanden habe. »Das bedeutet, dass ich meinen Vater schon verraten habe. Ich, seine Tochter. Einfach so. Und dass er enttäuscht von mir wäre – jetzt, über fünfzig Jahre nach seinem Tod.«

Malina schweigt, sie schaut mich sorgenvoll und mitfühlend an. Es ist mir aber so, als hätte sie noch eine weitere Erklärung von mir erwartet.

»Ich habe nie ein schlechtes Gewissen gehabt, dass ich den Holocaust überlebt habe und die anderen nicht. Ich habe es einfach Gott überlassen, warum er so und nicht anders entschieden hat. Aber jetzt ist es so, als hätte die Tatsache, dass man meinen Vater beschuldigt, unser Recht, Opfer zu sein, aufgehoben. Als hätte ich nicht mehr das Recht, zu leiden und zu trauern. Ich durfte nicht zu seinem Begräbnis – getrauert um ihn habe ich ein Leben lang. Jetzt wurde mir auch noch die Trauer weggenommen ...«

Wir schweigen eine Weile. Malina weiß, dass ich ihr mehr

gesagt habe, als ich wollte, und sie gibt mir Zeit, mich wieder zu fangen.

»Was gedenken Sie zu tun? Vielleicht sieht die Wahrheit doch ganz anders aus«, meint sie dann.

»Ich weiß es noch nicht genau. Es ist schwierig. Zeugen gibt es nicht mehr. All die Menschen, die etwas darüber wissen könnten, sind nicht mehr am Leben. Seine Gerichtsakte bekomme ich irgendwann. Ich habe keine Ahnung, was darin steht – vielleicht nicht sehr viel. Du weißt, was es damals für Zeiten waren.

Ich glaube, das Einzige, was mir übrig bleibt, ist, die ganze Geschichte für mich zu rekonstruieren – Schritt für Schritt, Tag für Tag, wie ich es mit meiner Mutter erlebt habe. Wie es war, als sie ihn verhaftet haben. Wir suchten doch damals seine Spuren, wir suchten alles, was ihn entlasten sollte. Natürlich in erster Linie meine Mutter, aber ich war dauernd dabei. Es kann doch sein, dass ich mehr weiß, als ich zu wissen glaube ...«

»Wenn ich nur helfen könnte«, sagt Malina und ihre Stimme bekommt wieder etwas Zuversicht.

»Ich muss mich an die Zeit erinnern, an die schreckliche Nachkriegszeit, in der sich das Ganze abgespielt hat. An die Zeit des Wahnsinns. Vielleicht liegt da das ganze Geheimnis begraben ...«

»Warten Sie«, ruft Malina eifrig, »ich arbeite ja in einem Zeitungsarchiv. Da gibt es alle Zeitungen aus den Jahren 1945 und 46. Da steht so viel über Prozesse, Urteile, Verräter – echte und angebliche Erschießungen. Alles Mögliche. Da könnte etwas für Sie darunter sein. Ich werde es sammeln und Ihnen geben. Ich werde für Sie recherchieren. Es wird noch alles gut werden, Sie werden sehen!«

»Ja, Malina«, nicke ich skeptisch, »darum wollte ich dich auch schon bitten. Wenn wir Glück haben, kann es sein, dass sich dieser Journalist eines Tages wird entschuldigen müssen, dafür, dass er meinen Vater getötet hat, indem er ihm seinen guten Namen wegnahm. In ein oder vielleicht zwei Jahren. Aber was bringt es mir dann, was bringt es meinem Sohn?

Überhaupt irgendjemandem? Es wird doch immer das vage Gefühl bleiben, dass da etwas war …«

»Wir werden die Wahrheit finden, und die wird bleiben«, sagt Malina fest.

»Die Wahrheit«, wiederhole ich tonlos.

»Und ich werde jetzt für Sie arbeiten, als freiwillige Helferin sozusagen. Ich werde Artikel aus den Zeitungen sammeln, einzelne Sachen, die Sie interessieren könnten, Vermisstenanzeigen vielleicht, Berichte über Verhaftungen. Alles, was ich finden kann.«

Ich merke, dass sie mir zum Abschied unbedingt etwas Positives und Aufmunterndes mit auf den Weg geben möchte.

Wir erheben uns, um zu gehen – es ist spät geworden.

»Was macht die Liebe?«, fragt Malina noch. Sie weiß natürlich nicht, dass auch dies keine Glücksgedanken mehr für mich sind.

»Was macht der Mann Ihrer Träume?« Sie sagt es leicht und mit einem Lächeln, das verrät, dass sie selbst allen Zweifeln zum Trotz sehr glücklich ist.

»Träume ist ein gutes Wort«, antworte ich mit einem Seufzer. »Im Moment kann ich von ihm nur träumen. Er ist in Israel.«

»Sehen Sie ihn wieder?«

»Ich weiß es nicht.«

Wir umarmen uns zum Abschied.

»Bleib gesund.«

»Aber klar doch.«

Malina, eine junge Frau in meinem Leben. Die Hoffnung, die Freundschaft, das spontane gegenseitige Vertrauen. Eine wunderbare Erfindung.

Ja, ich sehe ihn wieder, im Oktober in Krakau.

Die feierliche Premiere meines neuen Buches findet in einem Museumssaal statt. Große Jugendstilfenster mit bunter Glasmalerei. Die farbigen Glasscheiben geben dem Raum ein warmes vibrierendes Licht wie in einer Kirche. Die Möbel, auch im Jugendstil, sind echte Kunstwerke. Hier sein Buch zu präsentieren ist eine Auszeichnung. Fast alle meine Freunde sind gekommen, auch viele von der Presse.

Es ist so, wie ich es mir damals im Frühsommer, als wir an dem Buch arbeiteten, vorgestellt habe: feierlich und gleichzeitig familiär.

Doch heute, statt mich darüber zu freuen, bin ich nur nervös. Ich glaube, auf irgendwen oder irgendwas noch warten zu müssen – als wäre es nicht mein Abend, als wäre ich hier nur stellvertretend für eine andere, eine fremde Person.

David war natürlich unter den offiziell eingeladenen Gästen. Ich habe aber kaum geglaubt, ihn heute Abend hier zu sehen. Ich habe versucht, jede Hoffnung darauf aus meinen Gedanken zu verbannen. Professionell zu sein, überlegen und selbstsicher – das war die Rolle, die ich mir für heute auferlegt habe.

Überraschend taucht David aber doch auf.

Ich stehe neben meiner Verlegerin oben auf dem Treppenabsatz, habe ein hauchdünnes schwarzes Kleid an, einfach geschnitten, raffiniert und unschuldig zugleich. Es umgibt mich wie eine kleine Wolke.

Es verschlägt mir die Sprache, als ich Davids schlanke Gestalt, seine silbernen Haare entdecke. Von den Jungs umgeben, marschiert er munter herauf. Freundlich wie immer, charmant wie immer, begrüßt er alle, schüttelt die Hände.

Als er mich sieht, breitet er zur Begrüßung die Arme aus, dann hebt er mich in die Luft. »Ich habe es noch einrichten können«, lächelt er. Selbst den Blumenstrauß hat er nicht vergessen. »Schönes Kleid hast du an«, sagt er anerkennend.

Davids Erscheinen elektrisiert nicht nur mich, es bewegt auch die anderen Gäste. Ohne irgendetwas Besonderes zu tun, zieht er immer, fast automatisch, die Aufmerksamkeit auf sich.

Er hält eine kurze Rede, spricht ein paar herzliche Worte über mein Buch, die Anwesenden klatschen begeistert und voller Erwartung, die Leute vom Verlag lächeln zufrieden und stolz.

Nur ich merke, dass er unkonzentriert und nicht ganz bei

der Sache ist. Er setzt sich wieder an seinen Platz in der ersten Reihe. Nur ich bemerke wieder seine müden Augen, die Schatten in seinem Gesicht, seine Unruhe.

Während ich einige kurze Erzählungen aus dem Buch vorlese, werfe ich immer wieder einen unsicheren Blick in seine Richtung. Ich habe das Gefühl, dass er jeden Augenblick aufstehen und den Raum verlassen könnte. Während der anschließenden Diskussion tut er es dann auch. Sein Begleiter, der hinten an der Wand lehnt, eilt ihm sofort nach.

Geht David jetzt, ohne sich von mir zu verabschieden? Die Tür schließt sich hinter ihm, und ich armer Bajazzo muss dableiben und die Leute weiter unterhalten.

Als ich nach der Lesung erlöst und auch ziemlich durcheinander rausgehe, sehe ich ihn sofort. Er sitzt auf einer Bank am Ende des Flurs und raucht Pfeife – seine Jungs neben ihm.

Bei seinem Anblick fallen mir alle Bücher, die ich trage, aus den Händen. Er hilft mir, sie wieder aufzusammeln. Die letzten Gäste gehen in Richtung Ausgang an uns vorbei, winken freundlich zum Abschied. David legt den Arm um meine Schultern.

»Wie geht es weiter, Roma, fährst du nach Deutschland zurück?«

»Ja. Ich bleibe hier noch ein paar Tage, dann fliege ich nach München.«

»Und wir fahren jetzt gleich nach Warschau zurück. Morgen früh fliege ich wieder nach Israel.«

Dann blitzt etwas in seinen Augen, etwas Jugendhaftes – ein bestimmtes Lichtlein, das David den ganzen Sommer in seinen Augen hatte ...

»Könntest du nicht jetzt mit mir fahren und Kayetan würde dich morgen zurückbringen?«

Und als er mein Zögern merkt: »Wer weiß, wann wir uns wieder sehen können ...«

David hat schon immer gern für uns beide entschieden.

Ich schaffe es nicht, Nein zu sagen. Gerade jetzt nicht.

»Ich werde dir später alles erzählen«, sagt David.

Im Auto sind außer uns noch zwei andere Menschen. Davids Fahrer natürlich, der sich sichtlich gefreut hat, mich wiederzusehen, und noch ein Begleiter – diesmal nicht Elijas, sondern ein anderer. Wir sprechen also nur über das, was auch für fremde Ohren bestimmt ist.

»Ich gehe nach Israel zurück«, berichtet David. »In ein paar Wochen übergebe ich das Institut meinem Nachfolger. Ich kann ja nicht die ganze Zeit pendeln.«

Meine Antwort ist nur ein ratloses Schweigen.

Und wie geht es deiner Frau?, so die Frage zu stellen finde ich irgendwie unpassend. »Wie ist die Situation?«, frage ich nur.

»Unverändert. Es werden noch Untersuchungen gemacht im Krankenhaus. – Es ist ein Nervenkrieg«, sagt er nach einer langen Pause. Er schaut mich nicht an, schaut nur geradeaus in die dunkle Nacht. »Und ich stecke mittendrin.«

Todmüde kommen wir spät in der Nacht in Warschau an. Als wir dann endlich allein in seinem Zimmer sind, setzen wir uns aufs Bett, umarmen uns schweigend. David lehnt den Kopf an meine Schulter und schläft sofort ein. Er flüchtet sich in den Schlaf, weit weg von allen Sorgen, von allen ungeklärten Fragen – auch weit weg von mir.

Ich liege noch lange wach neben ihm und betrachte sein Gesicht in dem fahlen Licht, das von der Straße kommt, als hätte ich es noch nie gesehen. Es überkommt mich plötzlich ein Gefühl der Rührung, einer verzweifelten Liebe und das so seltene Gefühl in meinem Leben, ganz und gar zu jemandem zu gehören.

Er ist mir in diesem Augenblick näher als je zuvor. Er ist mir nahe wie ein Bruder und wie mein eigenes kleines Kind.

Wenn es etwas gäbe, was ich für ihn tun könnte, ich wäre bereit, es zu tun.

Aber ich weiß sehr gut: Nichts ist mehr möglich. In seinem jetzigen Leben ist kein Platz mehr für mich. Ich kann nichts tun, gar nichts. Nicht mal das Warten hätte einen Sinn.

Mit weit aufgerissenen Augen lausche ich den Geräuschen der Nacht. Die Stimmen, die aus dem vertrauten Polizeiauto kommen, haben jetzt etwas Bedrohliches: »Zweiunddreißig, Kollege, ich höre dich nicht ... Übernehmen Sie, Kollege, übernehmen Sie ...«

Davids Kopf liegt Schutz suchend auf meiner Schulter – ich höre sein unruhiges Atmen –, ab und zu tastet seine Hand nach mir, als wollte er prüfen, ob ich noch da bin.

In der Dunkelheit, ganz allein mit meinen Gedanken, brauche ich niemandem etwas vorzumachen, muss ich nicht die Optimistische spielen. Ich kann es mir eingestehen:

»Es ist zu Ende, zu Ende, zu Ende ...«

Der Morgen. Die Realität des heranbrechenden Tages. Die Zeit, die wieder mal gegen unsere Gefühle zu gewinnen scheint.

Es ist keine Zeit mehr für Gespräche – wir sind in Eile. David muss vor seinem Abflug noch zu einem Empfang, was er beinahe vergessen hätte. Jetzt ist es spät, und ein Chaos bricht aus.

David sucht noch schnell eine passende Krawatte. Telefone klingeln. David steht barfuß mitten im Raum, in Hemd und Hose – drei verschiedene Krawatten hängen ihm lose um den Hals –, und telefoniert von zwei Telefonen aus gleichzeitig.

Ich sitze fertig angezogen und reisebereit auf dem Bettrand und schaue zu, als würde sich das Ganze weit weg von mir abspielen.

Niedergeschlagen und mit bedrücktem Herzen verfolge ich, wie David seine Sachen zusammensucht, seine Papiere in den Aktenkoffer wirft. Bald werden uns zwei Flugzeuge in zwei verschiedene Richtungen fliegen ...

Soll ich ihm zum Abschied noch etwas sagen? Gibt es etwas zu sagen? Ich finde keine Worte. Oder trennen wir uns jetzt wortlos – einfach so?

Nein. Er setzt sich zu mir auf den Bettrand, nimmt meine Hände in die seinen, spricht ruhig und geduldig. Ich mag es, wenn er so spricht: wie ein Vater zu seiner kleinen Tochter. Ich fand es immer beruhigend.

»Das Leben, das ich jetzt führe, ist kein Leben für dich«, wiederholt er meine Gedanken von heute Nacht.

»Doch, das ist es, wenn es ein Teil deines Lebens ist«, sage ich ernst und schaue ihm in die Augen. Sie haben wieder diesen müden, traurigen Ausdruck, der mir einfach wehtut.

»Roma, du hast immer alles verstanden, einfach alles, ohne viele Erklärungen, besser als alle anderen. Versteh auch jetzt, dass das, was ich durchzustehen habe, ich ganz alleine durchstehen muss. Ich habe es dir gesagt: Es ist ein Nervenkrieg. Ich weiß nur nicht, gegen wen oder was ich ihn führen muss ...«

Tausend Gedanken schießen mir durch den Kopf, die ich ihm noch sagen möchte, aber dafür haben wir keine Zeit mehr.

»David«, sage ich nur kleinlaut, »ich möchte nicht nach Amerika ...«

»Du schaffst es schon in Amerika, ganz sicher, du wirst Erfolg haben ...«, sagt er noch beruhigend, aber seine Gedanken sind schon ganz woanders.

Der Chauffeur zeigt sich an der Tür: »Chef, wir müssen ...«

David umarmt mich ganz zärtlich und lange. Dann klingelt wieder sein Telefon.

Auf dem Rückweg habe ich das seltsame Gefühl, dass ich selbst in Krakau auf mich warte – der andere Teil von mir –, um mich zu trösten. Nein, ich bin nicht verrückt, einfach nur traurig.

Einen Schmerz muss man manchmal ganz fest verpacken und verschnüren wie ein Paket. Einfach, um weiter existieren zu können. Ich lege jetzt um meine Herzensangelegenheit einen dicken Verband, wie um einen gebrochenen Arm. Eine breite Schicht Gips, eine Bandage, Pflaster drüber, und ich trage den Schmerz möglichst weit vom Körper weg. Später, wenn die Zeit vergeht, werde ich ihn vielleicht berühren können, ohne dass es wehtut.

November

Die Bäume sind kaum zu sehen in dem milchigen Herbstlicht. Ich versinke bis zu den Knöcheln in dem weichen Teppich aus trockenen gelben Blättern. Die noch vereinzelt herunterhängenden schimmern wie pures Gold.

Auf dem Weg durch die Alleen in meine Krakauer Gästewohnung versuche ich mich von außen zu betrachten und wie ein Außenstehender über mich selbst nachzudenken. Wer ist diese Frau, die jetzt in der Dämmerung etwas gebeugt, das Kinn in den warmen Mantelkragen gesteckt, die Hände in den Taschen vergraben, nach Hause eilt?

Mein Leben ist schon wieder durcheinander geraten.

Ich bin jemand, der sich gerade getrennt hat, vielleicht nur von einem Traum, aber ich fing schon an, mich an diesen Traum zu gewöhnen. Ich bin jemand, dem gerade ein fremder Mensch, ein Journalist, einen herben Schlag versetzt hat. Ich bin jemand, der versucht, einem traurigen Familiengeheimnis auf die Spur zu kommen, das möglicherweise gar nicht zu lösen ist. Ich bin auch jemand, dem eine schwierige Reise nach Amerika bevorsteht, für die er sich nicht stark genug fühlt. Ich bin traurig, bin ratlos, das ist wahr. Immerhin bin ich noch da, nicht sehr glücklich zwar, aber noch sehr lebendig.

Ich beschließe also, in der nächsten Zeit ganz besonders nett zu mir zu sein, ganz vorsichtig und behutsam mit mir umzugehen.

Noch bevor der Tag zu Ende geht, werde ich das Versprechen brechen müssen.

Zu Hause mache ich mir einen Tee und stelle ganz automatisch den Fernseher an. Eine Geste, die ich mir schon tausendmal verboten habe. Man sollte niemals etwas automatisch tun. Das Nichthinschauen ist manchmal auch Gold, nicht nur das Schweigen.

Der Journalist. Bis jetzt kannte ich nur seinen Namen – jetzt werde ich auch sein Gesicht kennen. Das Thema der Sendung hat nichts mit mir zu tun. Er ist eingeladen als einer der Gäste. Es ist eine Gesprächsrunde im Fernsehen, und er nimmt daran teil.

Schau nicht hin, sage ich mir, du musst den Mann nicht auch noch ansehen, der dir all das angetan hat. Ich möchte nur einen Blick auf ihn werfen, ich möchte nur ein paar Wörter aufschnappen, um seine Stimme zu hören – nur ganz kurz, nehme ich mir vor. Dann schaue ich es mir doch an. Warum tue ich etwas, was ich mir gerade verboten habe? Ich weiß es nicht.

Ich betrachte den fremden Mann und komme mir dabei selbst fremd vor. Ich bin ein Voyeur, der seinen eigenen Hass beobachtet. Eine Welle des Hasses kommt auf mich zu, und ich spüre, wie sie in Schmerz übergeht. Aber die Versuchung war zu groß, auch die Neugier, wie weit der Hass den unvoreingenommenen Blick trüben kann. Bleib wenigstens objektiv, sage ich mir. »Objektiv«, gibt es das Wort überhaupt?

Das ist er – ich erkenne die hohe Stimme, die sich dauernd zu überschlagen scheint. Ein kleiner, hässlicher Mann mit Solariumbräune und langen, blondierten Haaren. Man sieht ihm an, dass er unbedingt noch die Reste der Jugend bewahren will. Er versucht, souverän zu wirken, aber wenn er sich aufregt, wird seine Stimme schrill und hoch. In den Augen hat er ein nervöses Zucken, und er regt sich schnell auf. Er hat ein Seidenhemd an, enge Jeans, ein weiches Sakko – alles sehr modisch, sorgfältig ausgesucht.

Bei jeder an ihn gestellten Frage kneift er die Augen zusammen, als hätte er eine Ohrfeige erwartet. Gleichzeitig merkt man aber, dass er seinen Auftritt genießt – zwischen den Fragen, wenn andere sprechen, lehnt er sich übertrieben lässig zurück und schließt die Augen. Ich habe jetzt keine Zweifel mehr, dass er im Grunde seines Wesens bösartig ist und fähig, jeden zu verraten, einfach jeden – Feind oder Freund –, nur um seine

Sensation zu bekommen und diese Portion Aufmerksamkeit, nach der er wahrscheinlich schon süchtig ist.

Seine Menschenverachtung ist kaum zu verstecken – sie ist wahrscheinlich auch gegen ihn selbst gerichtet. Ein Mensch, der die Grenzen des eigenen Seelenfriedens schon längst überschritten hat. An Leuten wie ihm liegt es, wenn der Journalismus, dieser wunderbare Beruf, einen schlechten Ruf bekommt.

Mit einer Mischung aus Ekel und Faszination kann ich den Blick nicht von ihm abwenden. Seine piepsige Stimme, sein Gesicht erinnern mich an etwas, an jemanden ...

Ich trete ans Fenster, hole tief Luft, betrachte das nächtliche Krakau – die mir so gut bekannten Häuser, die schmalen Straßen mit den Pflastersteinen, die ich so unzählige Male in meinem Leben durchschritten habe. Auf einmal glaube ich, darauf die kleinen Spuren meiner Kinderfüße zu entdecken ...

Die Erinnerung an meine Kindheit, das ist kein Nebel, es ist nicht eine plötzliche Helligkeit. Die Erinnerung, das sind brennende Spiralen, die anfangen, sich in meinem Kopf zu drehen. Sie drehen sich und drehen sich immer schneller, sie tragen mich in die Vergangenheit zurück. Sie tragen mich in die Zeit, die so weit weg war und plötzlich immer näher und näher kommt – in die Zeit, als ich sieben Jahre alt war ...

❖

Er tritt in mein Leben als Fremder. Auf einmal, eines Tages, steht er in unserer Wohnungstür. Barfuß, in zerrissener Kleidung, sein Gesicht ist eingefallen, seine Haare strähnig und grau. Mein Vater. Er hat einen wirren Bart, trägt eine dicke Jacke, die stinkt – er stinkt auch, ist schmutzig.

Mein Vater ist zurückgekommen im Winter 1945, ausgerissen aus dem Lager. »In letzter Minute«, sagt er. Der Krieg ist noch nicht ganz zu Ende, aber bald, sagen die Erwachsenen.

Ich starre ihn entsetzt an: Ich habe mir meinen Vater ganz anders vorgestellt. Die ganze Zeit, als ich mit Mutter allein war, als wir uns verstecken mussten, haben wir immer wieder von ihm gesprochen. Sie hat mir von ihm erzählt, immer mit dem warmen Lächeln auf den Lippen und mit dem träumerischen Blick. Sie hat von ihm und von sich erzählt. Wie sehr sie sich geliebt haben, wie viel sie auf den Bällen getanzt haben. Wie schön er war im Frack, in weißer Smokingjacke. Wie großartig er im Sport war. Fußball gespielt, Ski gefahren wie ein Weltmeister. Wie er mich, sein Töchterchen, immer auf den Händen getragen hat ...

»Rominka, mein Kleines, erkennst du mich denn gar nicht wieder?« Er streckt seine Hände nach mir aus und ist enttäuscht und traurig, weil ich mich angewidert abwende.

»Sie ist noch klein, David«, sagt meine Mutter, »und sie hat dich lange nicht gesehen.«

Mutter steht neben dem Fremden und strahlt. Sie ist glücklich, dass er wieder da ist, und ich kann ihr Glück überhaupt nicht verstehen. Er macht mir Angst: seine kräftige Stimme, sein energisches Auftreten.

Nachdem er sich gewaschen und rasiert hat, sieht er nicht mehr so wild aus. Ich habe trotzdem Angst vor seiner Nähe. Bald fängt er an, unser Leben neu zu organisieren. Er geht in die Stadt, kommt mit einem Paket zurück: UNRRA steht darauf geschrieben. Zum ersten Mal darf ich so etwas Wunderbares kosten wie die dicke cremefarbene, süße Dosenmilch und noch etwas in einer großen metallenen Dose, eine gelbe Flüssigkeit, die Orangensaft heißt, frisch duftet und wunderbar schmeckt. Ich bekomme zwar nur ein ganz klein wenig von all diesen Köstlichkeiten – sie werden zu Hause streng bewacht, denn sie müssen für lange Zeit reichen, aber sie schmecken herrlich, und nur daran zu riechen ist schön. Allein so eine Dose in den Händen zu halten gefällt mir: Erst versuche ich daran zu schnuppern: Nach was riecht es denn? Dann lese ich die geheimnisvollen fremden Wörter: ham & eggs, preserved food, condensed milk, cream, juice ...

Dauernd ist mein Vater unterwegs, geht in die Stadt, kommt wieder. Er schaut sich an, was von seiner Firma übrig geblieben ist, sucht Verwandte, Freunde. Bringt immer wieder auch etwas zum Essen mit.

Es gibt in der Stadt verlorene und verwahrloste jüdische Kinder, die ihre Eltern nicht gefunden haben, und auch alte Menschen, die nicht wissen, wohin sie jetzt gehen sollen. Vater sammelt sie zusammen. »Da muss man etwas tun«, sagt er.

Er hat zwei, drei Freunde von früher gefunden, die ihm dabei helfen.

»Wir organisieren für sie ein Heim in der Dlugastraße«, erzählt er stolz am Abend meiner Mutter, »da haben sie erst mal eine Bleibe und etwas Warmes zu essen.« Er stellt wieder zwei dunkelgrüne Dosen auf den Tisch, eine wird gleich aufgemacht. Darin ist eine weiche Streichpaste, die nach Fleisch riecht – selbst mir schmeckt sie, obwohl ich sonst Fleisch eklig finde.

»Wir haben in einem Keller Kisten mit Lebensmittel gefunden«, sagt Vater, »die die Deutschen zurückgelassen haben. Das bekommen die obdachlosen Juden in der Dlugastraße.«

Es kommen immer mehr Leute zu uns, Verwandte und Freunde. Manche kommen direkt aus den Lagern, sie haben noch die gestreifte Sträflingskleidung an und eine blaue Nummer auf dem Arm, so wie mein Vater sie hat. Es sind auch drei Kinder dabei.

»Ihr könnt natürlich bei uns schlafen«, sagt Vater und legt Matratzen auf den Boden.

Sie waschen sich bei uns und bekommen von Mama zu essen. Nur die Nummer auf dem Arm, die kann man nicht mehr waschen. »Die ist tätowiert«, sagt Mutter.

Zum Schluss sind wir dann schon vierzehn Leute in unserer kleinen Wohnung. Es wird immer enger, und Mama dreht langsam durch, weil sie für alle sorgen muss. Um sie zu entlasten, spielt Vater sehr viel mit uns Kindern, damit wir nicht so viel Lärm machen.

Am ersten April, »prima Aprilis«, sagt Vater – macht er mit uns Scherze. Das Wort »Scherz« habe ich noch nie gehört – ich wusste nicht, dass es so etwas gibt.

In der Früh, wir schlafen alle noch, steht Vater ganz leise auf und bindet alle unsere Schuhe mit einem Faden zusammen.

Als wir später die Schuhe anziehen wollen, laufen sie uns davon – von Vater unmerklich weggezogen. Wir versuchen natürlich, sie zu fangen, eine wilde Jagd nach den Schuhen beginnt. Da aber bei uns mehrere Leute auf dem Fußboden schlafen, trampeln wir Kinder über sie drüber. Es kommt zu einem heillosen Durcheinander, aber schließlich lachen alle, die Kinder und die Erwachsenen. Zum ersten Mal, seit ich denken kann, wird bei uns laut gelacht.

Langsam verliere ich die Angst vor dem fremden Mann und beginne zu glauben, dass er wirklich mein Vater ist. Am meisten gefällt es mir, wenn er mich auf den Schultern trägt – ich komme mir dann so groß und wichtig vor und kann auf alle herabsehen.

Auf Vaters Schultern sitze ich auch, als wir an einem schönen Maitag auf dem Marktplatz von Krakau das Ende des Krieges feiern.

»Es ist vorbei«, sagt Mutter. Sie hat ein geblümtes Kleid an und sieht glücklich aus, so wie alle anderen Leute um uns auch. Ich ziehe an ihrer Hand, ich verstehe das alles nicht – auch wenn es mir gefällt, dass alle um mich so glücklich sind.

»Was bedeutet das?«

»Das bedeutet, dass jetzt der Krieg wirklich zu Ende ist«, erklärt Mutter, »und niemand kann uns mehr etwas tun.«

»Für wie lange?«, frage ich.

»Für immer.«

Ich verstehe nicht, was das heißt, »für immer«, und keiner kann es mir erklären.

Im Mai ist Muttertag, verkündet Vater ein paar Tage später. An diesem Tag bekommt Mutter ein paar Fliederzweige und dann nimmt Vater mich und Kinder, die bei uns wohnen, auf einen langen Spaziergang mit, damit seine Frau sich etwas ausruhen kann.

Es ist herrliches Wetter – wir sind alle sauber gewaschen, unsere Haare brav gekämmt. Zum Frühstück haben wir eine Scheibe Brot bekommen, mit Zucker darauf.

Wir gehen auf das Wawel-Schloss hinauf, setzen uns auf die Mauer, die es umgibt. Von da kann man die Weichsel schimmern sehen und die ganze schöne helle Stadt zu unseren Füßen. Wir bekommen Sodawasser mit Himbeersirup – das Beste, das es für uns Kinder zum Trinken gibt. Vater hat sich von einem Nachbar einen Fotoapparat geliehen. Wir müssen freundlich lächeln und er schießt ein Foto von uns – das wird ein Geschenk sein für die Mama ...

»Schaut euch an«, sagt er immer wieder, »wie schön die Welt ist.« Ich verstehe, dass für ihn alles noch schöner ist, und er sieht so aus, als würde er all das zum ersten Mal sehen – weil er aus dem Lager kommt.

Dort war alles nur schwarz und schmutzig und kalt. Sie mussten in Baracken schlafen. Auf die Menschen wurden Hunde gehetzt, es wurde auf sie geschossen, sie wurden ausgepeitscht. Ich erinnere mich noch gut daran aus dem Ghetto, aber im Lager muss es noch viel, viel schlimmer gewesen sein. Die Erwachsenen sprechen immer wieder darüber, jeden Abend, jede Nacht.

Mein Vater erzählt vom Lager und weint dabei. Die Bilder schießen mir gleich durch den Kopf: Wie sie meine Großmutter aus der Wohnung im Ghetto geholt haben – wie sie sie herausgezerrt haben. Vater saß dann auf dem Bettrand und hat sich vor Schmerz hin und her gewiegt, so wie heute, als er von dem Lager erzählt.

Ich kann es nicht mehr hören, ich halte mir die Ohren zu, ich krieche unter den Tisch, aber ich kann nichts dagegen tun, ich höre es doch und sehe alles vor mir. Höre die Schreie, sehe das Blut, beginne zu zittern ...

Jetzt am hellen Tag im Sonnenschein freut sich mein Vater nur noch, dass er hier mit uns ist. Er benimmt sich wie ein kleiner Junge, pfeift und singt und spielt mit uns Verstecken.

Dann ist es Sommer. Wir fahren in die Berge. Vater, Mutter und ich.

»Unsere ersten Ferien zusammen«, sagt Vater glücklich. Ich weiß nicht, was Ferien sind, habe noch keine erlebt, aber ich weiß, was »zusammen« heißt. Das ist, wenn wir alle drei auf der Wiese im Gras sitzen und uns an den Händen halten. Oder wenn wir auf einer schmalen Holzbrücke über den Bach ge-

Im Sommer 1945 machen Roma und ihre Eltern gemeinsam Ferien.

hen – Vater hält mich auf den Schultern, Mama dahinter kreischt vor Angst, aber gleichzeitig lacht sie vor Freude.

Ferien, das sind die hohen Berge, die ich zum ersten Mal sehe – ganz oben liegt noch Schnee. Ferien, das ist die dicke saure Sahne in einem metallenen Becher, die wir von einer Bäuerin kaufen.

»Trink, Rominka«, sagt mein Vater. »Trink aus, damit du groß und stark wirst.«

Zakopane heißt der Ort. Wir wohnen in einem Haus, das ganz aus dunklem Holz gemacht ist. Es ist eine Pension, und wir haben ein schönes Zimmer, nur für uns drei. Nachts schlafen wir unter dicken weichen Federbetten, die angenehm riechen. Zum Frühstück gibt es Rührei mit Schnittlauch, weißen pikanten Bergkäse, »Bryndza« heißt er, und selbst gemachte Himbeermarmelade.

Doch das Glück der Familie ist nur von kurzer Dauer.

Meine Mutter und mein Vater benehmen sich wie die Leute im Kino. Sie halten sich dauernd an den Händen, lächeln, umarmen sich.

»Schau nur, wie schön deine Mutter ist«, sagt Vater mit weicher Stimme, und sie wirft den Kopf zurück, schließt die Augen, lächelt. Dann macht Vater wieder Fotos von ihr und von mir, er fotografiert die Blumen auf der Wiese, die Berge. Einmal macht er sogar ein Foto von einer kleinen, am Zaun angebundenen Ziege, die wir auf unserem Spaziergang getroffen haben. Wir machen lange Ausflüge, und wenn ich vom Laufen müde bin, nimmt mein Vater mich hoch auf die Schultern. Wir singen ganz laut fröhliche Kinderlieder, sodass sich manchmal die Leute nach uns umdrehen. Er trägt mich durch die Landschaft, und es macht ihm nichts aus, denn er ist groß und stark.

Genauso sitze ich auf seinen Schultern, an dem Tag, als die Männer kommen.

Wir kommen gerade von einem Ausflug zurück – auf einer Wiese hoch in den Bergen haben wir eine Decke ausgebreitet und darauf unser Mittagessen ausgepackt, das wir in einem kleinen Weidenkorb mitgenommen haben. Die belegten Brote und Tee und Kuchen – es hat herrlich geschmeckt.

Ich bin ein bisschen müde, und damit ich nicht auf seinen Schultern einschlafe, fängt Vater wieder laut zu singen an, und ich strample dazu so wild mit den Füßen, dass er sie mit seinen Händen festhalten muss.

Ich sehe die Männer zuerst. Ich kann sie erkennen. Immer. Ich habe es im Krieg, als wir uns verstecken mussten, gelernt, sie schnell zu erkennen, damit ich meine Mutter warnen konnte, damit wir weglaufen konnten. Ich weiß, wie sie aussehen, ich weiß, wie sie blicken.

Sie haben lange Mäntel an, der eine hat eine Mütze auf, der andere einen Hut. Sie tragen Aktentaschen. Ihre Gesichter sind regungslos, unbeweglich und grau wie die der Soldaten.

»Mama«, rufe ich mit belegter Stimme, »Mama!«

Sie dreht sich nach mir um.

»Sie sieht so blass aus«, sagt sie zum Vater. »Nimm sie herunter, David.« Vater stellt mich rasch auf den Boden und dann sehen sie auch schon die Männer. Sie haben vor der Pension gewartet, jetzt kommen sie auf uns zu.

Weglaufen?, denke ich in Panik, geht nicht. Ihnen Geld geben, damit sie uns in Ruhe lassen? Wir haben keins dabei, auch keinen Schmuck mehr. Ich erinnere mich, wie ich damals vor dem Polizisten gekniet habe, auf der anderen Seite der Ghettomauer, und ihn angefleht habe, dass er uns nicht verhaftet und nicht in die Monteluppistraße mitschleppt. Er hat uns dann auch gehen lassen, nachdem er sich Mamas ganzen Schmuck in die Taschen gestopft hat. Ihre Brillantringe fielen auf die Straße, er hat sie aufgehoben ...

»David Liebling?«, fragt einer der Männer und holt ein Papier aus der inneren Manteltasche.

Vater nickt.

Roma sieht zum ersten Mal die hohen Berge.

»Sie kommen mit uns.«

Meine Mutter hält meine Hand ganz fest, als wollte sie sie zerdrücken.

Ich spüre das Zittern, das durch ihren Körper rieselt. Ihre kalte Hand in der meinen. Die Hitze, die Sonne, die auf uns brennt und ihre kalte Hand.

Vater schweigt, atmet nur, senkt den Kopf. Dann sieht er sich um, sein Blick fällt auf mich: »Hab keine Angst, ich bin bald wieder da«, sagt er mit einer fremden Stimme. Dann geht er auf Mutter zu, schaut ihr in die Augen. »Das muss eine Verwechslung sein. Mach dir keine Sorgen, ich ...«

Mehr kann er auch nicht sagen, denn einer der Männer legt die Hand auf seine Schulter: »Sie sind verhaftet.«

Vater dreht sich zu uns um. In seinen Augen sehe ich etwas, das ich noch nie in den Augen eines Menschen gesehen habe: Es ist mehr als Schmerz, es sieht aus, als wären seine Augen tiefe schwarze Löcher – ich kann es nicht beschreiben.

»Wir gehen jetzt«, sagt der Mann.

Vater duckt sich, zieht den Kopf zwischen die Schultern, ich sehe, dass sich seine Lippen bewegen, auch wenn kein Laut mehr herauskommt. »Sei brav, Rominka«, flüstern seine Lippen. »Pass auf die Mutter auf.« Hat er das wirklich gesagt? Ich glaube schon.

Vorn vor dem Haus steht ein schwarzes Auto. Sie schieben Vater hinein, steigen hinterher, fahren los.

»Lass mich nicht allein, ich will mit dir zusammen sterben«, habe ich im Krieg immer zu Mutter gesagt.

»Muss Vater jetzt sterben?«

Wir stehen wie versteinert in der Mitte des Pfades, der zum Haus führt. Das Auto ist weg. Wir sind wieder allein, wie im Krieg. Wie immer.

Mutter schwankt, ist blass, ihre Lippen sind nur ein schmaler Strich. »Mir ist so schwindlig«, murmelt sie. Ich führe sie vorsichtig zu der Holzbank, die vor dem Haus steht. Sie setzt sich hin und lehnt sich erschöpft zurück, sieht aus wie tot, ganz in sich zusammengefallen. Ihre Augen sind geschlossen. In der Hand hält sie noch ganz fest den leeren Weidenkorb.

Verwechslung? Was heißt das eigentlich? Ich muss Mutter später fragen, aber nicht jetzt.

Wir verlassen noch am gleichen Abend den Urlaubsort in den Bergen. Ich helfe ihr beim Packen, es ist nicht viel. Vaters Sachen packe ich lieber selbst ein, damit sie nicht wieder anfängt zu weinen.

Unsere Wohnung in Krakau ist leer. Sie war schon vor unseren Ferien leer, denn die vielen Leute haben nach und nach andere Unterkünfte gefunden. Am Abend kommen sie wieder alle zu uns. Nachdem sie erfahren haben, was mit Vater passiert ist.

Es ist ein Irrtum, eine Verwechslung, ein Missverständnis, sagt Mutter jedem, der nach meinem Vater fragt. Verwechslung ... Das Wort höre ich jetzt dauernd: Verwechslung klingt wie Verzweiflung.

Sie werden jetzt jeden Abend kommen, am häufigsten Tante Ella und Tante Hedwig, Mutters Freundinnen, und Onkel Stephan, Vaters jüngster Bruder, um sich mit Mutter zu beraten.

Sie sitzen stundenlang an unserem Esstisch und reden. Ich finde, es ändert nichts, nur dass Mama noch mehr weint. Sie trinken dauernd Tee, und ich muss hinterher beim Abwaschen helfen. Es nützt doch alles nichts. Sie müssten doch wissen, dass man jederzeit verhaftet werden kann. Und wenn jemand abgeholt wird, dann kommt er nicht wieder. Nicht einmal mein Vater schafft das, davon bin ich überzeugt.

Tagsüber ist Mutter dauernd unterwegs, ich sehe sie nur in Hut und Mantel. Sie forscht, sie sucht nach dem Verbleib meines Vaters. Wenn ich aus der Schule komme, gibt sie mir schnell was zu essen. Ich lasse es stehen, da ich meistens keinen Appetit habe und auch weil ich Angst habe, dass Mutter ohne mich weggeht. Denn ich kann nicht allein in der Wohnung bleiben. Aber das weiß sie. Sie hilft mir schnell meinen Mantel anzuziehen, bindet mir die Wollmütze unter dem Kinn fest, und wir gehen in die Stadt.

Wir versuchen herauszufinden, wo Vater ist. Wir gehen in irgendwelche Büros, Behörden, Ämter. Wir gehen Treppen hinauf und hinunter. Wir warten in Korridoren, in düsterem Licht, auf Holzbänken, bis man uns ruft. Mama muss ihren Ausweis zeigen und irgendwelche Papiere ausfüllen. Oder wir gehen zur Post, um zu telefonieren. Da muss man lange in der Schlange warten, weil es so wenige Telefone gibt. Dann sind wir wieder auf der Straße und gehen woanders hin. Es ist meistens kalt und regnerisch.

»Du wirst dich erkälten«, sagt Mutter besorgt. »Warum kannst du nicht zu Hause bleiben in der Wärme«, seufzt sie. Aber sie weiß doch ganz genau, dass ich es nicht kann, weil ich Angst habe, dass sie nicht wiederkommt.

Wir suchen auch Papas Freunde aus dem Krieg – Mutter hat sich die Adressen auf einem Zettel aufgeschrieben. Sie wohnen weit weg in der Vorstadt. »Vielleicht haben die etwas von ihm gehört«, murmelt Mutter. Aber auch sie wissen gar nichts.

Eines Abends – sie sitzen wieder alle am Tisch und reden durcheinander – klingelt es scharf an der Tür. So klingeln keine Freunde.

Polizei, denke ich.

»Polizei?«, fragt Mutter tonlos in den Raum.

Ich bin ganz ruhig, weine nicht. Ich spüre, wie es mir kalt wird um die Lippen – sie sind eisig, und ich kann sie nicht bewegen. Ich halte nur ganz fest Mutters Ärmel und das eine weiß ich: Ich lasse sie nicht allein gehen, ich gehe mit ihr, egal wohin.

Es klingelt wieder, wir öffnen die Tür: Es ist ein fremder Mann und nicht die Polizei.

Dann steht der Mann mitten in unserer Küche, und alle starren ihn an. Er ist nicht groß, nicht klein, er trägt etwas auf dem Kopf – war es ein Hut, eine Mütze? Hinterher, als er schon weg ist, wird niemand mehr wissen, wie er ausgesehen hat. Nicht mal ich, die ich mir Gesichter doch gut merken kann. Ich glaube, dass er ganz hager war, eine sehr dünne und lange Nase hatte – so wie der Tod in der Krippe –, aber auch dessen bin ich nicht ganz sicher. Ich weiß nur, dass sein Gesicht halb von dem hochgesteckten Kragen verdeckt war und er Angst hatte. Ich merke es immer, wenn Menschen Angst haben.

Er schaut die drei am Tisch sitzenden Frauen an: »Frau Liebling?«, fragt er. Meine Mutter steht auf, mit einer Hand fasst sie sich ans Herz.

Der Mann räumt etwas umständlich eine Brieftasche heraus, sucht darin etwas, findet einen kleinen Zettel – das alles dauert ewig. Dann drückt er ihn meiner Mutter in die Hand. Er sagt etwas, aber er spricht so undeutlich, dass ich es nicht verstehen kann – bloß ein Wort: »Monteluppistraße«.

»Wann sind Sie aus dem Gefängnis raus?«, fragt Mutter.

»Heute früh.« Dann fragen ihn alle etwas, reden wieder durcheinander, aber er hat keine Lust zu antworten.

»Sind Sie sich sicher, dass sie ihn dorthin gebracht haben?«, fragt Mutter zum zweiten Mal.

»In die Zelle, in Monteluppi. Ja.«

»Und hat mein Mann noch etwas gesagt?«

»Nein, er hat mir nur auf dem Flur schnell das hier gegeben. Sie wissen, dafür gibt es Schläge, wenn sie es merken.«

Mutter nimmt wortlos den Zettel, hält ihn in der Hand. Es sieht so aus, als hätte sie Angst zu lesen, und gibt ihn dem Onkel.

»Ich muss jetzt gehen«, sagt der Mann und macht eine Bewegung mit den Fingern, die nach Geldzählen aussieht.

»Ihr Ehemann sagte, Sie werden schon wissen, was zu tun ist.«

Onkel Stephan sucht hastig nach seinem Geld und drückt ihm eine Banknote in die Hand.

Der Mann faltet sie sorgfältig zusammen. »Ich muss schnell verschwinden«, sagt er noch. »Wenn was wäre: Wir kennen uns nicht, Sie haben mich nie gesehen.« Dann ist er weg.

Erst jetzt stecken die Erwachsenen die Köpfe zusammen und betrachten das kleine Papier genau. Er sieht so aus, als wäre es von einer Zigarettenschachtel abgerissen.

»BIN IN MONTELUPPI«, steht darauf in Druckbuchstaben geschrieben. »BIN GESUND, MACH DIR KEINE SORGEN; WENN MÖGLICH ZUCKER UND SEIFE SCHICKEN, LIEBE EUCH. DUD.«

Mutter hat ihn immer Dud genannt – es war sein Kosename.

»Ist seine Handschrift«, sagt Onkel Stephan nüchtern. Mutter kann nichts mehr sagen, und als sie dann weg sind, schickt sie mich gleich ins Bett. Wir schlafen gemeinsam in einem Zimmer. Ihr Bett ist links, meins rechts.

Ich schlüpfe schnell unter die Decke, mache die Augen zu und versuche, an etwas Schönes zu denken. Dann werde ich von einem seltsamen Geräusch aufgeschreckt. Mutter steht vor ihrem Bett – mit dem Rücken zu mir. Sie wird von einem heftigen Schluchzen geschüttelt. Dann fällt sie vor ihrem Bett auf die Knie, als würden ihre Beine abgeknickt wie zwei Äste. Sie vergräbt das Gesicht in die Kissen, ich sehe nur ihren bebenden Rücken. Sie hält die ganze Zeit Vaters Zettel aus dem Gefängnis in der Hand.

So wie jetzt werde ich sie öfter sehen: vor dem Bett kniend und weinend, die Augen in ihrer gewohnten Weise mit den Händen zugedeckt. Ich werde sie trösten müssen, und ich weiß nicht mehr, wie, weil mir auch langsam die mitfühlenden Gedanken ausgehen. »So viel wie jetzt hat sie damals im Krieg nicht geweint«, denke ich. Ich glaube, im Krieg war das Weinen auch verboten.

In der Früh wache ich mit dem gleichen Gedanken auf, mit dem ich eingeschlafen war: Vater sitzt in der Monteluppistraße im Gefängnis. An den Namen kann ich mich noch gut aus der Kriegszeit erinnern. Dort wurden Menschen hingebracht, die man auf der Straße verhaftet hatte – die Juden, wenn man sie irgendwo erwischt hat mit falschen Papieren oder bei fremden Leuten versteckt. Sie wurden dort umgebracht oder ins Lager geschickt und ermordet. Ich weiß es ganz genau, da die Erwachsenen dauernd davon sprechen. Als der Krieg zu Ende ging, erzählen die Erwachsenen, haben die Deutschen eine Bombe ins Gefängnis geworfen, dort, wo die Juden saßen, und dann waren sie alle tot.

Jetzt möchte Mutter den Vater aus Monteluppi rausholen, und sie weiß nicht, wie sie es anfangen soll. »Ich muss von Behörde zu Behörde gehen, um herauszufinden, wer dort für Vater zuständig ist«, erklärt sie mir.

Als ich an diesem Tag von der Schule nach Hause komme, warten sie schon auf mich. Mutter fertig angezogen zum Ausgehen und Tante Ella, die neben ihr sitzt. Sie haben es herausgefunden: Es ist ein Staatsanwalt, der Name ist Litewka.

»Ist es eine Frau? Es klingt wie ein Frauenname«, sagt Tante Ella zweifelnd.

»Ich weiß es nicht«, Mutter scheint verwirrt zu sein. »Das hat man mir nicht gesagt ...«

»Auf jeden Fall ist es gut, wenn du das Kind mitnimmst«, entscheidet Tante Ella, als wäre es nicht sowieso klar, dass ich mitgehe. »Vielleicht hat er Mitleid«, seufzt sie.

»Iss vorher noch etwas«, Mutter stellt einen vollen Teller vor mich hin. Ich würge mühsam wie immer ein paar Bissen hinunter, damit sie nicht die ganze Zeit darüber spricht. Sie und Tante Ella sitzen mir gegenüber und schauen mir erwartungsvoll beim Essen zu, und wenn sie so gucken, kriege ich erst recht keinen Krümel mehr hinunter. Gott sei Dank müssen wir schon gehen. Zu diesem Staatsanwalt, das ist sein Beruf, nehme ich an.

Wir sitzen eine ganze Ewigkeit in irgendeinem Amt im Flur auf einer Holzbank und warten. Es ist ziemlich dunkel – die Glühbirnen hoch oben an der Decke geben nur ein schwaches und wackliges Licht. Die Wände sind gelb gestrichen, die Bänke sind braun, sonst ist dort nichts, was man anschauen könnte. In der Ecke steht ein Spucknapf, und den versuche ich, nicht anzusehen, sonst wird mir gleich schlecht. Am Ende des Korridors hängt eine Uhr, aber sie scheint sich nicht zu bewegen.

Die Leute kommen und gehen, beachten uns kaum. Sie haben grimmige Gesichter und scheinen es eilig zu haben. Oder sie setzen sich auf eine der Bänke, rauchen und seufzen und spucken in den Napf. Dann gehen sie wieder.

Meine Mutter beobachtet die ganze Zeit die Tür mit der Nummer, die man uns gesagt hat. Dahinter sitzt der Mann, zu dem wir gehen müssen. Jedes Mal wenn sie aufgeht, steht Mutter auf und zieht mich an der Hand. Und dann stellt sich heraus, dass er dort gar nicht ist, sondern ein anderer, und wir müssen noch mal suchen, noch mal hin und her laufen, die Treppe rauf, die Treppe runter, noch mal einen Korridor entlang, nur ein Stockwerk höher. Wir setzen uns wieder auf eine Bank, wir sitzen und sitzen. Mutter ist wie erstarrt, schaut nur auf die Tür. Sie hat rote Flecken im Gesicht, sie dreht unentwegt ihren Ehering am Finger.

Ich lehne den Kopf an ihre Schulter – ich bin so müde, dass ich langsam einschlafe. Dann geht die Tür auf, wir dürfen rein ...

Der Staatsanwalt ist keine Frau, aber er hat eine dünne Stimme und ist klein. Er sitzt an einem Schreibtisch, hat kleine weiße

Hände mit dicken Fingern, die er dauernd zusammenfaltet und wieder öffnet. Er schaut uns an durch eine sehr dicke Brille – dadurch sieht er so aus, als wären seine Augen ganz weit weg, als würden sie zu einem anderen Gesicht gehören.

Dann sucht er lange etwas in einem großen Stapel Papier, der vor ihm auf seinem Schreibtisch liegt. Vor dem Schreibtisch stehen noch zwei Stühle, aber er lässt uns gar nicht setzen. Er wühlt nur in seinen Papieren, während Mutter ganz schnell und eindringlich auf ihn einredet. Ich weiß gar nicht, ob er ihr richtig zuhört. Auf mich hat er überhaupt keinen Blick geworfen.

Mutter redet und redet, aber der Mann schüttelt verneinend den Kopf, und ich verstehe, dass wir wieder gehen sollen.

Wir haben so lange gewartet, und jetzt sollen wir schon gehen? Und als wir noch zögern, deutet er auf die Tür.

Mutter sagt noch ein paar Worte zu ihm, ganz leise, dann schaut sie sich um. Am Haken an der Wand hängt sein Mantel. Mutter öffnet ihre Handtasche, nimmt einen blauen Umschlag heraus und steckt ihn schnell in seine Manteltasche. Der Mann steht auf, und ihre Blicke treffen sich. Dann geht er ein paar Schritte nach vorn und nimmt mit zwei Fingern den Umschlag aus der Tasche: »Und das«, sagt er mit einer süßlichen Stimme, »vergessen wir lieber beide gleich.« Es sieht so aus, als wollte er ihn Mutter zurückgeben, aber er lässt ihn nur blitzschnell in seine innere Jackentasche gleiten.

Abends zu Hause berichtet Mutter dem Onkel von unserem heutigen Misserfolg.

»Er hat nichts versprochen, aber auch nicht so richtig abgelehnt«, meint sie zweifelnd. »Und er hat den Umschlag genommen«, fügt sie hinzu und wirft dem Onkel einen bestimmten Blick zu – als wüsste ich nicht, dass in dem Umschlag Geld war. Ich werde nicht gefragt, aber für mich sieht es nicht so aus, als würde dieser Mann, dieser Staatsanwalt, unseren Vater freilassen wollen.

Sie schweigen lange, überlegen. Sie versuchen herauszufinden, wer uns noch helfen könnte. Wer kennt jemanden bei den

Behörden, kann etwas tun, wer hat *dojscie*, Zugang? Sie nennen viele Namen: Leute, die vielleicht helfen können oder auch nicht. Und dann fällt der Name Aschenhütter.

»Ja«, sagt Mutter nachdenklich, »wenn Aschenhütter sich der Sache annehmen könnte. Er war früher ein sehr bedeutender Mann in der Stadt. Ob er noch seine Kanzlei in der Florianskastraße hat?«

Aschenhütter ... Ich höre aus dem komplizierten Erwachsenengespräch ein mir bekanntes Wort heraus: Hitler. Müssen wir zu Hitler? Er ist doch tot.

»Hütter«, sagt Mutter müde, »nicht Hitler, er ist ein Rechtsanwalt. Er kannte noch deinen Großvater.«

Am nächsten Tag sind wir auf dem Weg zu ihm. Wie immer wollte ich nicht allein zu Hause bleiben, und wie immer hat Mutter nachgegeben. Jetzt geht sie ganz schnell, ich merke ihre Anspannung und dass sie sich gar nicht unterhalten möchte.

»Wird dieser Mann Papa endlich aus dem Gefängnis holen?«, frage ich.

»Du musst ihn nett begrüßen«, gibt sie zur Antwort. ›Guten Tag, Herr Anwalt‹, musst du sagen. So sagt man zu Rechtsanwälten: Herr Anwalt.

Es ist schon grau und nebelig in der Stadt. Einzelne Regentropfen fallen vom Himmel. Die Straßenlaternen werden gerade angezündet. Das Licht macht gelbe Kreise in der nebeligen Luft.

Wir biegen ab in die Florianskastraße mit den vielen Geschäften. Ich hätte mir gern die Schaufenster angeschaut, aber Mutter hält mich ganz fest – wir sind spät dran. Es ist ein sehr altes Haus, links von der Haustür eine große, verstaubte Metalltafel, auf der steht: Dr. Friedrich Aschenhütter, Rechtsanwalt, zweiter Stock.

In dem dunklen Hausflur riecht es nach Sauerkraut, nach Kohle – am Ende der knarrenden hölzernen Treppe sehe ich ein kleines Licht. Wir klettern hinauf. Ein großer, dunkel gekleideter Mann steht schon oben, er hält uns die Tür auf. Tief in mir kriecht die alte Angst hoch.

Der Mann hat dichtes, weißes Haar und eine Stimme, die im ganzen Raum hallt. Er ist etwas verwundert über meine Anwesenheit, aber ich darf bleiben. »Aber natürlich, das macht doch nichts, gnädige Frau!« Er setzt sich an seinen riesigen Schreibtisch, Mutter ihm gegenüber. Ich sitze auf einem alten Ledersofa in der Ecke, starre die Wände an, die von oben bis unten voller Bücher sind. Ob er sie alle gelesen hat? Eine große Wanduhr mit goldenen Zeigern macht ein schmetterndes Geräusch, und dann schlägt sie laut und metallisch – es klingt ähnlich wie die Stimme des Anwalts.

»An Ihre Eltern erinnere ich mich gut«, sagt er zu Mutter und zündet sich eine Zigarette an, die er in eine silberne Zigarettenspitze stopft. »Ihr Vater, ein nobler Mann. Sie sind beide wohl nicht mehr …« Er spricht den Satz nicht zu Ende.

»Sie sind beide in die Gaskammer gegangen«, sagt meine Mutter tonlos. »In Belzec.«

»Schrecklich, wie schrecklich«, sagt der Mann und zieht an seiner Zigarette, »und jetzt wurde noch Ihr Mann inhaftiert. Erzählen Sie: Wessen wird er beschuldigt? Was wird ihm vorgeworfen?«

»Vorgeworfen? Wir waren gerade in den Bergen im Urlaub, diesen Sommer, Herr Doktor«, Mutter spricht ganz hastig, ihre Stimme zittert. »Das erste Mal mit dem Kind, nach alledem, nach diesem schrecklichen Krieg. David konnte noch aus Auschwitz fliehen letztes Jahr, wissen Sie.« Sie bricht ab. »Da kamen sie und haben ihn abgeholt. Nichts haben sie ihm vorgeworfen. Ich wusste lange nicht, wo er ist. Dann sagte man mir, er sitzt in der Monteluppistraße.« Mutter streckt die Hand aus und legt dem Anwalt das zerknüllte Stück Papier hin, das sie von Vater aus dem Gefängnis bekommen hat. »Sie wissen, wo vorher die Gestapo war?« Sie fängt zu weinen an, immer heftiger, immer hemmungsloser. Ich stehe auf. Ich habe meine Mutter schon oft weinen sehen, aber noch nicht so. Sie lehnt ihre

Stirn auf die glänzende Platte des Schreibtisches und scheint in dem Schluchzen zu zerfließen.

Der große Mann steht auf, beugt sich zu ihr, er will ihre Schultern berühren, zieht aber die Hand wieder zurück. Ich komme näher. Eine Weile stehen wir uns beide ratlos gegenüber vor meiner zusammengekrümmten, weinenden Mutter.

»Bitte, Frau Theofilia, nehmen Sie sich doch zusammen«, sagt schließlich der Anwalt mit einem Blick auf die Uhr. »Ich habe nicht viel Zeit.« Er wird rot im Gesicht und offensichtlich zornig. Schmeißt er uns jetzt raus? Ich gehe schnell noch einen Schritt auf meine Mutter zu, nehme ihre Hand, streichle ihre Haare. »Mama!«

Fast ist es so, als hätten meine Hände magische Kräfte. Sie beruhigt sich schnell. Ich ziehe aus der Tasche ein schmutziges Taschentuch und drücke es ihr in die Hand. Sie reden weiter, ich verstehe nur einzelne Wörter: Anzeige, Beschuldigung, Irrtum, Verwechslung, Staatsanwalt ...

»Dass Sie nur bloß nicht an diesen Mann geraten, diesen Staatsanwalt mit dem Frauennamen. Er ist der Schlimmste«, sagt Aschenhütter. Und dann fiel das Wort »Besuch«.

»Wenn ein Besuch wenigstens möglich wäre, Herr Doktor«, bettelt meine Mutter und faltet die Hände zusammen. Der weißhaarige Mann zündet sich wieder eine Zigarette an. Sie reden eine ganze Ewigkeit. Ich rutsche auf dem Ledersofa hin und her. Die Uhr macht wieder einen tiefen Schlag.

Endlich steht Mutter auf, putzt sich noch mal die Nase. Der Anwalt bringt uns zur Tür, seine große Gestalt füllt den ganzen Türrahmen, seine Haare schimmern silbern in der Dunkelheit. »Ich werde sehen, was sich machen lässt«, sagt er.

In den nächsten Wochen werden wir einige Male diese dunkle Treppe rauf- und runterklettern. Immer wird er in der Tür stehen und »ich werde sehen, was sich machen lässt« zum Abschied sagen.

Auf der Straße ist es inzwischen dunkel geworden, der Nebel vermischt sich mit dem gelben Licht der Gaslaternen zu einem undurchsichtigen Brei. Es regnet kräftig, wir stapfen durch breite Pfützen. Die Leute laufen schnell, ziehen ihre Köpfe ein, stellen die Krägen hoch.

Ich watschle mit meinen kleinen Schuhen durch die schmutzigen Wasserlachen, es spritzt auf allen Seiten. Die Schuhe sind bald nass. Es ist noch ziemlich weit nach Hause. Ich friere.

»Lauf doch schneller, dann wird es dir wärmer«, sagt Mutter mechanisch, ganz in Gedanken vertieft. Gleich kommt noch das mit dem Essen, denke ich. »Wenn du mehr essen würdest, würdest du nicht so schnell frieren«, sagt sie auch prompt. »Aber du isst ja fast gar nichts!«

»Mama!« Ich bleibe auf der Straße stehen und versuche, ihr ins Gesicht zu schauen. »Wird der Aschenhütter, der Anwalt, den Papa jetzt aus dem Gefängnis herausholen?«

»Wir müssen morgen wieder zu ihm«, sagt sie und zieht mich an der Hand. »Du weißt es doch, Papa ist unschuldig, er hat niemandem etwas getan.«

Ich schüttle in der Dunkelheit nur den Kopf. Sie weiß doch, dass man ins Gefängnis gehen muss, wenn die Männer einen abholen, auch wenn man nichts getan hat.

Ich friere immer mehr und werde immer langsamer. Das Innere meiner Schenkel brennt wie Feuer. Mutter zieht mich energisch weiter.

»Was ist mit dir, Roma? Wir müssen nach Haus.« Ich gehe breitbeinig neben ihr, versuche mich zu beeilen, stolpere in einer Pfütze. Sie bleibt stehen. »Wieso gehst du so komisch?«, fragt sie. »Hast du schon wieder in die Hose gemacht?«

Sie kniet vor mir nieder, reißt mir den Mantel hoch, den Rock. Mein gestricktes wollenes Höschen ist ganz nass und steif vor Kälte, fühlt sich an wie ein Reibeisen. Meine Schenkel sind blutig gerieben, meine Strümpfe, meine Schuhe nass.

»Warum, Roma? So ein großes Mädchen!«

»Weil ich bei dem Anwalt ... Ich wusste nicht, wo die Toilette ist.«

»Das passiert aber jetzt öfter.« Sie breitet ratlos die Hände über mir aus. »Und auch ins Bett. Ich muss wohl mit dir zum Arzt gehen.«

»Mit ihr stimmt etwas nicht: Du musst mit ihr zum Doktor«, sagte kürzlich Onkel Stephan. »Schau dir das Kind an, sie sitzt den ganzen Tag in einer Ecke, bewegt sich nicht, liest nur, das ist kein normales Kind.«

»Bitte, Mama, erzähle es nicht dem Onkel«, sage ich leise und flehend.

Zu Hause kriege ich heißen Himbeertee und eine Wärmflasche auf den Bauch. Ich muss auch nicht zum Arzt gehen, denn am nächsten Tag kommt er zu mir.

Am Morgen wache ich mit hohem Fieber auf. Es ist ganz heiß in meinem Inneren – mein Körper glüht. Aber meine Haut fühlt sich kalt und seltsam fremd an. Ich strecke mich zufrieden im Bett aus, denn ich bin gern krank. Ich mag es, Fieber zu haben. Ich mag die wirren Gedanken, die mir durch den Kopf schießen und gleich wieder verschwinden, die bunten Bilder, die vor meinen geschlossenen Augen laufen, laufen und laufen – fast so wie in diesem Kino, in das mich mein Cousin einmal mitgenommen hat. Ich mag das Kranksein, weil ich dann wieder ganz wichtig für meine Mutter bin und nicht das komische, tolpatschige Kind, das vielleicht nicht ganz normal ist, mit dem man nur Kummer hat und das jetzt auch noch in die Hose macht. »Mit fast acht Jahren, stell dir das vor«, hat Mutter zu ihrer Freundin, Tante Hedwig, gesagt. Nein, wenn ich krank bin, bin ich für alle ganz wichtig. Sie haben mich wieder lieb wie eine richtige Prinzessin.

Ja, es ist schön, krank zu sein. Ich nippe an meinem Himbeertee und versinke wieder in wilde Träume. Mutter sitzt mit Tante Hedwig am Tisch und redet. Die Tante ist wie immer »auf einen Sprung« gekommen und dann lange geblieben. Sie reden über mich und natürlich über meinen Vater und den Besuch beim Anwalt. Hedwig hat meiner Mutter eine schöne rosa Blume in einem Topf mitgebracht. Primel heißt sie, ich mag die Farbe sehr. Der Topf ist mit dunkelgrünem Krepppapier umwickelt.

»Und dies ist für die Kranke«, sagt Hedwig. Sie drückt mir ein Päckchen in die Hand. »Einem anderen Kind hätte ich Schokolade mitgebracht, aber du isst ja nichts. Wie willst du denn groß werden? Sachen machst du …«, fügt sie missbilligend hinzu. Ich mag nicht antworten, ich mag auch die Tante nicht. Sie ist rothaarig, bissig, spricht viel zu laut. Aber das Päckchen ist in so schönes Papier eingewickelt. Ich wickle es aus, es sind Buntstifte. Ich liebe Buntstifte. Ich breite sie vor mir auf der Decke aus und male auf dem Papier die rosa Primel im grünen Topf, die auf dem Fensterbrett steht, und den blauen Himmel dahinter. Es ist alles so schön, dass ich auf einmal weinen muss. Die Tränen fließen hinunter aufs Papier, aber sie trocknen schnell, und niemand bemerkt sie in meinen von Fieber glänzenden Augen.

»Jetzt erzähl doch endlich, was der Aschenhütter gesagt hat«, fragt Hedwig ungeduldig meine Mutter. Die Wörter, die dann wieder kommen, sind wie ein Refrain und wiegen mich in den Schlaf: Staatsanwalt, Urteil, Irrtum. Und dann noch das schöne Wort *widzenie*, Besuch.

Stimmengemurmel weckt mich später wieder auf, ein Gefühl der Enge, dass ich angefasst werde – eine Angst, wie früher im Ghetto. Tatsächlich, sie stehen um mein Bett herum, Tante Hedwig, der Onkel, die Nachbarin.

Meine Mutter sitzt neben mir auf dem Bett und hält sich die Hände vors Gesicht. »Ich kann nicht mehr«, flüstert sie, »ich kann nicht mehr. Schaut euch das Kind an: Sie ist schrecklich krank.«

Die Decke ist aufgeschlagen und ich sehe meine Beine, meine Hände, meinen Bauch – alles von großen, dunkelroten Pusteln übersät. »Ich sehe aus wie ein Fliegenpilz«, versuche ich zu scherzen. Aber dann sehe ich die ängstlichen Augen meiner Mutter und ihre zitternden Hände.

»Ruf doch Doktor Förster an«, sagt der Onkel.

Der Doktor ist nicht groß, hat dunkle Haare und ein sanftes Lächeln. Er sitzt an meinem Bett, schaut auf seine runde goldene Uhr, während seine Finger mein Handgelenk umfassen.

»Das mit der Blase, das kriegen wir schon hin«, sagt er beruhigend zu meiner Mutter. »Das passiert kleinen Mädchen schon mal«, zwinkert er mir zu. »Und dieser Ausschlag, das könnte doch ...« Sein Blick wandert im Zimmer umher, bleibt auf meiner Zeichnung und dann auf der Blume auf dem Fensterbrett hängen. »Ja!«, sagt er dann so laut, dass ich im Bett aufschrecke, »aber natürlich, die Primel! Sie ist allergisch gegen die Primel«, verkündet er wie eine wichtige Botschaft. Die Blume wird der Nachbarin in die Hände gedrückt.

»Aber wo«, sagt diese energisch, »die schmeiße ich nicht weg. So eine schöne Blume, die bringe ich in die Kirche.«

Ich mache wieder die Augen zu und stelle mir die schöne Figur Marias mit Kind in der Kirche vor, voll mit roten Pusteln, wie ich sie habe.

Der Doktor bleibt noch eine Weile, unterhält sich mit Mutter über andere Dinge, über Theater, über die Zeit vor dem Krieg, wie gut diese war. Ich höre den beiden mit geschlossenen Augen zu und wünsche mir, der Doktor würde nie wieder gehen. Sie sprechen noch über die letzte Theaterpremiere: *Penelope* heißt das Stück. Mutter hat mich mit ins Theater genommen und ich war hingerissen. Und über die Schauspielerin Zofia Jaroschewska. »Sie ist die größte, die wir haben«, sagt Mutter anerkennend.

»Ich werde auch Schauspielerin, wenn ich groß bin«, rufe ich auf einmal laut und deutlich und ich wundere mich selbst über die Festigkeit in meiner Stimme. »Ich möchte Zofia Jaroschewska werden!«

Meine Mutter lächelt verlegen, dann fällt ihr noch etwas ein: »Das Kind isst in letzter Zeit nichts mehr, fast überhaupt nichts, ich weiß nicht, wie ich sie zwingen soll ...«

»Nun, das wird die Verdauung sein. Wir geben ihr etwas«, der Doktor schreibt es auf, »mit Pepsin.«

»Sind es vielleicht die Nerven?«, fragt Mutter unsicher.

»Die Nerven, bei einem Kind? Wo gibt es denn so was? Sie wird bald wieder gesund«, sagt er zu Mutter und zwinkert mir wieder zu. »Aber untersuchen wir ihre Lunge, ich habe da ein Geräusch gehört ...«

»Tuberkulose?«, fragt Mutter schnell und fährt sich mit der Hand über den Mund. Er nickt.

An der Tür versucht Mutter, dem Doktor ein Bündel Banknoten in die Hand zu drücken, aber er wehrt nur ab. »Ich weiß doch, dass Ihr Mann im Gefängnis ist«, sagt er mild. »Heben Sie es für später auf.«

Es sind wieder viele Tage vergangen. Draußen ist es noch kälter geworden, die Regenpfützen sind oft zugefroren. Ich bin fast gesund und muss wieder zur Schule.

Bei ihren täglichen Sitzungen an unserem Esstisch in der Küche haben die Erwachsenen immer noch nichts herausgefunden, keine Rettung für Vater in Sicht.

»Wenn man wenigstens erst mal ein Paket schicken dürfte«, meint Tante Hedwig. »Zucker, Seife und was er alles noch brauchen kann.«

»Das versuche ich doch dauernd«, sagt Mutter mit müder Stimme, »aber sie lehnen es ab.«

Tante Hedwig fällt noch ein flüchtiger Bekannter ein, ein Mann, der nützlich sein könnte. Staschek heißt er. Er war früher Gefängniswärter oder so etwas, arbeitet aber nicht mehr dort. Er könnte vielleicht »Zugang« haben.

»So einer macht für Geld alles«, sagt der Onkel. Meine Mutter nickt.

»Ich glaube, er ist jetzt ein Spitzel, ein Zivilagent.« Tante Hedwig senkt die Stimme. »Und er könnte helfen, weil er ›nimmt‹.«

Jemand, der nimmt – daran erinnere ich mich noch gut aus der Kriegszeit –, ist ein Mensch, den man mit Geld oder Schmuck dazu bringen kann, dass er einem hilft.

Mutter sucht wieder dringend Leute, »die nehmen«.

Herrn Staschek treffen wir auf einer Parkbank in der Nähe der Universität. Man trifft sich in dieser Zeit oft auf einer Bank im Park. Es gibt nicht viele Cafés, und die wenigen sind voll. Man weiß nicht, wer neben einem sitzt – im Park ist es sicherer.

Der Mann hat eine Schildmütze, tief ins Gesicht gezogen und eine dunkle Jacke aus dickem Stoff. Er raucht eine Zigarette nach der anderen und sieht genauso aus wie die Männer, die wir sonst immer zu meiden versuchen. Sie stehen vor dem Bahnhof herum oder an einer Bierbude. Wenn Mutter sie sieht, geht sie schnell an ihnen vorbei und hält meine Hand fester. Sie hat vor solchen Männern Angst.

Jetzt sitzt sie neben diesem Herrn Staschek und setzt ihr verführerisches Lächeln auf. Herr Staschek begrüßt sie auch sehr höflich mit einem Handkuss. Mir streichelt er mehrmals übers Haar: »Hübsches Töchterchen haben Sie ...«

Er hat große, rote Hände mit Sommersprossen. Ich rutsche weg von diesen Händen, ganz ans Ende der Bank.

Mutter fängt gleich mit der Geschichte an, die ich schon so gut kenne: unschuldig verhaftet, keine Nachricht, Monteluppi ...

Herr Staschek hört gar nicht bis zum Ende zu: »Gut, gnädige Frau, wir schauen mal ...«

»... was sich machen lässt«, flüstere ich mechanisch an meinem Ende der Bank.

Herr Staschek will uns lieber etwas über sich erzählen, und er drückt sich betont vornehm aus. »Sie wissen, gnädige Frau, ich habe gearbeitet in dem ›Strafvollzugsressort‹. Man kennt mich dort«, sagt er mit gewissem Stolz. Ihm fehlen vorn ein paar Zähne, und er spuckt beim Sprechen. »Ich habe gute Kontakte, verstehen Sie?«

»Und was machen Sie jetzt?«, fragt Mutter höflich.

Herr Staschek macht eine wegwerfende Handbewegung: »Das war keine intelligente Tätigkeit für mich. Jetzt schaue ich mich ein wenig um. Es gibt immer Möglichkeiten in unserer Zeit.«

Herr Staschek verspricht nichts. Er will sich noch »ein wenig umschauen«.

»Treffen wir uns wieder hier auf der Bank?«, fragt Mutter.

»Nein, hier lieber nicht. Man soll uns nicht oft zusammen sehen. Ich komme bei Ihnen vorbei.«

Er küsst Mutter zum Abschied nochmals die Hand und streichelt wieder meine Haare. Mutter packt mich fest am Arm, und wir entfernen uns schnell – fast als wollten wir weglaufen.

Herr Staschek bleibt aber, macht es sich wieder auf der Bank bequem und zündet sich die nächste Zigarette an.

In den nächsten Tagen kommt er ein paarmal zu uns nach Hause, trinkt ein, zwei Gläser Wodka, raucht, erzählt von seinen Kontakten, geht wieder.

Bei einem Besuch verspricht er, endlich ein Paket für meinen Vater ins Gefängnis zu bringen oder es wenigstens zu versuchen.

»Es wird teuer«, seufzt er.

»Ich weiß«, sagt Mutter, »ich weiß.«

»Bereiten Sie das Päckchen vor, nicht zu groß«, meint er, »frische Sachen zum Anziehen, Medikamente. Zucker vielleicht. Ich hole es morgen ab.« Er verabschiedet sich, wie immer mit einem Handkuss.

Am nächsten Tag – das Päckchen liegt bereit auf dem Tisch – kommt Mutter ins Zimmer, in Hut und Mantel. Sie ist sehr aufgeregt.

»Roma, du musst mir helfen«, sagt sie flehend. »Du musst zu Hause bleiben und dem Mann das Paket geben. Bitte, das eine Mal. Es geht nicht anders. Sei ein großes Mädchen!

Der Anwalt hat angerufen – ich muss sofort zu ihm. Er hat möglicherweise eine Nachricht von Vater. Bitte, bleib zu Hause, sei brav. Du sollst den Herrn Staschek nur höflich ins Zimmer bitten, ihm das Päckchen geben. Das ist alles. Du bist doch schon groß.«

Ja, sie hat Recht, ich bin ein großes, braves Mädchen.

»Du kannst ein Bad nehmen, Haare waschen. Um diese Zeit ist immer heißes Wasser da«, ruft mir Mutter von der Tür noch zu. Ich steige gerade aus der Badewanne und trockne mir die Haare, als es an der Tür klingelt.

»Ist deine Mutter nicht da?«

»Nein, aber das Paket, das liegt auf dem Tisch ...« Ich muss Herrn Staschek gar nicht ins Zimmer bitten, er geht einfach hinein. Schaut sich um.

»Bist ganz allein da? Armes Kind. Niemand zu Hause?«

Ich schüttle den Kopf.

Er streichelt mir das Haar.

»Wann kommt denn deine Mama?«

»Soll ich Ihnen vielleicht etwas zu trinken ...?«

Er geht auf mich zu, immer näher, immer dichter.

Nie im Leben habe ich geschrien.

Er schiebt sich ganz eng an mich heran. Ich weiche nach hinten aus. Noch einen Schritt und noch einen ... Er packt die Seiten meines Bademantels, will sie auseinander reißen. Ich halte sie verzweifelt zusammen – mit ganzer Kraft. Hinter mir ist nur noch das Fenster und mein Bett davor.

Wenn ich nur schreien könnte – ich habe es nie gelernt. Ich versuche das Gleichgewicht nicht zu verlieren, aber er drückt mich aufs Bett. Sein Gesicht ist jetzt dicht vor meinem. Rot und verschwitzt. Keuchend. Ich weiß, dass jetzt etwas Schreckliches passiert. Das Schrecklichste. Ich habe das Gefühl zu ersticken. Die Wände stürzen auf mich ein. Ich wehre mich mit letzter Kraft. Ich möchte schreien, schreien, aber ich kann nicht.

Ich habe es nicht gelernt zu schreien. Im Ghetto durfte man nicht schreien. Meine Kehle ist wie zugeschnürt.

Seine Hände ziehen mir den Mantel von den Schultern, verfangen sich in dem Gürtel, reißen ihn weg. Meine Hände haben keine Kraft mehr ...

Der Schrei, der dann kommt, ist nicht meiner. Das ist nicht meine Stimme.

»Hilfe!«, schreit jemand. »Du Bandit, du Verbrecher! Hilfe! Polizei! Jemand soll die Polizei rufen!«

Der Schrei kommt von unten aus dem Treppenhaus. »Du Säufer, ich lasse dich nicht rein! Hilfe!« Das sind die Nachbarn aus dem zweiten Stock, die immer Streit haben, wenn der Ehemann betrunken nach Hause kommt.

»Er will mich umbringen«, schreit hysterisch die Frau, »holt doch die Polizei!«

Der Mann, der mich festhält, hört zu. Seine Hände lassen mich los. Es ist nur ein kurzer Augenblick, aber ich kann mich losreißen. Ich raffe meinen Mantel zusammen, renne auf die Tür zu.

Der Mann keucht, hustet, schiebt mich zur Seite, will weggehen, dreht sich dann aber noch mal um und nimmt das Paket vom Tisch und verschwindet.

Als Mutter zurückkommt, liege ich schon im Bett und tue so, als würde ich schlafen. Sie legt ganz leise ihre Kleider ab und kriecht in ihr Bett neben dem meinen. Sie seufzt. Dann berührt sie leicht meinen Arm.

»Willst du deinen Bademantel nicht ausziehen, Kind?«

»Nein, Mama, mir ist kalt, ich friere.«

Mama sagt nichts mehr. Ich höre in der Dunkelheit, dass sie weint. Wie jede Nacht.

»Mama«, flüstere ich, »der Mann war heute da ...«

»Hast du ihm das Paket gegeben?«, fragt sie leise.

»Ja, er hat das Paket mitgenommen.«

Als ich in der Früh aufwache, wird mir auf einmal ganz übel, und ich muss mich übergeben. Zusammengekrümmt hocke ich vor der Toilette.

»Bist du schon wieder krank?« Mutter legt die Hand auf meine Stirn. Aber ich habe kein Fieber.

Später treffen wir Tante Hedwig, und ich versuche, einen Moment mit ihr allein zu sein. Ich muss mit jemandem reden. Sie geht in die Küche, ich laufe ihr nach. Zwischen dem Herd und der Spüle versteckt, versuche ich es zu erzählen. Aber ich bin erst sieben Jahre alt – mir fehlen für das Geschehene die richtigen Worte.

Tante Hedwig hört nur flüchtig zu, schaut mich aber mit ihren kleinen Augen scharf an.

»Was erzählst du für Geschichten?« Sie ist empört. »Das ist doch alles gar nicht wahr, das hast du dir doch ausgedacht. Du denkst dir immer Sachen aus. Erzähl es bloß nicht deiner Mutter. Sie hat jetzt Kummer genug.«

Ich verspreche es. Ich mag auch gar nicht mehr darüber reden. Auch später nicht. Niemals. Meine Mutter hat es nie erfahren.

In der Zeit, die darauf folgt, esse ich noch weniger als sonst. Es wird mir so oft schlecht dabei. Ich kann es einfach nicht. Mutter versucht, mich zu füttern, aber das macht es nur noch schlimmer.

»Schluck runter«, sagt sie monoton wie ein Automat, »schluck runter, schluck runter ...«

Am liebsten sitze ich ruhig in einer Ecke und starre die Wand vor mir an. Und wenn die Erwachsenen weinen, schaue ich weg. Ich möchte nicht mitweinen. Ich möchte überhaupt nicht mehr weinen und tue so, als würde mich das gar nichts mehr angehen.

Manchmal, wenn ich nicht weiß, was ich tun soll, nehme ich einen Bleistift, reiße ein Stück Papier aus meinem Heft und zeichne. Ich male immer das Gleiche: ein Haus, davor eine Familie – Vater, Mutter, Kind. Die Menschen, die ich zeichne, sehen traurig aus, genauso wie ich.

»Schau dich doch an«, sagt Onkel Stephan tadelnd. »Schau in den Spiegel, wie du aussiehst. Blass und mager und immer erkältet. Reiß dich doch zusammen! Muss sich deine Mutter denn dauernd Sorgen um dich machen?« Er wartet wohl auf eine Antwort von mir, aber mir fällt nichts dazu ein.

»Verstehst du nicht, wie schwer sie es hat?«, endet Onkel dann in etwas sanfterem Ton. »Sei ein braves Mädchen. Du musst jetzt besonders brav und tapfer sein, nicht wahr?«

O ja, das muss ich, das weiß ich auch. Brav sein, lieb und tapfer. Nur manchmal, manchmal, da möchte ich mich nur noch auflösen, um einfach gar nicht mehr sein zu müssen.

Dezember

Wie war ich damals?

Meine Mutter und ich, zwei einsame Menschen, aufeinander angewiesen, so wie es immer war. Wir sind Partner geworden – allein in dieser kalten Welt. Allein in diesem grauen, verschneiten Winter, der endlos dauerte.

Wir mussten uns am Leben erhalten, und ich wusste, wir mussten kämpfen – wie immer. Morgens, während meine Mutter versuchte, etwas Essbares für uns zu organisieren, war ich in der Schule.

Ich gehe nicht gern in die Schule. Besonders jetzt nicht, wenn es am Morgen so kalt ist. Der Kachelofen muss erst angezündet werden, es dauert lange, bis er etwas Wärme abgibt.

Auch das Anziehen dauert ewig: Ich muss die wollenen Unterhosen tragen und wollene Strumpfhosen, auch eine gestrickte Mütze. Ich fühle mich dick und steif in der unförmigen Kleidung, und alles drückt und kratzt.

In unserer Schule sind alle verrückt: die Kinder und die Lehrer. Es wird viel geweint, entweder weinen die Kinder oder manchmal ganz unerwartet auch die Lehrer. Es ist eine jüdische Schule, in die alle Kinder gehen, die überlebt haben. Das Wort »überlebt« wird dauernd wiederholt. Wir waren alle entweder versteckt oder im Lager oder ich weiß nicht, wo. »Kinder, wir haben das Schreckliche überlebt, reißt euch zusammen! Seid brav«, ermahnen uns die Lehrer. Aber die Kinder sind nicht brav. Sie schreien und weinen und verstecken sich bei jedem lauten Geräusch. Sie haben noch so viel Angst aus dem Krieg mitgebracht. Sie haben alle viel erlebt und viel gesehen, haben alle ihre Geheimnisse, aber sie erzählen nichts darüber. Es sind Dinge, über die man nicht redet. Jeder ist für sich allein.

Ich mag die meisten Kinder nicht. Sie sind mir zu wild und zu unheimlich. Manche Kinder sitzen nur da und schaukeln hin und her. Einige machen in die Hose. Sie spielen nicht miteinander. Die Jungs schlagen sich oder schreien hässliche Worte.

Einen Jungen hatte ich gern gehabt. Er war sanft, still und fühlte sich irgendwie weich an, wie ein Mädchen. Er hat sich im Krieg auf dem Land versteckt in Mädchenkleidung und so getan, als wäre er kein Junge. »Bei einem Mädchen kann man nicht gleich sehen, dass sie eine Jüdin ist«, hat er mir erklärt, aber ich habe es nicht ganz verstanden. Ich mochte ihn, weil er so nett war und oft mit mir gespielt hat. Ich glaube, er wäre gern ein Mädchen geblieben.

Aber jetzt ist er nicht mehr da. »Ausgewandert nach Israel«, erklärte unsere Lehrerin knapp, als jemand nach ihm fragte. Dann war da noch Janine mit den langen, dicken Zöpfen, die mochte ich auch. Sie hat den Krieg bei einer katholischen Familie überlebt, und als ihre jüdische Mutter kam, um sie abzuholen und zu sich zu nehmen, da wollte Janine nicht mit. Sie musste dann doch mitgehen und bei ihrer jüdischen Mutter bleiben, aber in unserer Schule mochte sie nicht mehr sein.

»Es ist eine jüdische Schule«, sagte sie, »und ich bin katholisch. Ich glaube an unseren Heiland Jesus Christus, und die Juden haben ihn umgebracht.«

Ich habe viel darüber nachgedacht, ob sie Recht hat oder nicht, aber meine Mutter kann ich jetzt nicht fragen – sie hat keine Geduld mehr für solche Gespräche.

Janine hat sich bei ihrer Mutter durchgesetzt und geht jetzt in eine katholische Schule.

In letzter Zeit spiele ich viel mit Tränchen. Sie heißt eigentlich Theresa, aber man nennt sie so, weil sie immer Tränen in den Augen hat. Bei uns in der Schule weinen alle oft, aber am meisten Tränchen. Sie hat immer gerötete, verweinte Augen, die etwas hervorstehen, und fängt bei jeder Gelegenheit zu schluchzen an. Sie ist überhaupt nicht schön, sondern dünn und blass, und hat wenig Haare auf dem Kopf. Ich spiele trotzdem mit ihr, weil sie auch sanft und leise ist. Ich mag sanfte Menschen. Wenn sie weint, kann ich sie trösten, dadurch komme ich mir größer und stärker vor und vergesse, dass ich die Kleinste in der Klasse bin.

In der großen Pause teilen wir unsere Pausenbrote. Sie bekommt den Kuchen oder das gekochte Ei von mir, ich den halben Apfel von ihr. Das macht Spaß, das ist so wie »Vater-Mutter-Kind« spielen, und wir sind wie zu Hause – weit weg von den tobenden, wilden Kindern.

Eines Tages aber, als ich auf Tränchen zugehe mit meinem in eine Serviette eingewickelten Pausenbrot, dreht sie mir den Rücken zu, als hätte sie mich gar nicht bemerkt, und geht einfach weg. Verwirrt und ratlos laufe ich ihr nach – erkennt sie mich denn nicht wieder?

»Lass mich in Ruhe«, sagt sie zischend, als ich versuche, ihre Hand zu ergreifen. »Geh weg«, sie reißt sich los, »ich kann mit dir nicht spielen.«

»Warum?«

»Weil ...«, sagt sie nur, und in ihren Augen zeigen sich schon Tränen. Dann schmettert sie es in mein völlig erstauntes Gesicht: »Dein Vater sitzt im Gefängnis, er ist vielleicht ein Mörder, und ich soll mich von dir fern halten, hat meine Mama gesagt. Jawohl.«

Sie steckt ihre Hände in die Taschen, damit ich sie nicht wieder ergreifen kann, dreht mir den Rücken zu und rennt davon. Ich bleibe wie angewurzelt stehen und schaue ihr so lange nach, bis ihr Kopf mit dem schütteren Haar in der Menge der Kinder verschwindet.

Mit gebeugtem Rücken verkrieche ich mich in eine Ecke, wo mich keiner sieht, und packe mein Pausenbrot aus. Ohne jeglichen Appetit, mit trockenen Lippen, fange ich allein zu essen an. Ich stopfe mir große Bissen in den Mund – ohne darauf zu achten, was es ist – und schlucke hastig alles hinunter. Aus Trotz esse ich einfach für zwei, bis zum letzten Krümel.

Auf dem Nachhauseweg gehe ich langsam und so gedankenverloren, dass ich über meine eigenen Füße stolpere. Mein Schulranzen ist zentnerschwer. Soll ich das von Tränchen meiner Mutter erzählen?, überlege ich. Instinktiv weiß ich, dass ich es nicht tun soll – es ist nicht etwas, was die Erwachsenen hören wollen, und keiner hat jetzt einen Kopf dafür. Ich kann es mir vorstellen: Mutter würde mich lange anschauen mit ihren großen traurigen Augen, dann wird sie sich die Hände vors Gesicht halten und vielleicht auch weinen – ich kann es nicht mehr sehen. Oder noch schlimmer: Sie würde ihren Mantel anziehen und zu Tränchens Mutter laufen, um mit ihr zu reden. Das wäre schrecklich.

Vielleicht war das alles auch nur meine eigene Schuld, wahrscheinlich hat Tränchen mich sowieso nie gemocht ...

Heute aber überrascht mich Mutter zu Hause mit einem fröhlichem Lächeln, hilft mir beim Ausziehen und kämmt mir schnell die Haare.

Dann bringt sie mich in die Küche, wo ein fremder Mann in einer Lederjacke sitzt. Er ist nicht groß, aber stämmig, hat breite Schultern und ein lustiges zerfurchtes Gesicht mit einer dicken roten Nase, die wie eine reife Erdbeere aussieht. Man möchte sie anfassen. Er heißt Viktor Traubmann. »Ein Kollege von Papa«, erklärt mir Mutter.

»Ist das Roma, Rominka?«, ruft er, lacht und hebt mich in die Luft. Ich versuche unauffällig, mit dem Finger seine Nase zu berühren, doch sie ist echt und keine Erdbeere.

»Mit deinem Vater habe ich schon als Junge Fußball gespielt«, erzählt er und stellt mich wieder auf den Boden. Er riecht nach Zigaretten und zündet sich immer wieder eine neue an.

»Dann, als du auf die Welt kamst, war er unheimlich stolz auf dich, hat dich überall in dem Kinderwagen mitgenommen und herumgezeigt.«

»Nur nicht sehr lange«, ergänzt Mutter. »Neun Monate war sie, als der Krieg angefangen hat ...«

»Und du hast genauso schwarze, ungewaschene Augen wie er«, sagt Viktor mit seiner tiefen, knarzigen Stimme. »Später im

Lager, als wir zusammen waren, hat er viel von dir gesprochen.«

Viktor Traubmann will sofort ein Zeugnis schreiben, welches besagt, dass mein Vater unschuldig ist. Er weiß auch, dass es andere Leute unterschreiben werden.

»Viktor, warum habe ich dich nicht früher gefunden? Ich wusste einfach nicht, wo du wohnst«, seufzt Mutter.

»Dafür habe ich euch gefunden.« Er zündet sich wieder eine Zigarette an. »Sag mal, Tosia«, sagt er dann leise und wirft einen verstohlenen Blick auf mich. »Das Kind?«, fragt er auf Deutsch, damit ich es nicht verstehe. Aber ich weiß, er will etwas fragen, das ich nicht hören soll.

Doch Mutter macht nur eine müde Handbewegung: »Sie kennt die Umstände, sie ist schon eine kleine Erwachsene«, sagt sie resigniert.

»Was hat denn der Staatsanwalt genau zu dir gesagt, was wird dem Dudek vorgeworfen?«

Mutter erzählt wieder lange all das, was ich schon so gut kenne, von Verrat und Mitarbeit bei dem Feind und von Verwechslung und dass es mehrere Männer mit dem Namen Liebling gab.

Ich höre gar nicht mehr zu, lege meinen Kopf auf den Tisch und beobachte Viktors große, abgearbeitete Hände, die sich ungeduldig hin und her bewegen.

»Unmöglich«, er schüttelt den Kopf, »unmöglich.« Und dann sagt er: »Er war doch in unserer Gruppe. Ohne ihn hätten wir die Bomben nicht gemacht.« Außerdem spricht er von einer Entscheidung, die so wichtig war ...

Das mit den Bomben sollte er gar nicht laut sagen, denke ich, sonst kommt er vielleicht auch ins Gefängnis. Sie sitzen noch sehr lange, bis in die Nacht, trinken Tee und stellen eine Liste zusammen von Leuten, die eine Bitte unterschreiben sollen, damit man Vater freilässt. Es ist schon spät – Mutter hat völlig vergessen, mich zum Essen zu zwingen. Es ist gut so. Ich höre noch ein wenig zu, was sie reden, schlafe aber schon fast ein. Sie wollen noch einen Mann finden, dem Vater das Leben gerettet hat. »Auf eigenen Händen hat er ihn getragen, das habe ich gesehen«, sagt Viktor. Nur weiß niemand, wo der Mann jetzt ist.

Viktor kommt jetzt sehr oft zu uns. Sitzt fast jeden Abend in der Küche. Er nimmt mich auf den Schoß, schaukelt mich wie ein kleines Kind und singt Wiegenlieder. Ich möchte ihm sagen, dass ich schon zu groß dafür bin, aber ich mag ihn nicht kränken, denn er ist so nett und stark und warm. Es tut gut, sich an ihn zu kuscheln.

Sie haben schon eine lange Liste von Leuten zusammen, die Gutes über Vater wissen. Man muss nur herausfinden, wo sie wohnen. Sie lesen die Namen immer wieder vor, streichen welche, weil viele tot sind, schreiben neue dazu – ich kann mir nicht alles merken. Ein Name nur fällt mir auf: »Stefan Nedza.« Es klingt komisch, weil *Nedza* »Armut« heißt – wie kann ein Mann »Armut« heißen?

Und sie suchen noch immer den Mann, den Vater auf Händen herausgetragen hat, aus der Baracke oder aus einer Schießerei – ich weiß es nicht mehr genau. »David hätte dafür erschossen werden können. Das ist klar«, sagt Viktor. Wenn man nur wüsste, ob der Mensch noch lebt und wo er wohnt.

Ich komme nicht immer mit bei all dem, was die Erwachsenen jetzt miteinander besprechen. Über den »Widerstand« zum Beispiel. Ob es gut ist, das zu sagen, oder lieber nicht.

»Es werden jetzt Männer aus dem Widerstand erschossen – solche Zeiten haben wir«, sagt Viktor leise zu Mutter, damit ich es nicht höre. Und dann reden sie von »Belastung« und »Entlastung«, was Vater belasten und was ihn entlasten könnte. Ich kann nicht mehr so viel darüber nachdenken, habe sowieso öfter Kopfschmerzen.

Meine liebste Beschäftigung ist wie immer das Lesen. Ich sitze mit allen am Tisch oder auf meinem Bett, höre ihren Gesprächen mit einem Ohr zu – vielleicht kommt doch etwas Wichtiges –, dann vertiefe ich mich in ein Buch oder in eine Zeitung. Ich bekomme immer wieder Kinderbücher geschenkt, aber die meisten finde ich ein wenig langweilig. Das neue, das gerade jetzt erschienen ist, heißt *Entführung in Tiurtiurlistan*, ein schönes Buch mit vielen lustigen Zeichnungen. Aber die Erwachsenen lachen mehr darüber als ich.

Ich lese lieber Zeitung. Das habe ich schon im Krieg gemacht bei den Kierniks, der Familie, die uns versteckt hat. Dort lag immer eine Zeitung auf dem Tisch – ich habe sie oft angeschaut, als ich so lange stillsitzen musste. Wir mussten ganz ruhig sein und uns wenig bewegen, damit die Nachbarn uns nicht hörten. Ich habe in der Zeitung geblättert und dabei das Lesen gelernt. Jetzt gibt es mehrere Zeitungen. *Dziennik Polski – Das Polnische Tagesblatt* zum Beispiel oder *Przekroj – Der Querschnitt*, das ist eine Wochenzeitschrift, da sind auch viele Bilder drin, Witze und Gedichte.

In der Zeitung stehen viel interessantere Sachen als in Kinderbüchern. Zum Beispiel über die Lebensmittelkarten. Man bekommt jetzt im Monat zugeteilt:

Brot: 8 kg
Mehl: 1,5 kg
Graupen: 1 kg
Zucker: 0,5 kg

Zusätzlich für jedes Kind bis zu zwölf Jahren:
7 Dosen Kondensmilch

»Mama«, rufe ich, »haben wir noch die Milch in den Dosen?«

»Warum?«, ruft sie erwartungsvoll zurück. »Hast du Hunger?«

»Nein, bloß, wir bekommen noch sieben Dosen ...«

Mein Blick weilt eine lange Zeit auf einer Zeichnung: Es ist das Gesicht einer schönen Frau mit langen schwarzen Wimpern.

»Schöne Wimpern gibt nur die neue Wimperntusche Kristine« steht darunter. Ich denke darüber nach, wie würde meine Mutter mit so langen getuschten Wimpern aussehen? Wenn ich Geld hätte, würde ich sie ihr schenken. Sie sieht in letzter Zeit gar nicht mehr so hübsch aus.

Ein anderes schönes Frauenfoto. Die Dame hält ihr langes weißes Kleid wie einen Fächer ausgebreitet.

»Die jüdische Sängerin Diana Blumenfeld gibt ein Konzert im Scala-Theatersaal.«

»Ich bin aus dem Konzentrationslager zurückgekommen und suche meine Töchter Bronia und Rosa. Hernig Olga, Lublin, Peterstraße 5.«

»Zusätzliche Kinderspeisung. In den Schulen werden demnächst warme Mittagsmahlzeiten verteilt.«

Werde ich auch mitessen müssen?

»Wer weiß irgendetwas über das Schicksal meiner Frau Blanka und meiner Tochter Roma? Bitte um Nachricht. Lodz, Josefstraße 99«.

Roma wie ich, seltsam, wie mag sie denn ausgesehen haben?

»In Auschwitz hat man einen Berg von Frauenhaar gefunden. Es wurde ausgerechnet, dass es von etwa 140 000 Personen stammen musste.«

»Suche einen vierzehnjährigen Jungen, Henrik Gotesmann, der im Jahre 1944 verschwunden ist. Die Nachricht ...«

Ich lese nicht weiter, solche Anzeigen gibt es so viele.

»Hand- und Fußprothesen – preiswert von einem Orthopäden angefertigt ...«

Ich denke an die vielen Invaliden, die man jetzt auf den Straßen sieht, und an die Gräber im Park. Man muss sehr aufpassen, auf den Gräbern darf man nicht spielen.

»Auf den städtischen Wiesenanlagen hat ein großes Volksfest stattgefunden ...«

»Tausende von Kindern in Polen können keine Nacht schlafen, weil tausende Soldaten unnötig in die Luft schießen. Geht denn der Krieg jede Nacht erneut zu Ende?«

Wir haben kein Geld mehr. Ist doch klar, wir müssen Nahrungsmittel und Kohle kaufen und den Anwalt bezahlen und vieles andere. Mutter berät sich wieder mit Tante Ella und mit

Onkel Stephan. Dann zieht sie los in die Stadt, vormittags allein, nachmittags mit mir. Wir klingeln wieder an fremden Türen, bei fremden Leuten. So wie im Krieg, als wir eine Bleibe, ein Versteck für uns suchten. Jetzt suchen wir Sachen. Unsere Sachen, die in ihren Wohnungen zur Aufbewahrung waren und uns gehören.

Auf dem Weg kommen wir an vielen Kirchen vorbei, und ich weiß nie, ob ich mich bekreuzigen darf oder nicht. Im Krieg sollte ich es tun. Jetzt wieder nicht. Ich tue es aber doch, heimlich, nur ein ganz kleines Kreuzchen. Vielleicht hilft es auch heute.

Aber die Leute, die wir aufsuchen, schütteln nur den Kopf. Die meisten lassen uns nicht hinein, machen die Tür nur einen Spalt auf, hören sich meine Mutter an mit einem unfreundlichen Gesichtsausdruck, dann schlagen sie die Tür wieder zu.

»Ist uns nichts bekannt«, sagen sie. Oder: »Ich kann mich nicht erinnern« oder: »Das waren vielleicht meine Eltern, und die leben nicht mehr.«

»Stell dir vor«, erzählt Mutter am Abend Tante Ella völlig erschöpft, »meine Eltern haben bei Nachbarn und Bekannten fast unser gesamtes Hab und Gut zum Aufbewahren hinterlassen: Silber und Teppiche, Gemälde und Pelze. Unseren Flügel auch. Und jetzt können sich die Menschen gar nicht mehr daran erinnern! Wenn ich nur etwas davon wiederbekommen würde und es verkaufen könnte ...«

»Was denn«, Tante Ella kann es gar nicht fassen, »auch an den Flügel können sie sich nicht erinnern? Das ist doch keine Pappschachtel! Warst du bei den richtigen Leuten?«

»Ja, sicher, ich kenn doch ihre Namen! Ich habe sie gefragt«, seufzt Mutter. »Was für einen Flügel?«, haben sie nur gesagt.

»Für den Flügel hättest du eine Menge Geld bekommen«, empört sich Tante Ella. »Das sind Banditen, das sind Räuber!«

Meine Mutter seufzt nur. Sie schmiert ein Stück Brot mit Marmelade, schneidet es in kleine Stücke und beginnt mich zu füttern. Aber ich drehe, so oft es geht, den Kopf zur Seite.

»Ach, weißt du«, sagt sie müde zu Tante Ella, »sie haben einfach nicht damit gerechnet, dass wir wiederkommen. Die meisten sind ja nicht zurückgekommen. Vielleicht haben sie die Sachen im Krieg verkauft, weil sie auch kein Geld hatten.«

»Aber der Flügel ... Was sind das nur für Menschen?«, schnaubt Tante Ella.

»Ich weiß es nicht.« Mutters Blick schweift nachdenklich in die Weite – dabei vergisst sie für eine Weile, mir die Brotstücke in den Mund zu schieben.

»Die anderen, die haben mir doch das Leben gerettet und meinem Kind. Und die Bauern auf dem Land dir auch. Den Stephan hat doch sogar eine Deutsche bei sich versteckt. Das darf man nicht vergessen. Was ist schon dagegen ein Flügel?«

»Aber den hättest du jetzt verkaufen und davon eine ganze Weile leben können.«

»Wer weiß, ob ihn irgendjemand gekauft hätte«, wehrt Mutter ab. »In diesen schweren Zeiten. Und in meiner engen Wohnung wäre sowieso kein Platz dafür gewesen.«

»Ich würde gern Klavier spielen lernen, Mama!«, mische ich mich ein. »Wirklich.« Ich habe im Theater gesehen, wie jemand Klavier gespielt hat, und war sehr beeindruckt. Ich möchte es so gern auch mal versuchen ...

Wir gehen trotz aller Schwierigkeiten manchmal ins Theater. »Man muss sich unter den Leuten zeigen«, sagt Mama. Aber ich weiß: Sie liebt das Theater, sie mag die Schauspieler, sie sitzt so gern vorn im Zuschauerraum, in ihrer weißen Bluse mit dem Spitzenkragen, der mit einer alten Brosche zusammengehalten wird. Mich nimmt sie auch gern mit.

»Mama, bitte, das Klavierspielen, kann ich es versuchen?«

»Ja, Kind, später mal.« Mutter nickt zerstreut und kehrt dann zu ihren eigentlichen Gedanken zurück. »Ich werde mir eine Arbeit suchen müssen, Ella.«

Von all den Streifzügen, die Mutter durch die Stadt unternommen hat, um unsere Sachen wiederzufinden, hat sie nur zwei kleine Wandteppiche mitgebracht und fünf alte silberne Kaffeelöffel. Die Teppiche hat sie gleich über mein Bett gehängt. Die Löffel schaue ich mit Interesse an – es sind Städtenamen darauf eingraviert: Wien, Budapest, Ostseebad Kolberg ... mein Großvater hat sie von seinen Reisen mitgebracht. Sie werden von uns nicht benützt. Mutter poliert sie lange und liebevoll mit einem weichen Lappen. Dann werden sie in eine Vitrine gestellt – zum Anschauen.

Mutter arbeitet jetzt in der Firma, die mal meinem Vater gehört hat. Gleich nach dem Krieg hat er diese zusammen mit einem Freund, dem Dolek Horowitz, wieder aufgemacht. Jetzt führt Onkel Horowitz die Firma allein. Mutter macht dort die Büroarbeit. Die Firma liegt in der Tomassastraße mitten in der Altstadt.

Wenn ich von der Schule komme, gehe ich gleich dorthin. Es ist jetzt nachmittags schon dunkel, und ich stapfe mühsam durch den schmutzigen Schnee, der auf der Straße liegt. Ich darf mich im Büro hinten in eine Ecke setzen und auf Mutter warten. Der Onkel Horowitz ist sehr nett zu mir, schenkt mir immer etwas zum Spielen. Viktor Traubmann schaut wie viele andere Bekannte von Vater oft herein. Sie schütteln Mutter die Hand, versuchen sie zu trösten, rauchen eine Zigarette und gehen wieder. Wenn es mir langweilig ist, bekomme ich Papier und Bleistift zum Zeichnen.

Ich zeichne immer Menschen – Frauen und Männer. Ich gebe ihnen schöne Vor- und Nachnamen: Rosa, Lilianne, Alfred ... Dann verlieben sie sich ineinander, heiraten und bekommen Kinder. Die male ich dann gleich dazu.

»Warum schauen deine Männchen immer so traurig aus?«, fragt Onkel Horowitz ernst. Er spricht immer ernst mit mir, wie mit einer Erwachsenen.

»Ich weiß es nicht.« Ich zucke die Schultern. Dann versuche ich, in die Gesichter einen breiten, zum Grinsen verzogenen Mund zu zeichnen. Aber es schaut nur dumm aus, und ich zerreiße schnell das Papier.

»Geh doch etwas an die frische Luft.« Mutter schaut mich besorgt an. »Du wirst immer blasser und blasser. Bleib aber nicht zu lange.«

Ich gehe die Tomaszastraße entlang, die Szpitalnastraße, schaue die Schaufenster der Läden an. Bald kenne ich auch viele der Ladeninhaber – sie kennen ja auch meine Eltern. Der Laden, in dem man Füllfederhalter reparieren kann, der Lebensmittelladen mit den klebrigen Bonbons in einem Glas im Schaufenster, der Uhrmacher, der Plonka heißt und alle Uhren, die es auf der Welt gibt, reparieren kann. Dann entdecke ich einen Laden, gleich bei uns an der Ecke, der interessanteste von allen. Es ist ein Antiquariat, und der Besitzer, ein Jude mit Brille und langem Bart, heißt Taffet. Es ist dunkel drinnen, und beim ersten Mal traue ich mich nicht so richtig hinein. Der alte Mann, der in einer Ecke sitzt und etwas vor sich hin murmelt, ist mir unheimlich. Aber ich habe ihn schon mit Mama freundlich sprechen hören – sie haben sich auf Jüdisch unterhalten und ich habe es nicht verstanden –, und ich weiß, sie kennen sich gut. Vorsichtig taste ich mich dann ins Innere des Ladens hinein, zwischen die vielen alten Bücher, die herumstehen: auf den Regalen, vom Fußboden bis unter die Decke, auf den Boden gestapelt, auf der Ladentheke, auf dem Fensterbrett – einfach überall. Sie sind alt und riechen vermodert: ein schaler, süßlicher Geruch. Auf dem Boden in einer Ecke türmen sich alte Zeitschriften. Die Bücher interessieren mich weniger, sie sind verstaubt und haben eine komische Schrift, die ich gar nicht lesen kann. Manche nimmt mir der Besitzer auch sofort aus der Hand, damit ich sie nicht kaputtmache, weil sie so zerbrechlich sind. Aber ich bin begeistert von den vielen alten illustrierten Zeitschriften. Ich blättere in ihnen und tauche in eine ganz andere Welt ein. Es ist eine Welt voll schöner Menschen, die festlich gekleidet glücklich aussehen, in ihre Autos steigen, zur Jagd gehen, tanzen oder einfach nur verträumt gucken. Die Herren haben oft einen Frack an, eine Blume im Revers, glatt gekämmte Haare mit einem Scheitel. Sie rauchen Zigarren, haben Uhrketten, strahlend weiße Manschetten und sehen aus, als würden sie gut riechen. Und die Frauen erst: Sie haben lange, glänzende Kleider – den Glanz sieht man sogar auf den vergilbten Fotos. Sie haben kunstvoll gedrehte Locken, Blumen im Haar, herzförmige Lippen. Die Kinder, die kleinen Mädchen, tragen Kleidchen mit vielen Rüschen, mit einer Schleife in der Taille gebunden, weiße Handschuhe, Lackschühchen. Sie haben immer viel Spielzeug um sich – Puppen im Puppenwagen oder ein kleines Hündchen an der Leine.

Ich lese fasziniert von den Bällen, Empfängen, Schönheitswettbewerben. Ich sehe ihre Wohnungen, die Tische mit den weißen Decken, dem Silber und den Bergen von Essen, die sich darauf türmen. Ich lese, dass eine Frau Gräfin Silberg-Platter den Wettbewerb für den schönsten Osterfrühstückstisch gewonnen hat. Ich sehe die ganzen glücklichen Familien, Väter, Mütter und Kinder auf Skiern in Davos, am Strand von Nizza, in Karlsbad beim Heilwassertrinken. Genau so ein Foto gibt es von meinem Vater, als er dreiundzwanzig Jahre alt war: im weißen Anzug mit Strohhut und einem Becher in der Hand. Mein Vater …

»Roma, ich suche dich schon die ganze Zeit! Du störst doch den Herrn Taffet.« Mutter steht an der Tür, zum Heimgehen angezogen. »Wir müssen nach Hause.«

Ich komme nur widerwillig in meine Welt zurück. In die Welt, die besteht aus Kälte, Schlangestehen, Marmeladebroten und der Suche nach meinem Vater, die allabendlich aufs Neue an unserem Küchentisch stattfindet …

»Schlaf schon, Roma, schlaf, Kind«, sagt meine Mutter. »Dreh dich zur Seite und mach die Augen zu.« Sie sitzen auf ihrem Bett gegenüber, sie und Tante Ella, ein kleines Nachttischlämpchen brennt. Ausnahmsweise weinen sie nicht, sondern flüstern und kichern. Tante Hedwig hat Mutter gestern ein neues Buch mitgebracht, »gerade frisch erschienen«, wie sie sagte. »Um sie auf andere Gedanken zu bringen«, fügte sie hinzu. Es gelingt mir nur, einen Blick auf die Titelseite zu werfen: Dr. Th. van der Velde, *Erotik in der Ehe. Was jeder Mann und jede Frau wissen sollten.* So etwas interessiert mich auch sehr. »Mutter, was ist Erotik?«, werfe ich noch schnell ein, bekomme aber keine Antwort.

»Geh ins Bett«, heißt es nur.

Das Buch hat Mutter sofort ganz oben auf den Sims des Kachelofens gelegt, damit ich es nicht lese. So hoch komme ich, sogar auf dem Stuhl stehend, nicht.

Jetzt in der Nacht liest sie es mit Tante Ella, flüsternd und kichernd. Wenn sie merken, dass ich mich bewege, hören sie auf. Ich mache brav die Augen zu.

Ich träume, dass wieder Krieg ist. Wir stehen in der Wohnung von Kierniks am Fenster, ziehen vorsichtig den Spitzenvorhang ein wenig zur Seite und schauen hinaus auf die eisige Straße. Es ist alles festgefroren, grau und kalt. Eine Gruppe Gefangener marschiert zur Arbeit, direkt vor unserem Fenster, die leere Straße entlang, von Männern in Uniformen und Stiefeln eskortiert. Auch Hunde sind da. Die Gefangenen tragen Schaufeln, Eimer und verschiedene Geräte aus Eisen. Sie gehen ziemlich langsam, weil sie keine festen Schuhe haben. Die Uniformierten schubsen sie immer wieder, aber alles geschieht lautlos ohne jegliches Geschrei, ohne Geräusche. Nur die Schuhe klappern auf den vereisten Pflastersteinen. Klapp ... klapp ... klapp ...

»Schau mal«, schreit meine Mutter plötzlich ganz schrill, so laut, dass ich erschauere. »Schau mal, da geht doch unser Vater. Schau! Siehst du? Da ist er, da geht er ...« Sie lehnt sich hinaus – das Fenster ist auf einmal offen. Wer hat es aufgemacht? Das ist uns doch verboten. Die Leute könnten uns sehen! Ich will es wieder zumachen, aber Mutter – weit bis zur Taille hinausgelehnt – hält ganz fest dagegen mit einer Hand, mit der anderen Hand zeigt sie nach unten.

»Siehst du«, ruft sie immer wieder, »das ist er. Er hat seinen Siegelring an ...«

Ich sehe nur ihre Hand, die sich in dem grauen Licht wie eine kleine rosige Stoffpuppe hin und her bewegt. Dann lehne ich mich hinaus und sehe ihn auch, sehe seine schwarzen Haare. Er dreht den Kopf zu uns: »Rominka«, sagt er, »pass auf!«

»Ich will mit dir sterben«, schreie ich. Ich schreie und schreie und wache davon auf. Halb im Schlaf erinnere ich mich, dass es tatsächlich einmal im Krieg so gewesen war. Wir standen am Fenster, und Mutter glaubte, Vater in einer Gruppe der Gefangenen zu erkennen.

Jetzt sehe ich Mutters besorgtes Gesicht, das sich über mein Bett beugt. Ich mache schnell die Augen wieder zu. Sie wartet eine Weile.

»Nein, alles in Ordnung«, sagt sie beruhigend zu Tante Ella. »Sie schläft schon wieder.« Dann geht sie auf Zehenspitzen zu ihr zurück.

Ich tue so, als würde ich schlafen, damit sie nicht schimpfen. Aber auch weil ich entdeckt habe, dass wenn ich es nur spiele, mich ruhig stelle, die Augen zumache, ganz gleichmäßig atme, dann schlafe ich tatsächlich irgendwann ein. Und vorher noch kann man einiges hören, was die Erwachsenen einem nie erzählen würden. Zum Beispiel über die »Erotik in der Ehe«.

»Schreiben Sie Theofilia, schreiben Sie schnell«, sagt der Anwalt Aschenhütter zu Mutter. »Ich habe nicht viel Zeit ...«

Wir sitzen wieder, wie so oft in dieser Zeit, in seiner Kanzlei. Mutter sieht mit ihrem gebeugten Rücken, vor dem großen Schreibtisch, noch kleiner als sonst aus. Sie hat den Mantel nicht ausgezogen, weil der Anwalt so in Eile ist. Kleine Schneeflöckchen fallen von ihrem Kragen auf den Fußboden.

Ich habe Papier und Bleistift zum Zeichnen bekommen. Ich möchte die große Standuhr zeichnen, die mir mit ihrem eigenartigen Schlagen immer etwas Angst macht. Aber dann stelle ich mir vor, dass im Inneren der Uhr ein kleines bösartiges Tier sitzt, und so lasse ich es mit dem Zeichnen lieber sein.

»Also, schreiben Sie. Es muss Ihre eigene Handschrift sein.« Der Anwalt bäumt sich vor Mutter auf, riesengroß in seiner schwarzen Kleidung, und schüttelt die silberne Mähne. Er tippt ungeduldig mit dem Finger auf die Schreibtischplatte. »An den sehr geehrten Herrn Gefängnisdirektor in der Monteluppistraße und so weiter ... Gesuch von Frau Theofilia Liebling betreffend ihren Mann, den Gefangenen David Liebling, geboren am 28. August 1908, um eine zusätzliche Essensration wegen seines sehr schlechten Gesundheitszustands. Anbei das Zeugnis des Gefängnisarztes vom 1. Dezember 1945. – Haben Sie das Gutachten besorgt?«

»Ja, Herr Anwalt«, Mutter kramt ängstlich ein Stück Papier aus der Handtasche, »hier ist es.«

»Also: Ich bitte um das positive Erledigen meines Ersuchens. Hochachtungsvoll ... Unterschreiben Sie.«

Mutter unterschreibt, dann erhebt sie sich, knöpft den Mantel zu und bedankt sich wie immer überschwänglich bei Aschenhütter. »Haben Sie Ihrem Mann das Paket geschickt?«, erkundigt sich der Anwalt noch.

»Ja, Herr Doktor, aber er hat es noch immer nicht bekommen. Sie nehmen es nicht an ...«

»Ich kümmere mich darum«, verspricht Aschenhütter.

Das sagt er schon zum dritten Mal, denke ich mir im Stillen.

»Und die Zeugenaussagen – ich habe jetzt neue Namen«, wirft Mutter schon an der Tür stehend ein.

»Was, Sie haben neue Zeugen?«, ruft der Anwalt halb erfreut und halb ärgerlich. »Warum haben Sie das nicht gleich gesagt? Also, wie heißen sie, wie sind die Adressen?«

Sie setzen sich wieder hin, Mutter zieht ihren Mantel endlich aus. Sie zählt Namen auf: Stefan Nedza, Viktor Traubmann, Leopold Rosner, Leonhard Kornhauser, Karolina Roth ...

Ich schaue mir die Schneeflocken an, die hinter den Fensterscheiben ganz schräg immer in eine Richtung fallen und weiße Zickzacklinien in die Luft zeichnen.

Ich stelle mir vor, wie die vielen Leute, die Mama aufgezählt hat, Karolina Roth und Stefan Nedza und all die anderen, mit Viktor Traubmann und Onkel Horowitz zusammen in das Gefängnis in der Monteluppistraße gehen und dem sehr geehrten Herrn Gefängnisdirektor sagen, dass er meinen Vater freilassen soll. Der Direktor nimmt seinen großen Schlüssel, der sicher größer ist als der unserer Haustür, macht die Gefängniszelle auf, und Vater kann gehen. Mutter und ich, wir warten beide auf ihn vor dem Gefängnis. Vater freut sich und küsst uns, und dann fahren wir mit dem Fiaker nach

Hause – mit heraufgezogenem Dach, damit Vater sich nicht erkältet. Er hat ja keinen warmen Mantel ins Gefängnis mitgenommen.

Ich war so in Gedanken, dass ich kaum gemerkt habe, wie wir wieder auf die Straße gekommen sind. Erst die Kälte, die an meinen Wangen brennt, hat mich daran erinnert.

»Tatra-Gebirgsschnee-Gesichtscreme« steht in großen bunten Buchstaben gemalt auf einem Schild im Schaufenster eines Ladens, an dem wir vorbeigehen. Hinter den Buchstaben sieht man die Berge: Sie sind blau mit weißen Schneehauben auf den Spitzen. Tatra-Gebirge – das war dort, wo die Männer uns gefunden und Vater mitgenommen haben ...

Wir gehen weiter, vorbei am alten Grandhotel mit den großen, etwas verstaubten Fensterscheiben. Dort haben die Eltern früher auf den Bällen getanzt, hat Mutter erzählt. Jetzt hängt dort ein großes Plakat: Ein Clown mit gepunkteter Mütze, Pappnase und weißem Gesicht. »Warte, Mama, ich will es lesen.« Sie wird ungeduldig, bleibt aber stehen.

»Ein Kostümball für Kinder findet am 16. Dezember 1945 statt ... Was ist ein Kostümball, Mama?«

»Ach, komm schon, ich erzähle es dir auf dem Weg. Also, ein Kostümball ist, wenn sich die Menschen verkleiden und tanzen gehen. Als Clown eben oder Schornsteinfeger oder Prinzessin ...«

»Und woher haben sie die Kleider?«

»Sie kaufen sie oder nähen sie selbst.«

»Ich möchte auch zum Kostümball gehen, bitte! Ich könnte als Schmetterling gehen, mit großen bunten Flügeln, oder als Erdbeere!«

»Als Erdbeere?« Mutter seufzt. Die Erdbeere erinnert sie an den Krieg, als man mich in meinem roten Mantel »kleine Erdbeere« genannt hat. Mutter will anscheinend nicht mehr daran denken. Den roten Mantel habe ich auch nicht mehr.

»Na, dann lieber als Schmetterling ...«

»Also, Mama, ich darf, darf ich wirklich?«

»Was denn?« Mutter scheint erst jetzt aufzuwachen.

»Zu diesem Kostümball. Bitte, bitte, Mama!«

Mutter schüttelt den Kopf, schaut mich gequält an.

»Überleg mal, Kind«, sagt sie leise und unsicher, »das geht doch gar nicht, jetzt wo dein Vater ... Ich habe doch keine Zeit für so was.«

»Aber, Mama, als Schmetterling brauche ich nur ...«

»Hör schon auf, ich bitte dich«, sagt sie mit viel festerer Stimme. »Nächstes Jahr vielleicht.«

Und ich werde mich doch verkleiden. Nicht als Schmetterling zwar, nicht als Erdbeere und auch nicht als Schornsteinfeger. Nein, als etwas viel Schöneres.

In unserer Schule wird ein Fest gefeiert.

Es wird auch ein kleines Theaterstück aufgeführt, welches unsere Lehrerin selbst geschrieben hat. Es handelt vom bösen Haman und dem König Ahasveros, der das jüdische Volk vernichten wollte. Und von der Königin Esther, die die Juden gerettet hat. Sie hat gefastet und den König geheiratet, sie hat viele gute Taten vollbracht, und Haman wurde aufgehängt. Das Allerschönste ist, das Unglaublichste fast, ich soll die Königin Esther spielen. Weil ich die Kleinste bin und, das hat die Lehrerin beiläufig erwähnt, weil ich ein hübsches Gesicht habe. Ich fasse es nicht! Ich – eine Königin.

Gleich fange ich an, meinen Text zu lernen. Es ist nicht sehr viel, aber ich lerne es, lerne und lerne, immer wieder aufs Neue. Ich wiederhole es Tag und Nacht und habe immer mehr Angst, dass ich es doch vergesse, wenn mich all die Leute auf einmal anschauen. Inzwischen nähen schon Tante Ella und Mutter an meinem Kostüm. Sie haben doch die Zeit dafür gefunden. Tante Maria, die junge Frau von Onkel Stephan, kommt ihnen zu Hilfe. Ich muss einen weißen Mantel haben – das ist einfach, er wird aus unserer alten Tischdecke genäht. Aber mit dem Kleid gibt es Schwierigkeiten. Es soll blau sein, hat die Lehrerin gesagt, und es gibt keinen blauen Stoff zu kaufen – es gibt überhaupt fast keine Stoffe. Im letzten Moment kommt aber Tante Hedwig angelaufen, mit einem Stück glänzendem dünnem Stoff in der Hand.

»Meine beste Gardine habe ich geopfert«, sagt sie noch völlig außer Atem und schaut mich mit ihrem süßsauren Lächeln erwartungsvoll an, ob ich mich auch artig bedanke.

Am Abend vor dem Fest ist alles fertig. Ich habe das Kostüm mehrere Male anprobiert, allen zu Hause vorgeführt. Nur mein Vater wird mich so nicht sehen können, schießt es mir durch den Kopf, aber ich möchte nicht daran denken. Und auch in der Schule bei der Probe hat es der Lehrerin gut gefallen – bloß mein Gesicht hat ihr Sorge gemacht.

»Such doch noch ein anderes Mädchen aus«, höre ich, wie eine Kollegin unserer Lehrerin zuflüstert. »Die kleine Liebling sieht so krank aus.«

Morgen ist der große Tag: die Aufführung. Die halbe Nacht wiederhole ich den Text – ich weiß einfach, dass ich etwas vergessen werde. Von dem ewigen Wiederholen bekomme ich Kopfschmerzen, und es wird mir übel. Und dann passiert das Schlimmste: Ich bekomme hohes Fieber. Ich werde nicht zu dem Fest gehen, kein blaues Kleid tragen, keine Krone und keinen langen Mantel. Ich werde überhaupt keine Königin sein, nie mehr. Die pummelige Helena wird jetzt mein blaues Kleid tragen, und ich werde im Bett bleiben müssen mit geschlossenen Augen und einem feuchten Umschlag auf dem Kopf. Und »ich soll bitte nicht weinen, denn davon bekomme ich noch höheres Fieber, und außerdem haben die Erwachsenen jetzt größere Sorgen«, das müsse ich verstehen. Es war schon schlimm genug, dass Mama ganz in der Früh zur Schule laufen musste, um ihnen von meinem Missgeschick zu berichten.

Plötzlich durchbohrt mich ein Gefühl der Trauer – ich komme mir vor, als wäre ich ganz allein auf der Welt. Keiner weiß, was in mir drin geschieht, niemand kann es verstehen. Ich kann mit niemandem darüber sprechen. Ich will überhaupt nicht mehr sprechen – ich werde stumm bleiben, mein Leben lang.

Ich kann so, ganz steif, unbeweglich, ausgestreckt im Bett liegen bleiben, hölzern wie eine Marionette.

Wenn man ganz still liegt, die Augen zuhält und sich überhaupt nicht bewegt, lange genug, dann hat man das Gefühl, nicht mehr da zu sein, und man fängt zu schweben an. Und alles wird einem egal – auch das blaue Kleid und die Krone.

Ich darf einige Tage im Bett bleiben und muss nicht zur Schule gehen. Ich liege auf vielen Kissen hoch gebettet, esse Zwieback und trinke wieder Tee mit Himbeersirup. Den Zwieback esse ich gern, genauso wie die harte Brotrinde mit etwas Salz darauf.

»Willst du nicht lieber einen schönen Griesbrei?«, versucht es Mutter immer wieder, aber ich zucke nur mit den Schultern.

Um mich herum liegen meine Lieblingsbücher: *Die Entführung in Tiurtiurlistan, Der geheime Garten* und das Buch vom *Listigen Floh*: »Es ist wahr, so oder so, es gab mal einen kleinen Floh ...«

Eines Abends kommt Mutter nach Hause, müde wie immer und ganz steif vor Kälte. Sie hat ein großes Paket in den Händen:

»Das ist für dich, weil du jetzt so brav allein in der Wohnung bleibst«, sagt sie. »Es ist nicht von mir, rate mal, von wem es ist?«

»Onkel Horowitz?«, frage ich erwartungsvoll.

»Auch nicht.«

Ich packe es vorsichtig aus: Es sind illustrierte Zeitschriften, ein ganzer Stapel, gebunden wie ein Buch.

»Die alten Illustrierten von Taffet?«

»Ja«, sagt Mama, die sich über meine Begeisterung freut. »Du darfst sie behalten, solange du willst, aber nicht kaputtmachen, denn irgendwann müssen wir sie zurückbringen.«

Ich schlage das große Buch sofort auf und vertiefe mich in die schöne Papierwelt. Ich spaziere einfach hinein und spiele das Mädchen, das ich gewesen wäre, wenn ich damals gelebt hätte. Schöne Kleider gibt es dort: Nachmittagskleider, Abendkleider. Kleider, die man an der See trägt ...

»Spitzenköstlichkeiten für junge Damen ...«

»Ich stehe schon eine Stunde lang
vor diesem gefüllten Kleiderschrank.
Was ziehe ich heute Nachmittag an?
Jedes Kleid erinnert mich an einen Mann ...«

Ich schließe die Augen, seufze vor Entzückung und Erwartung. Ich weiß, so etwas gehört in die Welt der Erwachsenen, und spüre, wie sich meine Seele öffnet für etwas Geheimnisvolles, was gar nicht in Wörter zu fassen ist.

Eine junge Frau mit kleinem Hut und großem Pelzkragen steht vor einem weißen Auto und stellt einen Fuß in einem schönen Schuh auf das Trittbrett: »Vom Glück des Autofahrens« steht unter dem Foto. Auf einem anderen großen Foto sehe ich zwei süße Mädchen mit lockigen Haaren in kurzen karierten Röckchen mit ein paar kleinen Hunden spielen. Hinter ihnen sitzen lächelnd ihre Eltern:

»Das englische Königspaar mit ihren Töchtern. Elizabeth, die Thronfolgerin, und Margaret-Rose spielen im Park von Windsor vor ihrem Puppenhaus mit ihren Corgi-Hunden ...«

Meine Mutter setzt sich zu mir aufs Bett – sie hat mir etwas zu trinken mitgebracht.

»Sieh, Mama, die lustigen Hunde ...«

Sie wirft einen flüchtigen Blick darauf, und dann blättert sie auch interessiert darin. »Schau mal, so ein Kleid habe ich auch gehabt ... und dieses auch. Und die Frisuren«, lacht sie. »Die neuen Frisuren«, liest sie laut. »Der Bubikopf wird jetzt ganz kurz geschnitten, mit Seitenlöckchen glatt nach rückwärts gekämmt. Seitliche große Welle ... So eine Frisur habe ich auch mal getragen. Was hat mein Vater geschimpft, als ich mir die Haare habe schneiden lassen und er es das erste Mal gesehen hat!« Meine Mutter lacht belustigt, und sie behält dieses fröhliche, entspannte Lächeln bei, auch später, als sie schon ins Bett geht. Sie liegt da, hat ein Buch in der Hand. Aber ich weiß, sie liest nicht, ihr Blick wandert zur weißen Zimmerdecke, als würde sie dort etwas Schönes suchen.

»Mama?« Ich wollte sie schon eine ganze Weile fragen, aber jetzt war der richtige Moment dafür. »Mama, bald ist Weihnachten. Werden wir einen Christbaum mit Spielzeug dran haben, wie bei den Kierniks, und Geschenke?«

»Ich weiß noch nicht«, sagt sie und ist gar nicht ärgerlich. »Wir werden sehen, wenn du brav bist. Aber erzähle es nicht in der Schule.«

…G DAWID
…leaczy
…św. Michała

…w Krakowie
…ELO
9.46 r.
zł.

Do

Pana Prokuratora
Sądu Specjalnego Karnego
w Krakowie.

Podpisany Liebling Dawid, przytrzymany z początkiem września 1945 r. znajduje się w więzieniu na celi szpitalnej chory na gruźlicę nerki.-

Ponieważ choroba z dnia na dzień czyni postępy i zagraża mojemu życiu i z uwagi na to, że leczenie może być przeprowadzone tylko przez specjalistów - upraszam o wydanie zezwolenia na leczenie szpitalne.-

Ze względu na ciężki stan zdrowia - proszę uprzejmie o możliwie szybkie postanowienie.-

Liebling Dawid

Kraków-Więzienie
Dnia 27. lutego 1946.

Ocenzurowano

Odmówić!

»Nein, natürlich nicht, ich verstehe: In der Schule feiert man Hanukka.«

Es kommen schlechte Nachrichten von Vater. Der Anwalt Aschenhütter bringt sie persönlich zu uns. Ich kann es nicht fassen, als es eines Abends klingelt: Ich mache auf und sehe ihn im langen schwarzen Mantel mit Pelzkragen und einem breiten Hut vor der Tür stehen.

»Ihr Mann ist mit Verdacht auf Nierentuberkulose in das Gefängnis-Krankenhaus verlegt worden«, sagt er zu Mutter. »Ich wollte es Ihnen lieber gleich selbst erzählen. Ich war gerade in der Nähe.«

In mir drin versteift sich alles, ich warte schon darauf: Mutter würde zusammenbrechen. Was mache ich dann? Aber Mutter nimmt es gefasst auf.

»Wollen Sie nicht hereinkommen, Herr Anwalt? Einen Tee trinken oder etwas anderes?«

Doch Aschenhütter möchte nicht hereinkommen, er hat es eilig, verabschiedet sich gleich.

An den Herrn Staatsanwalt des Spezial-Strafgerichts in Krakau

Unterzeichneter Liebling David, festgenommen im Sommer 1945, ist an Nierentuberkulose erkrankt und befindet sich in der Krankenstube des Gefängnisses.

Da die Krankheit sich von Tag zu Tag verschlimmert und mein Leben bedroht, und weil die Behandlung nur von Spezialisten durchgeführt werden kann, ersuche ich um die Erlaubnis, in ein Krankenhaus verlegt zu werden.

Im Hinblick auf meinen schlechten Gesundheitszustand bitte ich höflichst um möglichst schnelle Entscheidung.

Liebling David

Krakau – Gefängnis, den 27. Februar 1946

(Stempel): ZENSIERT

»Wir werden jetzt beantragen, dass man ihn in ein anderes Krankenhaus verlegt«, sagt er. »Kommen Sie morgen in die Kanzlei.«

Mutter hat schon vorher gewusst, dass Vater krank ist. Das hat ihr der Gefängnisarzt gesagt. Und das mit dem Krankenhaus ist anscheinend keine so schlechte Nachricht.

»Da bekommt er wenigstens etwas Pflege«, meint sie. Sie weint nicht. Sie weint fast überhaupt nicht mehr in letzter Zeit. Nur nachts schläft sie so gut wie gar nicht mehr. Das kleine Nachttischlämpchen brennt stundenlang. Neben dem Lämpchen steht ein Glas Wasser: Mutter schluckt jetzt oft Tabletten, die ihr der Arzt verschrieben hat.

Einige Zeit später erhalten wir eine bessere Nachricht. Sie kommt in Form eines maschinengeschriebenen Briefes vom Gefängnisdirektor. Mutter liest ihn Onkel Stephan vor, der gerade wieder bei uns vorbeigeschaut hat, um sich nach Vater zu erkundigen. Vater wird nun in ein »normales« Krankenhaus verlegt.

»Was bedeutet das, Mama?«, frage ich später, als wir allein sind.

»Das heißt, dass wir ihn besuchen dürfen! Wir werden ihn sehen.«

Wir bekommen also eine Besuchserlaubnis. Gleich am nächsten Tag kocht Mutter Suppe, kauft schöne teure Äpfel, macht Kompott mit viel Zucker. Sie findet sogar eine Zitrone. Es gibt einen Markt, wo die Leute Sachen verkaufen, die sie in Paketen aus dem Ausland bekommen. Sie wollen immer viel Geld dafür haben.

Wir nehmen noch Vaters Rasierzeug mit, sein altes Rasiermesser und kaufen noch einen schönen neuen Pinsel dazu. Und seine Hausschuhe packen wir auch ein.

Wir gehen in die Kopernikusstraße, wo alle Krankenhäuser sind. Die Straße hat viele schöne Bäume. Vor den Krankenhäusern sieht man Patienten, die ihren Mantel über den Pyjama angezogen haben und auf und ab gehen oder sich miteinander unterhalten.

Als wir dann endlich das richtige Gebäude gefunden haben und vor dem Eingang stehen, werden wir von einer dicken Krankenschwester mit lauter Stimme abgewiesen.

»Besuche sind nur Sonntagnachmittag möglich.«

»Bitte, bitte, bitte«, stammelt meine Mutter nur ratlos. »Bitte, Schwester, ausnahmsweise!«

»Dazu müssen Sie den Herrn Ordinarius fragen.« Die Schwester zuckt die Schultern. »Warten Sie, ich glaube, er kommt gerade herunter ...«

Der Mann, vor dem wir stehen, ist ziemlich alt, hat einen weißen Kittel und eine goldene Brille.

»Guten Tag, Herr Professor«, begrüßt ihn Mutter artig.

Gott sei Dank, er gehört zu den Menschen, die unsere Familie früher, vor dem Krieg, gekannt haben.

»Liebling«, sagt er, »geborene Anhammer?«

»Ja.« Mutter atmet auf.

»Ihr Vater hatte diese Bäckereien in der Stadt. Was waren das für köstliche Brötchen! Ja, und sonntags hat er im Noworolski-Café auf dem Marktplatz immer Karten gespielt.«

Der Arzt schaut uns beide freundlich an. »Und Ihre zwei jüngeren Schwestern waren mal meine Patientinnen. Sie sind doch wohl ...«

Mutter schüttelt nur verneinend den Kopf. Eine Geste, die ich kenne. Mutter kann darüber nicht sprechen, ohne dass ihr die Stimme versagt, ohne dass sie in Tränen ausbricht.

Alle Angehörigen meiner Mutter sind im Krieg umgekommen: ihre Mutter, ihr Vater, ihr Bruder Jakob, ihre Tanten und Cousinen.

Aber die Erinnerung an ihre Schwestern kann sie nicht ertragen – sie ist das Schmerzlichste für sie. Irene war jung und blond, hat sehr »arisch« ausgesehen. Sie ist freiwillig mit ihren Eltern in die Gaskammer gegangen, weil sie sich nicht von ihnen trennen wollte.

»Sie war erst sechzehn«, sagt Mutter, »und hat doch noch gar nicht gelebt.«

Tante Sabine, die nur ein Jahr jünger war als Mutter und der ich angeblich so ähnlich sehe, hat das Lager Auschwitz überlebt und ist drei Tage nach der Befreiung an Typhus gestorben. Mutter war gerade auf dem Weg, um sie nach Hause zu holen.

»Also bitte, ausnahmsweise, gehen Sie rein«, sagt der Doktor schnell, »aber bleiben Sie nicht so lange.«

Wir gehen den düsteren Korridor entlang, der so ähnlich aussieht wie in all diesen Behörden, nur dass der Fußboden aus gelben Kacheln gemacht ist und die Wände weiß gestrichen sind. Und es riecht unangenehm, der Geruch steigt einem in die Nase – ganz bitter, wie beim Zahnarzt. Eine alte, weiß gekleidete Ordensschwester schiebt einen Wagen mit einem großen dampfenden Topf darauf an uns vorbei. Die weißen Flügel ihres Schleiers bewegen sich hin und her – sie sieht aus wie einer von diesen Vögeln, vor denen ich Angst habe.

Die Zimmertüren sind offen, man sieht die langen Reihen von Betten auf beiden Seiten. Es sind zehn oder mehr an jeder Seite, ich hatte keine Zeit, sie zu zählen, denn Mutter zieht mich wieder an der Hand. Auf den Betten sitzen oder liegen die Patienten. Manche haben die Augen zu und sehen aus wie tot.

Endlich sehe ich schon von weitem meinen Vater. Er sitzt auf einem Bett. Sein Gesicht ist schmäler geworden, die Haare grau. Er ist barfuß und hat einen gestreiften Pyjama an, der wie Sträflingskleidung aussieht. Wir bleiben erst mal ängstlich an der Tür stehen. Dann sitzen wir zusammen, alle drei, und halten uns nur schweigend an den Händen.

Wir dürfen am Sonntag wieder zum Vater. Mutter kocht das Essen für ihn. Sie hat spezielle Töpfe gekauft, die man übereinander stapeln kann und mit einem metallenen Henkel festklammert. Sie hat auch irgendwo Hühnerfleisch besorgt – Hühner sind schwer zu bekommen, es gibt nur lebendige zu kaufen. Aber Mutter könnte kein lebendiges Huhn umbringen. Sie kocht aus dem Fleisch Hühnerbrühe und macht wieder Kompott und noch Pfannkuchen dazu.

Am Sonntag ist schönes Wetter – Vater kann sogar rausgehen mit uns auf den Hof. Er zieht sein neues Sakko an. Aber draußen kann er nicht lange stehen, er setzt sich gleich auf eine Bank und lehnt den Kopf an die Mauer. Ich merke erst jetzt, wie kurz seine Haare geschnitten sind. Er sieht sehr blass aus, fast grau – grau wie seine Jacke und wie seine Haare. Er spricht nicht viel und wirkt so abwesend, als wüsste er nicht genau, wo er ist. Seine Augen sind wie erloschen. Trotzdem lachen mich die beiden, Mutter und er, immer wieder an, als wäre alles in Ordnung.

»Setz dich zu mir, Rominka«, sagt Vater leise.

Mutter kramt einen Fotoapparat aus ihrer Tasche und macht ein Foto von uns. Dann gehen wir wieder hinein. Vater setzt sich auf sein Bett, nimmt den Topf und isst die Hühnersuppe mit Nudeln – langsam und bedächtig.

Januar

Jetzt ist es so weit und die ewige Emigrantin muss eine Reise antreten. Wieder wartet auf sie irgendein gelobtes Land. Sie muss ihre Seele mitnehmen – oder das, was von ihr noch übrig blieb – und versuchen, sie so günstig wie möglich unter die Leute zu bringen.

Alle scheinen zu glauben, dass ich es schaffe – nur ich selbst nicht. Sie erwarten, dass ich mit meinem Buch nach Amerika gehe und mit Erfolg zurückkomme. Sie erwarten es einfach alle: der Verlag, die Freunde. Selbst Onkel Stephan, wenn er noch lebte, hätte es erwartet. »Du musst ein tapferes Mädchen sein«, hatte er immer gesagt.

Mein Sohn Jakob lebt in Berlin und arbeitet schwer. Er hat gerade eine eigene Firma gegründet und hegt große Pläne. »So wie es mein Großvater gemacht hat, damals vor dem Krieg«, erzählt er stolz. Auf seinem Schreibtisch im Büro hat er als einziges das Foto von meinem Vater aufgestellt.

Jetzt müssen wir uns telefonisch verabschieden. »Du klingst aber gar nicht gut«, sagt er besorgt.

»Ich bin ein älteres, müdes Mädchen«, gestehe ich meinem Sohn. »Du weißt, ich bin schlecht im Verkaufen: Ich könnte nicht mal auf dem Marktplatz von Krakau etwas verkaufen, geschweige denn in Amerika.«

»Aber deine Bücher haben schon in Europa ihren Weg gefunden – warum soll es dort anders sein?«, versucht Jakob mich optimistisch zu stimmen. »Wir waren schon zusammen in New York. Da hat es dir doch gefallen?«

Ja, wir waren schon mal da. Wir sind zu einem Einkaufsbummel vor Weihnachten hingeflogen – verrückt und spontan, wie wir es manchmal taten. Später waren wir noch mal da zu einer Bar-Mizwa-Feier bei unseren Freunden. Beide Male verbrachten wir einige schöne, chaotische Tage, von denen nicht mehr als ein aufregendes Gefühl und ein paar Fotos übrig blieben.

»Warum hast du solche Angst, nach Amerika zu fahren?« Jakob sitzt in Berlin in seinem Büro – meine Verfassung gefällt ihm nicht.

»Könntest du nicht doch mitkommen?«, frage ich ohne Hoffnung.

»Du weißt, das würde ich sehr gerne, aber im Moment geht es gar nicht. Später vielleicht, wir werden sehen. Es wird schon alles gut werden.«

»Sollte ich nicht lieber warten, bis die Leute mein Buch gelesen haben und mich dann sehen wollen?«

Ich fühle mich oft wie ein kleines Maskottchen, eine Art Glücksbringer aus Europa, den die Menschen zu ihrem Buch gratis dazubekommen. Wenn man mich doch einfach reinkleben könnte wie die kleinen Warenpröbchen in den bunten Frauenmagazinen ...

»Du weißt, in Amerika ist alles anders. Die Leute werden dein Buch lieben – hat dein Verleger das nicht gesagt? Aber du musst ihnen dabei helfen.«

Louis ist als Lektor bei dem großen amerikanischen Verlag für mein Buch zuständig. Wir haben uns in Frankfurt auf der Buchmesse kennen gelernt. Ein großer, gut aussehender Amerikaner, der gut deutsch spricht und mein Buch auch auf Deutsch gelesen hat. Man hat uns bekannt gemacht und dann saßen wir zusammen in der Hotellobby. Louis war begeistert von dem Buch und wollte durchsetzen, dass es so schnell wie möglich in seinem Verlag erscheint.

»Die Amerikaner werden dein Buch lieben.« Er sprach langsam und bedächtig, war voll Optimismus und lächelte viel.

»Und wenn das erste Buch publiziert wird, kommt später auch das zweite: step by step. Aber du musst nach Amerika kommen, wenigstens nach New York, und mit den Menschen sprechen. Die Amerikaner haben keine Geduld – du musst sie schnell überzeugen.«

»Geld, Popularität, Glück – alles nur davon abhängig, dass ich mit den Leuten rede?«

»Das ist bei uns sehr wichtig, und es ist nicht so einfach. Aber es ist deine Entscheidung. Willst du es tun?«

»Dein Apartment besorgst du dir am besten selbst«, schreibt jetzt Louis aus New York, »damit es deinem Geschmack entspricht und du dich darin wohl fühlst. Wir übernehmen die Kosten. Es gibt bei euch sicher Reisebüros, die sich darauf spezialisiert haben, solche Business-Apartments zu vermieten. Für längere Zeit ist eine Wohnung besser als ein Hotel. Du wirst also bald bei uns sein, wir schicken ein Auto mit Chauffeur zum Flughafen. Wir freuen uns auf dich und ich ganz besonders. Du weißt: Ich liebe dein Buch. Bis bald. Louis.«

Der Mann im Reisebüro ist klein und gedrungen, mit schütterem Haar, das zu einem Pferdeschwanz gebunden ist. Er sieht aus wie ein kleiner Mafioso. Das Mädchen, seine Gehilfin, hat riesige Brüste, die ihre Bluse fast sprengen, und einen kleinen Kussmund. Sie hat einen wienerischen Akzent, der bei ihr irgendwie klebrig wirkt.

»Wir sind entzückt, eine bekannte Schriftstellerin bei uns zu haben.« Sie verdreht die Augen. »Für Sie suchen wir das schönste Apartment in ganz New York aus.«

Irgendetwas in mir sagt, dass ich jetzt aufstehen und gehen sollte – raus aus diesem zwielichtigen Reisebüro, dessen Adresse ich einfach aus einer Zeitung ausgeschnitten habe.

»Mietwohnungen in New York. Schön und preisgünstig ...« Doch ich beschließe, meine innere Stimme diesmal gänzlich zu ignorieren. Für etwas anderes habe ich gar keine Zeit mehr. Ich muss es erledigen, und es muss schnell getan werden. Bisher hatte ich immer angenommen, der Verlag werde sich um meine Bleibe in New York kümmern, und nun ist es zu spät. Ich weiß nicht, nach was es in dieser Reiseagentur riecht, doch der Geruch gefällt mir nicht.

Als ich ein paar Wochen später nochmals hingehe, wird es das Büro nicht mehr geben, und das Gaunerpärchen wird sich in Luft aufgelöst haben.

Aber zunächst ist alles »entzückend«, findet die Kussmundige. Die beiden suchen eifrig nach Adressen, sie fragen nach meinen Wünschen.

»Haben Sie Bilder zum Anschauen, Fotos?«, frage ich.

»Aber nein«, seufzt die junge Dame gönnerhaft, »heutzutage schaut man es sich auf dem Bildschirm an.« Sie setzen mich vor den Computer. Ich sehe Räume, Räume, Räume, Möbel, alles groß, alles modern. Hell erleuchtet, alles im gleichen Licht.

Von dem eifrigen Pärchen ermuntert, entscheide ich mich für eine Wohnung, die von der Lage – für jemanden, der die Stadt nicht gut kennt –, am günstigsten liegt. Sie ist sündhaft teuer.

»Aber mitten in Manhattan«, trällert das Mädchen süß, während ihre Hand mit den rot lackierten Fingernägeln blitzschnell nach meiner Kreditkarte schnappt. »Dort hat eben alles seinen Preis«, fügt sie noch philosophisch hinzu.

»Sie haben eine gute Wahl getroffen«, brummt ihr Chef von seinem Schreibtisch aus.

Und schon gehen einige tausend Dollar von meiner Kreditkarte auf die Reise. Einige Tage später sollte ich ihnen hinterherfahren.

Mit reichlich guten Wünschen werde ich verabschiedet. Das Mädchen spitzt dabei ihren Mund, als wollte sie mir noch ein Küsschen mit auf den Weg werfen.

Die Nächte vor der Abreise verbringe ich völlig ohne Schlaf. Ich liege mit offenen Augen da und führe wieder das jüdische Duell – den Kampf mit den eigenen Gedanken.

»Du fährst nach Amerika. Es wird sicher aufregend sein – freue dich doch ein bisschen ...«

»Du kommst aber nicht als Touristin. Du musst Land und Leute erobern, das ist deine Chance.« Diese Worte von Louis, dem Lektor, hämmern in meinem Kopf.

»Du wirst in Amerika Erfolg haben«, sagte David.

David. Unser Abschied. Seine Augen waren voller Kummer, und zum Schluss haben sie meinen Blick gemieden ... Jetzt ist er in Israel, und die glühende Sonne macht seinen silbernen Kopf noch heller. Ich versuche, ihn mir vorzustellen, aber ich sehe ihn nur todmüde am Krankenbett seiner Frau. Was sind dagegen meine Sorgen? Selbst wenn ich ihn anrufen wollte, würde ich keinen Trost von ihm erwarten können.

Am Flughafen geht erst mal alles schief. Ein Alarm? Eine Störung? Niemand weiß es genau. Der Flug wird immer wieder verschoben, bis wir dann plötzlich und ganz schnell in die Maschine verfrachtet werden. Ich habe dank dem amerikanischen Verlag einen Luxusplatz in der Kabine, aber an Schlaf ist wieder nicht zu denken. Stattdessen schaue ich mir meine Reisegenossen an. Sie sprechen englisch, spanisch, japanisch. Ich werde in einem fremden Land sein, dessen Sprache ich nur oberflächlich beherrsche. Wie lange kann ich auf der Oberfläche der Sprache mitschwimmen? – Bei jedem Stoß fürchte ich zu ertrinken.

Ich habe das doch alles schon vor über dreißig Jahren erlebt. Damals, als ich von Osten nach Westen flog. Ich kam in eine fremde Welt, deren Spielregeln ich erst lernen musste. Damals hat mich der Westen mit offenen Armen empfangen – es waren die Arme meiner Mutter, die dort auf mich wartete. Jetzt werde ich allein sein.

Als ich todmüde mit über vier Stunden Verspätung in New York ankomme, ist das Auto des Verlags nicht mehr da. Niemand wartet auf mich – nur die riesige, schreiende Masse von Menschen, die mich umringen, bedrängen, irritiert blicken und es anscheinend sehr eilig haben.

Mein Handy funktioniert nicht. Was wirft man in den Schlitz der Telefonautomaten? Einen Quarter? Habe ich einen Vierteldollar?

Verzweifelt rufe ich Richard an, einen guten Freund von mir, der hier wohnt und den ich eigentlich erst in ein paar Tagen anrufen wollte. Richard ist ein wirklich lieber Mensch – und ein Künstler. Ich weiß, dass ich ihn von der Arbeit abhalte, ich weiß, dass es zum Flughafen ein weiter Weg ist, aber ich traue mich nicht, allein in die Stadt zu fahren. Es ist dumm, das weiß ich auch.

»Warte doch in einem Coffee-Shop. Ich komme und hole dich«, entscheidet er schnell zu meiner Beruhigung. »Bin bald da.«

»Die hätten dich abholen sollen mit einer Limousine, Chauffeur und Blumen«, wundert sich Richard auf der Fahrt. Wir sitzen in seinem Jeep und warten in endlosen Schlangen.

»Haben sie ja, so war es jedenfalls angekündigt. Aber es muss etwas schief gegangen sein nach vier Stunden Verspätung«, sage ich müde – und voller Schuldgefühl, als hätte ich nicht nur mich, sondern auch den Verlag bei ihm entschuldigen müssen.

Die Wohnung liegt wirklich mitten im Zentrum von Manhattan. Im Zentrum vom Zentrum, wenn man es in New York so sagen kann. Richard setzt mich vor dem Haus ab – es ist Abend, und um diese Zeit kann man von einem Parkplatz nur träumen. Außerdem muss er noch zurück in sein Atelier.

»Arbeitest du so spät noch?«

»In New York gibt es keine festen Zeiten: Hier arbeitest du, wenn du zu tun hast, und isst, wenn du Hunger hast. Das wirst du noch alles lernen. Na, erst mal Kopf hoch!« Er klopft mir freundlich auf die Schulter. »Ich fahre für ein paar Tage mit der Familie nach Kalifornien, aber ich melde mich bei dir.«

Ein großer schwarzer Portier bringt mein Gepäck in den Aufzug und händigt mir die Schlüssel aus – alles wortlos.

Dann überlässt er mich meinem Schicksal.

Ich wohne im achten Stock, über mir gibt es mindestens noch mal so viele Stockwerke. Ein langer Korridor. Die Wände dunkelgrün, abgewetzter Teppich, kaltes Licht. Die Türen dunkelbraun. Eine davon hat die Nummer 8 E: meine!

Es ist dunkel. Ich mache Licht. Eine Neonröhre an der Decke leuchtet auf. Es ist trotzdem dunkel. Unsicher trete ich ein.

Ein mittelgroßes Zimmer, die Möbel aus Glas und Metall, eigentlich Büromöbel, und ein Sofa. Automatisch schaue ich aus dem Fenster, wie ich es immer in einem fremden Raum tue. Ich sehe kein Licht, nur eine hohe Wand, die den ganzen Fensterrahmen füllt – nichts als eine Hauswand mit Fenstern. Die einen sind erleuchtet, die anderen dunkel. Ich stelle mich auf die Zehenspitzen und versuche nach oben zu blicken: Nichts, kein Stückchen Himmel darüber, nur diese endlose graue Wand.

Der Raum nebenan, das Schlafzimmer, ist eigentlich kein Raum. Es sind nur um ein großes Bett aufgestellte Wände, dazwischen gerade so viel Platz, dass man, wenn man einen Fuß vor den anderen setzt, um das Bett herumgehen kann. Sonst gibt es nichts – nur das große Doppelbett und ein paar Holzbretter an der Wand.

Ich ziehe den Plastikvorhang des kleinen Fensterchens zur Seite und sehe eine Mauer, eine schwarze Mauer dicht am Fenster, nicht weiter als ein paar Zentimeter entfernt: Ich könnte die Steine mit der Hand anfassen. Sie ragt endlos nach oben, endlos nach unten, irgendwo ganz unten ist ein schwarzes Loch – ähnlich wie in einer Kohlegrube unter Tage, genauso schwarz.

Ich bin eingemauert.

Das Fenster lässt sich nicht öffnen, es ist so etwas wie eine Attrappe. Ich setze mich auf das Bett, das mit einer Plastikfolie zugedeckt ist. Es wird mir übel. Alles in mir fällt zusammen – ich habe keine Kraft, dagegen zu kämpfen. Weglaufen? Ich fühle mich eingeschlossen, gefangen, an die Mauer gestellt ...

Ich starre die Mauer an, sehe in das schwarze Loch hinunter – es muss so etwas wie ein Müllschacht sein, in den Abfälle geworfen werden. Ich stehe auf, öffne die Wohnungstür und spähe vorsichtig nach draußen.

Tatsächlich ist neben meiner Tür noch eine andere – mit abgeblättertem braunem Lack wie alle Türen hier –, dahinter befindet sich das Müllloch. Abfall liegt herum, es riecht unangenehm. Ich mache die Tür schnell wieder zu. Etwas huscht an meinen Füßen vorbei, etwas Lebendiges verschwindet schnell am Ende des Korridors. Eine Katze oder eine Ratte?

Ich denke nichts mehr, ich möchte auch nichts mehr fühlen, nur schlafen. Ich bin todmüde. Bettwäsche? In dem winzigen Flur ist ein Wandschrank. Darin finde ich eine ziemlich abgenutzte Wolldecke und ein Bügelbrett mit abgebrochenem Fuß. Das Bad ist auch nicht gerade einladend. Auf dem Sofa im Wohnzimmer gibt es ein buntes Kopfkissen. Das ist alles.

Etwas Warmes trinken – das wäre jetzt schön. In der Kochnische stehen ein paar Küchenutensilien herum und ein unsagbar schmutziger Wasserkocher. Kein Tee, nur ein bisschen Zucker in einem Glas und eine verstaubte Nescafé-Dose. Ein paar Kakerlaken spazieren an der Wand entlang. Wenigstens denke ich, dass es Kakerlaken sind, denn ich habe noch nie welche gesehen. Im Ghetto gab es nur Wanzen. Meine Lippen sind ganz trocken, ich habe Durst. Im Gepäck finde ich noch eine halbe Flasche Mineralwasser, die trinke ich jetzt.

Schlafen.

Ich strecke mich auf dem Bett aus, decke mich mit meinem Mantel zu – die Wolldecke ekelt mich doch zu sehr an –, mache die Augen zu. Wie lange habe ich nicht geschlafen? Ich weiß es nicht mehr.

Für kurze Zeit versinke ich in eine Art Dämmerzustand, der mehr einer Ohnmacht als Schlaf ähnelt.

Als ich aufwache, ist es dunkel, heiß – ich schwitze, bekomme keine Luft.

Panik.

Von Kindheit an habe ich in fremden Häusern gewohnt. Kein Haus durfte ich je mein eigenes nennen. Die erste Wohnung, an die ich mich erinnern kann, war voller Menschen – eng und stickig.

Dann war da das Loch, in dem wir lebten. Das Versteck. Dunkelheit. Enge. Dieser süßliche Geruch ... und dann die Mauer. Wer zu nahe an die Mauer kam, wurde erschossen. Jetzt bin ich ganz dicht an der Mauer ...

Hör auf zu spinnen! Wach aus deinem Albtraum auf, du bist in New York, da draußen sind viele Menschen. Ich kann nicht raus, die Mauer ...

Ruhe. Tief durchatmen. Ein Schluck Wasser. Ich kann in diesem Raum nicht bleiben.

Ich lege mich in dem größeren Zimmer auf das Sofa, decke mich wieder mit meinem Mantel zu, schließe die Augen. Und so vergeht die erste Nacht.

Irgendwann wache ich wieder auf: Ob es noch Nacht oder schon Tag ist, ich weiß es nicht. Das Licht ist unverändert dunkelgrau. Ich schaue auf meine Uhr und muss fast lachen. Sie ist irgendwann im Flugzeug stehen geblieben. Mein Handy funktioniert nicht. Gibt es hier ein Telefon? Ja.

Ich versuche, meinen Künstlerfreund anzurufen. Er ist ein Mensch, den ich, wenn es sein muss, auch mitten in der Nacht anrufen kann.

»The number you have dialed is not available ... not available, not available ...«, sagt eine Stimme vom Band.

Ich versuche es bei Jakob in Deutschland. Wieder kein Anschluss.

Erneut versinke ich in eine Art Dämmerzustand, erneut vergeht die Zeit. Mehrere Stunden? Ich weiß es nicht.

Ich beginne zu verstehen, was Zeit ist, wenn man sie nicht messen kann: Sie ist Dunkelheit. Ich beginne zu verstehen, was ich bin, ohne etwas Warmes zu trinken, ohne ein sauberes Bad, ohne Telefon: ein Häufchen Angst. Und hinter der Tür wartet vielleicht die Ratte ...

Wenn ich jetzt Schlaftabletten hätte, würde ich sie nehmen. Nein, nicht alle auf einmal, nach und nach, jede Stunde eine, bis das Röhrchen ganz leer wäre, bis das Summen in meinem Kopf so laut wäre, dass ich für keine Gedanken mehr Platz hätte, bis ich beginnen würde mich aufzulösen ...

Ich war vor fünfundzwanzig Jahren tablettenabhängig. Nicht lange, aber das Loskommen war schmerzlich. Danach habe ich keine Tablette mehr angerührt. Bis jetzt. Nun spüre ich wieder meine ganze Schwäche, und ich habe es nicht gelernt, schwach zu sein.

»Wenn du einmal süchtig warst«, habe ich öfter den Leuten erzählt, »bist du vor dir selbst nicht mehr sicher, eine Sicherheit gibt es nicht.« Jetzt weiß ich, worüber ich sprach.

Das Telefon klingelt. Unglaublich! Es klingelt!

»Wie geht es dir?«, ertönt Richards nette Stimme. »Roma? Bist du noch da? Warum redest du nicht?«

»Ich halte es hier nicht aus«, sage ich schnell mit belegter Stimme, und ich kämpfe mit den Tränen. »Hör zu, ich muss hier raus!«

»Das tut mir wirklich Leid ... Wie kann ich dir helfen? Wir fahren weg und sind gerade beim Packen. Was kann ich für dich tun?«

Er klingt so besorgt, dass er mir auch Leid tut, so wie ich mir auch selbst Leid tue. Ich versuche, mich zu beruhigen, aber ich kann nicht mehr sprechen. Ich weiß, gleich fange ich zu weinen an.

»Kannst du bitte Jakob in Deutschland verständigen, damit er mich hier anruft? Das Telefon funktioniert nicht – anscheinend ist die Rechnung nicht bezahlt worden –, aber vielleicht kann er mich hier anrufen.«

»Ja, natürlich. Das tue ich gern.«

»Mama?« Ich höre die vertraute Stimme meines Sohnes. »Wie geht es dir?«

»Jakob, ich ...« Mehr kann ich nicht sagen. Es ist so, als hätte seine Stimme einen Knoten in meiner Kehle gelöst, aber es kommen keine Worte, nur Tränen. Sie tröpfeln sicher auch aus dem Hörer seines Telefons in Berlin.

»Was ist los, Mama?«

»Ich ... Ich glaube, ich habe einen ordentlichen, dicken Nervenzusammenbruch«, versuche ich zu scherzen, während die Tränen weiter über mein Gesicht fließen.

Mein Sohn ist ein junger Unternehmer, er kann mit Krisen und mit Menschen umgehen – und erst recht mit seiner Mutter.

»Das macht nichts«, sagt er leichtfertig, aber entschieden, »das hat jeder mal. Hör zu. Du gehst jetzt runter, trinkst einen großen Kaffee, isst etwas ... Wo bist du? In der siebten Avenue? Da gibt es massenhaft Läden. Dann suchst du ein Geschäft, das heißt *Phone Shop*. Davon gibt es auch viele in deiner Straße, ich erinnere mich noch. Dort kaufst du ein Telefon, von dem aus du mit Europa telefonieren kannst. Aber überzeuge dich, ob es funktioniert, bevor du es bezahlst. So. Und dann ruf mich an.

Ich versuche inzwischen, von hier aus etwas zu organisieren. Es wird alles gut. Bis gleich.«

Noch ziemlich benommen gehe ich raus. Keine Ratte zu sehen? Gut. Ich trete auf die Straße und ein unaufhörlich fließender Menschenstrom schlägt mir entgegen. Ich weiche zuerst zurück, aber dann gebe ich mir einen Ruck und springe einfach hinein.

Zuerst kaufe ich mir bei einem Straßenverkäufer eine neue Uhr für zwölf Dollar, eine fast echte Cartier. Gleich geht es mir besser.

Eine Stunde später rufe ich Jakob an.

»Ich sitze in einem Café und habe ein riesiges warmes Pastrami-Sandwich vor mir. Sei neidisch, mein Sohn«, sage ich mit vollem Mund, »du isst es doch auch so gerne. Ein Handy, wie du hörst, habe ich auch schon.«

»Das ist prima«, freut sich Jakob. »Ich habe inzwischen mit deinem Verlag gesprochen. Sie wollten dir ein, zwei Tage Zeit zum Ausruhen und Ausschlafen geben und sich erst dann melden. Von der Panne am Flughafen haben sie noch gar nichts erfahren – es ist eine große Firma ...«

»Aber die Wohnung ... Es graut mir davor, da wieder hineinzugehen!«

»Darüber haben wir auch gesprochen: Du ziehst selbstverständlich in ein anderes Apartment. Halt noch kurze Zeit durch – und damit dir der Umzug nicht so schwer fällt, komme ich und helfe dir. Übermorgen.«

»Du meinst, das geht?«, sage ich mit vor Freude zitternder Stimme. »Kannst du es mit deiner Arbeit vereinbaren?«

»Es muss einfach gehen. Es ist *Family-Business*«, sagt er leichthin. Aber ich weiß: Es ist mehr als das. Viel mehr.

Die Zeit bis zu Jakobs Ankunft verbringe ich auf den Straßen von Manhattan. Nur um nicht in dieser Wohnung sitzen zu müssen. In New York fällt einem das nicht schwer: Die meisten Menschen scheinen überhaupt keine Wohnung zu brauchen: Sie essen auf der Straße, kaufen ein und laufen, laufen, laufen.

Ich passe mich ganz mechanisch diesem Rhythmus an, der durch die Verkehrsampeln bestimmt wird: *Stop and Go, Stop and Go …*

Ich gehe den Broadway hinauf und hinunter, als wäre er ein Fluss, den man durchschwimmen muss. Ich schaue mir die Schaufenster an, ohne dass mein Blick lange auf irgendetwas verweilt. Tausende Gegenstände, die in tausend verschiedenen Ausführungen in all diesen Geschäften zu kaufen sind – dieser unwahrscheinliche Überfluss ermüdet mich schnell. Ich verliere das Interesse, bin fast wie eine Schlafwandlerin. Dann wache ich wieder auf, trinke einen Kaffee, esse etwas, wärme mich und gehe weiter. Es ist nicht sehr kalt für die Jahreszeit, aber windig.

In einem indischen Laden kaufe ich eine bunte Decke. Die Nächte verbringe ich auf dem ziemlich harten Wohnzimmersofa, und ich versuche, möglichst nicht aus dem Fenster zu schauen. In das regenbogenfarbene Tuch gewickelt, sehe ich aus wie ein Überbleibsel aus der Hippie-Zeit.

Jakob bekommt die weiße Stretchlimousine, die mir versagt geblieben war: Zusammen mit Louis hole ich ihn vom Flughafen ab. Mein Sohn ist munter und guter Dinge – die Nacht im Flugzeug scheint ihm nicht viel ausgemacht zu haben.

»Du weißt, ich kann überall schlafen«, lächelt er.

Wir sitzen im Dachterrassen-Restaurant eines großen Hotels. Louis hat uns zum Lunch eingeladen. Es ist sehr hell in dem Raum und durch das Glasdach scheint die Sonne. Man könnte denken, dass es Sommer ist.

»Wir haben einen sehr schönen Winter dieses Jahr«, meint Louis. »Bis jetzt.«

»Unsere Küche ist *italienischer Art*«, verkündet stolz der Kellner, der uns die Speisekarte bringt.

»*Great*«, sagt Jakob, »dann bringen Sie mir doch bitte einen

Roma und ihr Sohn Jakob.

großen amerikanischen Hamburger, davon habe ich die ganze Zeit im Flugzeug geträumt.«

Nach dem Essen halten wir so etwas wie einen Kriegsrat. Louis hat eine Mappe mitgebracht, in der auf mehreren Seiten unsere Pläne für die nächste Zeit aufgeschrieben sind. Er und Jakob lesen sie laut vor, verändern, diskutieren: Mein Sohn liebt das Organisieren, er ist in seinem Element. Ich höre mit einem Ohr zu und begnüge mich meist mit dem beruhigenden Gefühl, dass jetzt alles gut wird. Was ich zu tun habe, wird man mir schon rechtzeitig sagen, denke ich naiv. Ich kenne Amerika noch nicht.

Doch zuerst die Wohnung. Es wurde eine neue, passende gefunden. »Du kannst sie dir heute Nachmittag anschauen und heute Abend schon umziehen.« Ich bin neugierig.

»Und um das Reisebüro-Pärchen kümmere ich mich«, sagt Jakob. »Tausend Dollar die Woche für dieses Loch, das wäre ja noch schöner.«

»Dein Buch wird ein Erfolg.« Louis lächelt zuversichtlich. »Du musst abwarten«, sagt er zum Abschied. »Manche Bücher hier brauchen ein paar Wochen, bis sie akzeptiert werden, manche bis zu neun Monaten, wie ein Baby. Es ist ganz unterschiedlich – aber keine Sorge, es wird schon. Ich rufe dich an. Hab eine gute Zeit.«

Sicher. Solange mein Sohn da ist, werde ich eine gute Zeit haben. Er kann aber leider nicht lange bleiben, nur ein verlängertes Wochenende.

Wir ziehen in das neue Apartment ein. Es ist in Greenwich Village, dem Künstlerviertel, das ich auch am liebsten mag. Es ist das menschlichste Viertel in New York, und das europäischste. Die Häuser haben eine überschaubare Größe, die Menschen gehen in normalem Tempo über die Straßen, führen Hunde spazieren, unterhalten sich.

Zwei große, saubere Zimmer, eine kleine Küche. Im Wohnzimmer weiche Sessel, eine künstliche Palme im Topf und ein imposanter Fernseher.

»Den schalte ich nur ein, um mein Englisch zu verbessern«, verspreche ich scheinheilig.

Das Haus liegt in einer schönen Straße mit vielen Bäumen, direkt am Hudson River. Drei Häuser weiter ist schon das Ufer. Vom Fenster aus sieht man den Fluss. Hier lässt es sich atmen.

Die Feuertreppe an der Hauswand endet vor dem Fenster mit einer Art von kleinem Balkon.

»Darf ich mich darauf setzen?« Ich liebe Balkone und brauche viel Licht und frische Luft – vor allem brauche ich immer Fluchtwege ...

»Mama, du bist hier in Amerika! Hier darfst du alles tun, was nicht ausdrücklich verboten ist. Und dies scheint nicht verboten zu sein. Aber es ist Winter: Lange wirst du es draußen nicht aushalten«, meint er.

Am Morgen vertilgt Jakob in dem Lokal an der Ecke ein echtes amerikanisches Frühstück mit Spiegeleiern, Bacon, Pommes frites, Würstchen und tausend anderen Sachen – alles auf einem großen Teller aufgetürmt und bunt garniert.

»Danach kann man richtig Holz fällen«, seufzt er zufrieden.

»Deine Mutter durch New York zu führen dürfte genauso schwer sein«, lächle ich ihn an.

Gemeinsam erkunden wir *unser Viertel* – jeder richtige Emigrant muss in einer neuen Stadt erst mal *sein Viertel* finden, das wissen wir beide.

Am Hudson River laufen einige sportliche Gestalten dick eingemummt am Fluss entlang. Sie haben zur Rechten ein Eisengitter, das sie vom Ufer trennt, zur Linken eine Autolawine. Ein eisiger Wind bläst ihnen ins Gesicht.

»Hier kannst du auch laufen«, meint mein Sohn. »Willst du es nicht versuchen?«

Ich werde es mir noch mal überlegen – im Moment verzichte ich lieber. Eine große, an dem Gitter angebrachte Tafel verkündet, dass hier im Frühjahr ein Park und eine neue Laufstrecke entstehen. Also gut, ich komme im Sommer wieder, beim nächsten Mal.

Wir schauen uns die Geschäfte an, alle diese verrückten kleinen Läden, die die seltsamsten Sachen anbieten: Zaubersteine, Totenköpfe aus Plastik, Schmuck in allen Variationen – einfach alles. Wir finden den nächstgelegenen *Deli* für mich, einen Lebensmittelladen, der Tag und Nacht geöffnet ist. Es gibt so viele davon, dass man sich den nettesten aussuchen kann. Ich entscheide mich für den mit dem lächelnden alten Chinesen an der Theke.

Am anderen Ende meiner Straße gibt es eine riesengroße japanische Bar mit leuchtend orangefarbenem Dach. Dort werden wir heute Abend jede Menge Sushi essen, versprechen wir uns.

»Immer wenn du von weitem dieses orange Gebäude siehst, weißt du, dass du nicht weit von deiner Wohnung bist«, sagt Jakob. »Du kannst dich gar nicht verirren.«

Natürlich bleiben wir nicht nur im Village. Unermüdlich schleppt mich mein Sohn in den nächsten zwei Tagen durch die ganze Stadt.

»Du musst lernen, dich hier frei zu bewegen«, sagt er.

Als Erstes schauen wir in sämtliche Buchhandlungen hinein. Mein Buch finden wir meistens schnell unter den Neuerscheinungen, ohne danach zu fragen. Aber erst, als wir es im Schaufenster eines großen Bücherladens sehen, sind wir beeindruckt.

»Das sieht ja schon vielversprechender aus«, meint Jakob zufrieden.

Abends, zu Hause am Tisch, erklärt mir Jakob New York. Er zeichnet auf ein großes Blatt Papier so etwas wie einen großen Baum.

»Schau, hier im Norden ist der Central Park, auf dem anderen Ende im Süden das Village, Soho, Little Italy. Wir nehmen uns erst mal nur Manhattan vor: Hier sind die Avenues und da die Straßen. Sie sind nummeriert ...«

»Ist es nicht schöner, wenn Straßen Namen haben?«, werfe ich ein.

»Du bist hier nicht in Krakau, Mama«, seufzt mein junger Lehrer.

Die Tage sind immer noch sonnig, aber auf einmal ist es sehr kalt geworden. Vom Fluss kommt ein helles, klares Licht – es scheint neue Energie zu bringen und die ganze Welt zu erhellen. Nach zwei Tagen kennen wir schon einige Gesichter in der Umgebung, die Nachbarn grüßen freundlich, so freundlich, wie es hier üblich ist. Nur der spanische Portier schaut mich immer mürrisch an.

»Mag er mich, eine osteuropäisch-jüdisch-deutsch-polnische Buchautorin, nicht?«

»Ach was, die Doormen sind alle so«, beruhigt mich Jakob.

In der kurzen Zeit hat er mir die innere Sicherheit zurückgegeben, die ich glaubte, völlig verloren zu haben.

»Bist du mir noch böse?«, frage ich ihn noch unsicher, »dass ich so einen dummen Nervenzusammenbruch hatte? Ich hätte doch, statt so ein Theater zu machen, einfach ins Hotel ziehen können.«

»Mutter«, seufzt Jakob – er möchte offensichtlich nicht darüber sprechen –, »ich weiß, was es für dich bedeutet, nachts mit zwei Koffern die Wohnung verlassen zu müssen, auf die Straße zu gehen. Das bedeutet Flucht, das bedeutet Krieg. Ich verstehe es doch, ich bin dein Sohn ... Du wirst sehen, nach ein paar Wochen wirst du hier nicht mehr weggehen wollen«, sagt er mir noch zum Abschied.

Dann kehrt er in sein Leben, in sein Berlin zurück.

Der Verlag meldet sich nicht. Was macht Louis? Na ja, versuche ich mich zu beruhigen, sie haben alle Hände voll zu tun mit der Organisation. Es braucht seine Zeit, es ist eine große Firma ... Ich gebe mir Mühe, New York zu genießen, nicht weiter nachzudenken, so zu tun, als wäre ich hier für immer. Die Sorgen der letzten Monate habe ich etwas verdrängt. Hier in Amerika scheinen sie so irreal, so weit weg. Nachts, wenn ich nicht schlafen kann, kommen sie wieder, nehmen mich gefangen. Mein Vater ... David in Israel ... Mein Vater ...

Ich rufe Goldberg an. Er hat vergessen, mir sein Buch zu schicken, aber vielleicht freut er sich, mich zu sehen. Ein einsamer alter Jude ...

»Wissen Sie noch, Herr Goldberg, wir haben uns letztes Jahr in Amsterdam kennen gelernt, ich heiße Roma Ligocka. Sie haben mich damals im Hotel angerufen. Sie haben mein Buch gelesen und ...«

»Roma Ligocka.« Er wiederholt meinen Namen und schweigt.

»Wir sprachen auch über meinen Vater. Haben Sie mich vergessen?«

»Nein, nein.« Er klingt vage. Wahrscheinlich kann er sich nicht an mich erinnern, denke ich etwas verlegen. Armer Mann, in seinem Alter nicht ganz so verwunderlich.

»Sie sind in New York?«, sagt er langsam. »Bleiben Sie lange?«

»Ja, noch ein paar Wochen.«

»Das heißt«, er scheint zu überlegen, »dann sind Sie nächsten Donnerstag noch da?«

»Aber ja. Warum fragen Sie?«

»Weil ich am Donnerstag in der großen Synagoge unten in Manhattan heirate. Ich möchte Sie zu meiner Hochzeit einladen.«

»Aber ich ...«

»Kommen Sie am Donnerstag. Ja, kommen Sie, bitte.« Er gibt sich nicht mit vielen Erklärungen ab. »Jetzt muss ich Schluss machen, ich habe noch viel zu tun. Nicht vergessen: Donnerstag, zwölf Uhr.«

Eine Synagoge oder ein Gotteshaus, wie es bei uns in Krakau so schön heißt, muss für mich klein sein, alt und versteckt. Es muss sie etwas Konspiratives umgeben. Diese hier ist groß wie eine Bahnhofshalle. Es steht auch kein Polizist vor der Tür. Ist das überhaupt eine Synagoge?

Die neue Frau Goldberg ist schwer zu beschreiben. Es wäre vielleicht leichter, sie zu malen, wenn man viel Farbe zur Verfügung hätte. Sie ist etwas größer als ich und korpulent. Ihre hochtoupierten Haare haben schon einige Überfärbungen überstanden – die Reste davon sind geblieben. Jetzt sind sie mit vielen Schattierungen von unten nach oben schwarz, dann rot und ganz oben blond. Die Schläfen sind trotz aller Bemühungen grau geblieben. Viel Schminke um die Augen, breiter

Mund, der ein wenig an einen Frosch erinnert. Ohrringe, Perlenkette. Auch ihr Alter ist schwer zu schätzen, aber es passt schon zu Goldberg. Sie hat ein Kleid aus lila glänzendem Satin an, in der Taille ist es gerafft. Dadurch wirkt ihr üppiger Busen noch fülliger und die Hüften noch breiter.

Nach der Zeremonie werden wir von Herrn Goldberg miteinander bekannt gemacht. Sie begrüßt mich laut und scheint überhaupt eine starke Stimme zu haben im Gegensatz zu Goldbergs leisem Nuscheln. Sie heißt Charlotte. Eine deutsche Jüdin. Das erleichtert die Konversation enorm.

Später stehen wir mit den Weingläsern in der Hand im Saal eines eleganten Restaurants und warten auf das anschließende Festessen. Es ist eine große Gesellschaft – die Goldbergs müssen einen breiten Freundeskreis haben.

Das Durchschnittsalter ist so um die achtzig, abgesehen von ein paar jungen Leuten, anscheinend Kinder oder Enkel der Anwesenden. Jedenfalls scheine ich von den Älteren ganz sicher die Jüngste zu sein.

Ich schaue mich um und muss feststellen: Es sind keine schönen Menschen, die um mich herumstehen. Die Gesichter haben etwas Maskenhaftes. Die wild gestikulierenden Männer haben dicke Bäuche, die Frauen sind füllig, teuer angezogen, dick geschminkt. Viel Schmuck, große Ringe, goldene Armbänder, für das Alter viel zu viel nackte Haut. Und mancher Unterarm hat eine blau eintätowierte Lagernummer ..

Ob der jüdische Gott diese Menschen wirklich lieben kann?

Wahrscheinlich. Er muss sie einfach lieben – es sind ihm aus dieser Generation nicht mehr viele übrig geblieben.

Ich werde von den Jungvermählten gleich in die Mitte genommen und ihren Gästen laut vorgestellt.

»Ihr Buch habe ich verschlungen – verschlungen, sage ich Ihnen«, verkündet Charlotte. »Und wie ich geweint habe ... Sie können Goldberg fragen.« Sie nennt ihren Mann Goldberg, es klingt jovial, aber es schwingt auch eine Spur Verachtung mit.

In dem Gespräch stellt sich aber bald heraus, dass sie nur ein paar Seiten gelesen haben muss – na ja, besser als gar nichts.

Sie stellt mich aber unermüdlich und ziemlich chaotisch den immer neu dazukommenden Leuten vor. Jedes Mal erzählt sie meine Geschichte in ein paar Sätzen, die wie die Schlagzeilen einer Boulevard-Zeitung klingen.

»Das Leben gerettet vom roten Mantel – Spielberg – Ghetto von Krakau – Film – bekannte Malerin – Bestseller.«

Dieser Wortschwall bringt mich so durcheinander, dass ich nach einer Weile selbst nicht mehr weiß, ob Spielberg einen roten Mantel getragen hatte, während ich im Ghetto von Krakau seinen Film inszeniert habe ... Die Damen um mich herum scheint es nicht zu stören. Sie drücken meine Hand, umarmen mich, wollen mit mir fotografiert werden, Blitzlichter flammen auf. Und sie wollen mein Buch lesen – sofort.

»Sie haben nicht zufällig eines dabei?«, werde ich gefragt.

»Leider nicht.« Macht nichts, sie werden es morgen selbstverständlich kaufen.

»Da kommt Theresa«, ruft plötzlich Frau Goldberg und breitet die Arme aus. Während sich die Dame zu uns stellt, informiert mich Charlotte schnell und lautstark über alles, was ich wissen muss.

»Ich kenne Theresa noch von meinen Anfängen hier. Sie ist keine Jüdin, aber trotzdem eine gute Frau und eine meiner besten Freundinnen«, erzählt sie in einem Atemzug. »Sie ist jetzt steinreich, hat einen vermögenden Mann geheiratet, und sie versteht viel von Kunst und kann eine Menge für Sie tun«, meint sie.

Die dunkelhaarige Frau, um die es geht, hört sich das mit einem milden Lächeln an. Sie ist nicht älter als fünfzig, muss also die Bekanntschaft mit Frau Goldberg schon in jungen Jahren gemacht haben. Sie ist schlank, hat ein fein geschnittenes Gesicht und wachsame graue Augen und ist diskret zurechtgemacht. Sie trägt ein dunkelgraues Chanel-Kostüm, ein paar Brillantohrringe und einen großen einzelnen Brillanten am Finger – alles schlicht und dezent, aber für jemanden, der etwas davon versteht, ist klar, dass man für diese Dinge in New York Monate, sogar Jahre sorglos leben könnte.

Theresa lächelt mich freundlich an – ihr Lächeln hat etwas Verschwörerisches. Man muss ihr auch nichts erklären, sie hat das Buch tatsächlich gelesen. Sie spricht Polnisch und hat auch aus polnischen Zeitungen von mir erfahren.

»Ist das wahr, dass Spielberg Sie geküsst hat?«, fragt sie lächelnd. »Es stand in der Zeitung. Er hat seine Villa in Kalifornien nicht weit von uns«, sagt sie noch beiläufig.

»Na, dann können Sie ihn ja fragen«, entgegne ich auch augenzwinkernd. Sie ist nett, wirklich nett. Ich mag sie vom ersten Augenblick an. Sie mich wahrscheinlich auch.

»Ich gebe nächste Woche eine Party – kommen Sie, und lernen Sie bei mir ein paar Leute kennen. Die Goldbergs erklären Ihnen wo es ist. Bis bald also«, wirft sie ein und schon ist sie verschwunden und hinterlässt eine Wolke teuren Parfüms.

»Stell dir vor, Goldberg«, ruft seine Frau beeindruckt, »Theresa hat Miss Ligocka zu ihrer Party eingeladen!«

»Wie schön«, meint ihr Mann vielsagend, und wieder werden wir von neuen Gästen bestürmt, die schon von den anderen gehört haben, dass man mich hier unbedingt »besichtigen« muss.

Zum Glück sinkt das Interesse an meiner Person genauso schnell, wie es aufgeflammt ist. Alle haben anscheinend Hunger und warten aufs Essen.

Eine junge Frau in blauem Kostüm, die vorhin am Eingang stand und wahrscheinlich die Managerin hier ist, kommt eilig auf Goldberg zu.

»Wir haben ein Problem, Mr. Goldberg«, flüstert sie, aber so, dass ich es hören kann. »Sie haben zweiundsechzig Essen bestellt, es sind aber sechsundsechzig Gäste da ...«

»A broch«, sagt Goldberg auf Jüdisch und breitet ratlos die Hände aus. »Was soll ich machen, soll ich meine Gäste hinauswerfen? Meinetwegen gießen Sie Wasser in die Suppe«, seufzt er. »Ich bin hier nur der Bräutigam ...«

Zu später Stunde, nachdem alle gegessen haben, setzt sich Goldberg noch zu mir. Er ist selig, glücklich und aufgelöst.

»Sie sollten auch heiraten, Roma. Warum sind Sie alleine?«, fragt er und mustert mich kritisch. »Eine noch so ...«, er kann sich offenbar nicht zwischen »jung« und »hübsch« entscheiden »... lebhafte Frau«, sagt er schließlich.

»Jede jüdische Frau braucht einen Ehemann«, unterstützt ihn seine Frau, die uns gegenübersitzt. »Jede«, sagt sie betonend. »Und Sie sehen noch gut aus«, fügt sie hinzu. Wenn ich bedenke, dass die beiden so um die achtzig sind, ist es ein echtes Kompliment.

»Sie sollten heiraten«, wiederholt Goldberg, der anscheinend am Tag seiner Hochzeit gern bei diesem Thema bleibt. Er hat auch schon einige Gläser Wein getrunken, und sein Toupet balanciert höchst wackelig auf seinem Schädel. »Soll ich mich hier nach jemandem für Sie umsehen?«

»Ich habe schon einen Bräutigam«, sage ich schnell und für mich selbst überraschend. Und als ich es sage, lächelt in mir drin wieder der Bajazzo. »Nur ist mein Bräutigam im Moment woanders beschäftigt ... in Israel.«

»Dann ist es ja gut.« Goldberg gibt sich mit dieser Erklärung zufrieden und wendet sich beruhigt anderen Gästen zu.

Als wir hinausgehen, sehe ich an einem Tisch am Ausgang einen Stapel von Goldbergs Büchern, und ich bekomme sogar eins von ihm geschenkt.

Am Tag von Theresas Party fängt es nachmittags schon leicht zu schneien an. Louis ruft an, um zu fragen, wie es mir geht, und um zu sagen, dass er alles tut, was getan werden muss ...

»Ein paar Journalisten interessieren sich schon für dich. Du hörst bald wieder von mir«, verabschiedet er sich.

Die Party fängt um sieben Uhr an. Als »erfahrene New Yorkerin« gehe ich schon um sechs aus dem Haus. Eine Stunde müsste reichen für den Weg im Taxi zur Park Avenue, denke ich. Hübsch zurechtgemacht – aufgedrehte Haare, neues dunkelrotes Cocktailkleid, hohe Absätze – trete ich auf die Straße. Seit einer Weile schneit es massiv, es schneit unaufhörlich, es schneit amerikanisch, möchte man sagen. Es fallen Tonnen von weißem Pulver auf die Straßen, die in Europa für Wochen reichen würden, unaufhaltsam wird das Schneegestöber immer dichter. Der Verkehr bricht zusammen – an ein Taxi ist nicht mehr zu denken. Ich stehe an der Ecke, meine Füße stecken in leichten Schuhen, meine Beine versinken fast bis zu den Knien im Schnee. Mein schönes Seidentuch, das ich mir kokett um den Hals drapiert habe, fällt zu Boden. Es wird in Sekundenschnelle ein widerlicher Lappen daraus.

Immer wieder schaue ich auf die Uhr, Panik ergreift mich. Wenn ich mit zwei Stunden Verspätung bei Theresa ankomme, ist die Party vielleicht schon zu Ende. Wer weiß, wie lange so eine Millionärsparty dauert. Ankommen, wenn alles schon vorbei ist, wäre peinlich und unangenehm. Der Schnee fällt mir ins Gesicht, meine Schminke löst sich schon auf, ich könnte laut weinen. Ich stehe mitten auf der Straße, mitten im tiefen Schnee und friere. Weine ruhig, schreie, wenn du willst, das ist doch hier allen egal, den Leuten, dem Wetter und auch den Taxichauffeuren, die nicht stehen bleiben wollen. Und das ist auch ein Grund, um eben nicht zu weinen.

Seit Jahren habe ich einen immer wiederkehrenden Traum. Ich träume, dass ich irgendwo in einer fremden Stadt müde in ein Taxi einsteige, dem Fahrer sage: »Fahren Sie nach Hause«, und er weiß, wo es ist. Er weiß, wo mein Zuhause ist, und fährt mich hin – auch wenn ich es selbst nicht herausgefunden habe.

Ein Taxi hält vor mir an, und ein dunkelhäutiger junger Mann schaut mich fragend an. Mit einem Seufzer der Erleichterung steige ich eiligst ein.

»Nach Hause«, sage ich automatisch.

»What?«, fragt er ungeduldig, ohne sich umzudrehen. »Wohin?«

»In die Park Avenue natürlich, *sorry.*«

Das Haus hat einen geschützten Eingang, der Portier eine Uniform wie ein Dreisternegeneral. Der Aufzug hält direkt im Flur meiner Gastgeberin. Die Wohnung nimmt die ganze obere Etage dieses luxuriösen Hauses ein. Der Salon besteht aus vielen Zimmern, die ineinander übergehen. Mit einem Glas Champagner in der Hand betrete ich die Räume und taxiere meine Umgebung. Schlichter Luxus. Aber natürlich mehr Luxus als schlicht. Bilder, kostbare Teppiche, pastellfarbene Sofas. Die Gäste unterhalten sich in kleinen Grüppchen. Platten mit winzigen Kanapees werden gereicht. Da und dort ein lautes Lachen, aufgesetzte Fröhlichkeit, angestrengt witzige Dialoge.

Die Gastgeberin zeigt sich, begrüßt mich und verschwindet wieder in den anderen Räumen. Sie hat ein kurzes, ärmelloses schwarzes Kleid an: Es ist sehr eng geschnitten, man sieht, dass sie kein Gramm zu viel am Körper hat. Sie trägt keinen Schmuck, nur lange, funkelnde Smaragdohrringe.

Eine halbe Stunde später stehe ich mitten in einem Grüppchen von Damen, die von meinem Buch gehört haben. Auch einige dazugehörende Herren lachen mich freundlich an. Sie wollen meine Visitenkarte haben und geben mir die ihre.

»Wir rufen an«, sagen sie, »und organisieren etwas, da muss man etwas tun. So eine interessante Frau ...« Die Herren nicken zustimmend. Aus den Gesprächen entnehme ich, dass sie alle einflussreiche Leute sind, auch wenn mir ihre Namen nichts sagen. Zum Schluss ist meine Handtasche voll von Visitenkarten.

In einer Ecke am Fenster steht ein Mann – groß, ziemlich korpulent, noch jung, blonde Haare. Er steht allein da mit dem Glas in der Hand, beobachtet die tanzenden Schneeflocken und scheint sich nicht besonders gut zu amüsieren.

Ich schaue immer wieder quer durch den Salon zu ihm hinüber – er sieht so aus, als hätte er Sorgen, und das macht ihn mir sofort sympathisch. Ich spüre es oft, wenn Menschen Kummer haben, und fühle mich gleich zu ihnen hingezogen.

Gerade will ich auf den Mann zugehen, um ihm etwas Nettes zu sagen, als sich mir ein paar andere fröhliche Damen in den Weg stellen. Sie wollen wissen, ob ich wirklich die Buchautorin bin und was ich mit Spielberg zu tun habe. Anscheinend bin ich hier heute Abend eins der Gesprächsthemen.

»Haben Sie zufällig Ihr Buch dabei?«, fragen sie und ihr Schmuck funkelt im Licht der vielen Lampen.

»Nein, leider nicht, aber es gibt es schon in den Buchhandlungen.«

»Ach so, in Buchhandlungen ...«, sagen sie enttäuscht.

Ich fühle mich langsam von ihrem unaufhörlichen Flöten und ihrer überschwänglichen Begeisterung etwas ermüdet und suche die Toilette auf, um wenigstens ein paar Minuten auszuruhen. Der Raum hat die Größe eines kleinen Salons – frische Blumen stehen in hohen Vasen, die Wände sind mit riesigen Spiegeln versehen.

Ich sehe rundherum mehrfach eine kleine dunkelrote Gestalt, meine Silhouette. Mein Gesicht starrt mich vervielfacht an. Sehe ich so aus, wie es die Menschen hier erwarten? Bin ich die Kühne aus Manhattan oder die Unsichere aus Krakau? Sieht man es mir an? Pudere dir die Nase, geh in den Salon zurück und lächle, befehle ich mir.

Als ich herauskomme, stoße ich mit Theresa zusammen, die einen furchtbar kläffenden kleinen Hund in den Armen hält.

»Roma, ich habe dich schon gesucht«, sagt sie. »Ich wollte mit dir reden. Jetzt muss ich schnell mit dem Hund runter, er regt sich schrecklich auf, wenn so viele Leute da sind, und er hat eine schwache Blase. Willst du mitkommen? Draußen sind wir ungestört.«

Theresa wirft sich ein kostbares Etwas aus schwarzem Pelz um die Schultern, ich ziehe meinen Mantel an, der Hund bekommt ein Fendi-Pellerinchen mit Nerzkragen übergestülpt, dann gehen wir.

»Dein Buch gefällt mir, du gefällst mir auch«, fängt Theresa ohne Umschweife an. »Wen kennst du in New York?«

»Ein paar Freunde habe ich hier, sie sind gerade verreist«, ich weiß nicht recht, was ich antworten soll, »und ich habe natürlich meinen Verlag ...«

»Also, du kennst hier niemanden«, stellt Theresa sachlich fest. »Ich werde morgen ein paar Leute anrufen – sie sind heute wegen des Wetters nicht gekommen. Leute, die wirklich etwas bewirken können.«

»Würdest du das tun?« Ich stapfe neben ihr im Schneematsch und spüre, wie meine Schuhe weich werden.

»Na sicher, wenn ich es dir sage.« Sie lächelt mich an, und ihr Lächeln hat wieder etwas Verschwörerisch-Kumpelhaftes.

»Weißt du, eigentlich bin ich auch aus der kreativen Zunft: Ich habe in Polen Architektur studiert und die Kunstakademie besucht, wie du. Manchmal male ich noch. Aber wenn du Bilder kaufen kannst, die dir besser gefallen als deine eigenen ... Aber ich lese immer noch gerne Bücher. O mein Süßer«, meint sie plötzlich und nimmt den Hund auf den Arm, »du zitterst ja schon. Wir müssen hinauf.«

»Siehst du den Mann am Fenster?«, fragt Theresa, als wir wieder oben angelangt sind, und zeigt auf den Blonden, den ich die ganze Zeit schon beobachtet habe. »Er ist Kulturredakteur einer der größten Zeitungen in New York. Sein Name ist Alan. Das wäre ein Anfang. Ein netter Kerl, ich mache euch bekannt. Es kann sein, dass er heute nicht sehr gesprächig ist – seine Mutter ist vor kurzem gestorben. Sie stammte aus Polen oder der Ukraine ... Ich weiß es nicht mehr genau.«

Der Mann unterhält sich gerade mit einer mageren alten Dame. Theresa stellt uns vor, geht wieder und nimmt die Magere gleich mit.

»Du bist Roma«, sagt der Mann, als wir allein sind. »Ich habe dein Buch auf dem Schreibtisch, habe es aber erst zur Hälfte gelesen, weil ...«

»Und du bist Alan und hast Kummer.« Ich lächle ihn an.

»Meine Mutter ist vor vier Wochen gestorben«, sagt Alan sofort, als hätte er auf die Frage nur gewartet. »Sie kam aus der Ukraine, war aber Polin, wir können also polnisch miteinander sprechen.«

Sein Polnisch hat einen sehr starken amerikanischen Akzent – es fehlen ihm manchmal die Worte, aber es hört sich nett an.

In der nächsten Stunde erfahre ich sehr viel über seine Mutter, die vor vielen Jahren auf abenteuerlichem Wege nach Amerika gekommen ist.

»Sie hat auch im Krieg Unglaubliches erlebt«, erzählt Alan. »Sie war zwar keine Jüdin, hatte aber viel Ähnlichkeit mit dir. Ich habe ihr immer gesagt, sie soll ihre Erinnerungen aufschreiben, bevor es zu spät ist.«

»Schreib du sie.«

»Meinst du, ich soll es tun? Vielleicht ist es eine gute Idee.«

Wir haben uns so in unser Gespräch vertieft, dass wir alles um uns vergessen haben. Jetzt ist es Zeit, zu gehen.

»Ich vertraue dir Roma an«, sagt unsere Gastgeberin zu Alan beim Abschied. »Tu ihr nichts Böses.«

»Ganz bestimmt nicht.« Alan legt den Arm um meine Schultern.

Draußen tobt immer noch der Schneesturm. Gemeinsam und mithilfe des livrierten Portiers finden wir ein Taxi.

»Ich bringe dich nach Hause«, meint Alan.

»Was hat dein Verlag schon unternommen?«, fragt er im Auto.

»Ich weiß es nicht. Ich muss Geduld haben, sagen sie.«

»Bist du verrückt? Hier hat niemand Geduld«, sagt Alan, und plötzlich erinnere ich mich, dass Louis das ganz am Anfang auch gesagt hat. Jetzt verlangt er von mir, dass ich abwarte.

»Ich will versuchen«, Alan reibt sich nachdenklich die Stirn, »etwas zu machen, damit es ein bisschen schneller geht. Lass mich überlegen ...«

»Hör zu«, sagt er nach einer Weile. »Morgen ist eine wichtige Filmpremiere, es werden alle da sein. Dein Verlag soll dir eine Einladung besorgen, ich kümmere mich um den Rest.«

Was den äußeren Rahmen betrifft, enttäuscht einen New York wirklich nicht. Es ist meistens tatsächlich so, wie man es aus den Filmen kennt. Ein roter Teppich, Limousinen, Frauen in langen Kleidern, elegante Herren, Kameras.

Ich habe ein schönes Abendkleid an, aus rosa schimmerndem Taft. Eine Freundin, Modeschöpferin aus München, hat es mir mitgegeben.

»Nimm es, bezahlen kannst du später«, sagte sie.

Na hoffentlich, dachte ich mir.

Ich konzentriere mich so sehr darauf, Alan in der Menge zu finden, dass ich ganz vergesse, all die Stars zu beobachten, die vorn auftreten. Dann sehe ich endlich Alan eine Reihe hinter mir sitzen, neben ihm eine junge Frau mit starker Brille.

»Das ist Rosemarie«, stellt Alan sie in der Pause vor, als wir – die obligatorischen Champagnergläser in der Hand – im Foyer stehen. »Sie schreibt die Gesellschaftskolumne für unsere Zeitung. Ich lasse euch allein …«

In den nächsten fünf Minuten stellt mir Rosemarie tausend Fragen und schießt auch ein paar Fotos.

»Kauf dir morgen die Zeitung«, sagt sie zum Schluss geheimnisvoll und verabschiedet sich.

Ein seltsames Gefühl, unter all den bekannten Namen seinen eigenen zu finden. Er sieht so fremd aus, als wenn er nicht zu mir gehören würde. Aber mein Foto ist auch dabei.

»Roma Ligocka, die ein bewegendes Buch über ihr Leben geschrieben hat, das gerade in Amerika erschienen ist, war früher Schauspielerin …« Warum gerade Schauspielerin? Egal.

Nachmittags ruft Alan an. Er spricht langsam – ich merke, dass ihm sein Polnisch etwas im Weg steht, und er ist aufgeregt: »Mein Chef möchte dich unbedingt sehen. Kannst du uns hier in der Redaktion besuchen?«

Alan führt mich durch die Büros. Ein großes Gebäude, viel Marmor, weite Räume. Überall hinter Glasscheiben sitzen schreibende Menschen. Nein, sie hämmern nicht in die Tasten der Schreibmaschinen wie in den alten Schwarzweißfilmen, sie sitzen still über ihre Tastatur gebeugt. Alle Sorgen, die ich mir unterwegs um mein unzureichendes Englisch gemacht habe, erweisen sich als unbegründet. Alans Kollegen sprechen viele Sprachen: Einer kommt aus Tschechien, eine andere, sehr nette ältere Dame hat in Heidelberg studiert.

Der Chef von Alan – ein sachlich freundlicher Mann – stellt mir ein paar Fragen. Meine Antworten scheinen ihm zu gefallen. Von meinem Buch hat er schon gehört, er hält es in der Hand.

»Hab ich ihm heute früh gegeben.« Alan zwinkert mir zu, dann sprechen die beiden sehr schnell miteinander. Es stellt sich heraus, dass Alan ein Porträt über mich schreiben soll. Jetzt sofort.

»Wir machen eine ganze Seite«, sagt er. »Morgen schicken wir einen Fotografen zu dir nach Hause.«

Wir suchen einen freien Raum, wo Alan ungestört unser Gespräch aufnehmen kann. Am Wochenende wird es erscheinen ...

»You are famous«, sagt der sonst so mürrische Doorman auf einmal freundlich zu mir, als ich an dem Morgen herunterkomme. Auf seinem Tisch liegt die Zeitung: ein großes Foto von mir mit Text – eine ganze Seite.

»You are famous«, sagt auch der Barmann in meiner geliebten Cipriani-Bar in Soho.

Ich werde weitergereicht und immer wieder weitergereicht. Das Telefon klingelt ständig.

»Du bist berühmt«, sagt nun auch Louis. Allerdings klingt es bei ihm noch nicht ganz so überzeugt. Er ist jetzt jeden Tag bei mir und hilft mir, sämtliche Termine zu koordinieren.

Eine große Zeitung meldet sich, möchte mich zum Gespräch einladen, dann eine jüdische, auch eine renommierte. Eine andere sehr angesehene New Yorker Zeitung, von der ich immer schon gehört habe, bringt eine Besprechung und ein Interview.

Für einen Tag fliege ich nach Toronto, wo ich ein Treffen mit hiesigen Buchhändlern habe. Inzwischen werden eiligst ein paar Lesungen organisiert. Dann ein Treffen mit irgendwelchen Managern auf einer der oberen Etagen des Empire State Building. Noch nie vorher hatte ich ein derart hohes Gebäude betreten, und ich habe beim Aufzugfahren ein mulmiges Gefühl in der Magengegend.

Louis bringt mir jeden Tag die vielen Briefe, die an den Verlag geschickt für mich ankommen. Meistens sind es E-Mails. Sie sind voller Lob. Besonders beeindruckt mich der Brief eines

Chinesen. Er hat mein Buch von einer Freundin bekommen, schreibt er, und hat sich für zwei Tage im Zimmer eingeschlossen, um es durchzulesen. Es war das erste Mal, dass er vom Holocaust gehört hatte …

Ein Leseabend im Goethe-Institut: Ich bin froh, dass ich wieder in Deutsch brillieren kann. Ich merke, wie mir eine Sprache gefehlt hat, in der ich mich wohl fühlen kann, die mir wirklich gehört. Nie hätte ich gedacht, dass ich die mir einst verhasste Sprache wirklich lieb gewinnen könnte.

Die Goldbergs sind gekommen, stolz und begeistert, genau wie Theresa auch.

Nach der Lesung bin ich erleichtert, dass die Menschen nicht anders reagiert haben, als woanders auch, und dass ich sie hier ebenfalls erreichen konnte.

Danach stellt mir Louis eine hoch gewachsene Frau vor. »Sie ist von einem großen Taschenbuch-Verlag«, flüstert er mir ins Ohr. »Es ist ein Wunder, dass sie gekommen ist.« Doch die Dame zeigt sich ganz enthusiastisch: Sie will mein Buch noch im Sommer als Taschenbuch herausbringen.

»Was bedeutet das?«, frage ich danach Louis.

Er ist geradezu empört über meine Unwissenheit. »Das bedeutet, dass man in ganz Amerika, in den kleinsten Läden, Kiosken, überall, dein Buch kaufen kann. Deine Agentin in München wird dir schon erklären, was es bedeutet.«

Wir beschließen, dass ich bald, schon am Ende des Monats, nach Hause fahre. Viel mehr gibt es im Moment für mich nicht zu tun.

»Wenn sich das Buch gut verkauft, dann laden wir Sie im September wieder ein, Miss Ligocka«, sagte die Cheflektorin des Taschenbuch-Verlags noch. »Und wir machen eine richtige Tournee durch ganz Amerika.«

Ja, wenn es sich verkauft …

Die Tage verfliegen.

»Du wirst hier gar nicht mehr wegfahren wollen«, sagte Jakob zu Beginn meines Aufenthalts in Amerika vor einem Monat.

Ich bedaure ein wenig, dass ich mein schönes Viertel nicht

besser kennen lernen konnte, so wie ich es wollte. Ich bedaure auch, dass ich Alans Blockhütte im Wald, irgendwo in der Nähe von Woodstock, in die er mich eingeladen hatte, nicht sehen und seinen kleinen Sohn Mickie nicht kennen lernen konnte. »Kommt alles im Herbst«, tröstet mich Alan.

Jetzt heißt es Koffer packen. Schon wieder sind es viel zu viele Sachen, die nicht hineinpassen. Kleider, Geschenke.

Ich nehme das Buch von Goldberg in die Hand. Es war schwierig für mich, es auf Englisch zu lesen. Die Seite über meinen Vater habe ich natürlich sofort gefunden. Jetzt lese ich sie noch mal ...

❖

»Ich habe schrecklichen Hunger. Ich denke an nichts anderes, nur ans Essen. Wir bekommen nur zwanzig Gramm Brot am Tag und Wassersuppe. Die Leute sterben wie die Fliegen. Um ein Stück Brot kämpfen sie miteinander. Es wird immer brutaler.

Ich habe mich mit einem Juden aus Krakau angefreundet: Er heißt David Liebling. Er ist älter als ich, so um die dreißig, und ich bin erst sechzehn. Liebling gibt mir oft seine Ration Brot. Er hat durch seine Arbeit häufig die Erlaubnis, sich außerhalb des Lagers zu bewegen – dadurch kann er auch etwas zum Essen organisieren. Abends, nach zehn bis zwölf Stunden Arbeit, erzählen wir uns Geschichten.

Liebling ist schon lange im Lager und erklärt mir viele Dinge. Er warnt mich vor dem Lagerkommandanten Göth, der Menschen in den Hinterkopf schießt oder vom Balkon seiner Villa aus Schießübungen veranstaltet, indem er aufs Geratewohl auf die Gefangenen feuert. Die Juden müssen seinen Hund ›Herrn Rolf‹ nennen.

Liebling erzählte mir außerdem über Aufhängungen im Lager. Die Menschen wurden an den Füßen aufgehängt.

Liebling hat mich zum Hinrichtungsplatz mitgenommen. Bedrohlich standen dort die Galgen.

Freunde von Liebling arbeiteten in einer Reparaturwerkstatt, wo sie für die Deutschen Radios reparierten und dadurch die

Möglichkeit hatten, verbotene Übertragungen der Alliierten zu hören. General Eisenhower sagte, dass die Deutschen, die Gefangene töten, nach dem Kriegsende als Kriegsverbrecher behandelt würden. Bloß, ob wir so lange durchhalten werden, um es zu erleben?«

❖

Er hat es überlebt. Als junger Mann ist Goldberg dann nach einer langen Odyssee in Amerika angekommen. Jetzt ist er über achtzig, und ich war auf seiner Hochzeit ...

»Willst du eine Limousine?«, fragt Louis.

»Nein, ein Taxi genügt, wirklich.«

Er und Alan kommen in der Früh in meine Wohnung, um mich zu verabschieden.

»Ich fahre mit zum Flughafen«, entscheidet Alan spontan. Louis gibt mir einen herzlichen Händedruck. »Wir sehen uns.«

»Ja, ich komme hierher zurück. Wir sehen uns im Herbst. Schreib das Buch über deine Mutter«, sage ich zu Alan.

Im Flugzeug nehme ich einen Spiegel und schaue mir mein Gesicht genauer an. Es sieht müde aus. Aber wenigstens kann ich in den Spiegel schauen, denn ich habe nicht gänzlich versagt.

»Viel Glück gehabt«, meldet sich die Vernünftige.

»Ja, und wo warst du, als ich meinen Nervenzusammenbruch hatte?«

»Wenn man schon einen Nervenzusammenbruch hat, dann braucht man keine Vernünftige mehr«, meint sie bissig. »Außerdem, wenn ich dir nicht geholfen hätte, würdest du immer noch in dieser Bruchbude sitzen, die Wand anstarren und vielleicht Tabletten schlucken.«

»Aber es war doch Jakob, der ...«

»Manchmal vertritt mich eben Jakob bei dir«, seufzt sie. »Es gibt Zeiten, da brauchst du viele kluge Menschen an deiner Seite.«

Ich schließe die Augen. New York – ich versuche mir über meine Gefühle für diese Stadt klar zu werden, aber es ist nicht leicht. Du kannst die Stadt lieben oder hassen, du kannst bleiben oder weggehen: Es spielt keine Rolle. Wenn du da bist, gehörst du sofort dazu, mit deiner Liebe oder mit deinem Hass. Du gehörst zu dieser breiten Masse der liebenden, hassenden, trauernden, lachenden Menschen, deren Strom durch die Stadt fließt. Deine Empfindungen sind nicht wichtig, der Fluss trägt dich mit.

Und wenn du weggehst, egal, ob du ein wichtiger Mensch bist oder ein unwichtiger, ist es nicht wichtig. Es kommt ein anderer.

Die Stadt nimmt dich an, wenn du kommst, und sie lässt dich gehen, wann du willst – ohne Trauer und ohne Gedächtnis.

Was mich betrifft, konnte sich das Schicksal wieder nicht entscheiden zwischen einer Katastrophe und einem Happyend. Nehmen wir an, es war ein Happyend.

Februar

Was erwartet einen allein lebenden Menschen nach langer Abwesenheit zu Hause? Nur die Post. Ein großer gelber Umschlag, in dem die für mich angekommenen Briefe von einem netten Nachbarn gesammelt wurden, lehnt an der Tür.

Ich breite die Briefe wie einen großen Fächer auf dem Schreibtisch aus und betrachte sie zuerst, ohne sie zu öffnen. Viele bunte Umschläge, jeweils in einer fremden Schrift. Bei den meisten vermute ich nette, freundliche Leserbriefe, die ich oft bekomme. Doch ungeöffnet machen sie mir Angst. Es ist eine ähnliche Angst, wie ich sie empfinde, wenn es überraschend an der Tür klingelt. Steht ein Fremder draußen? Was hat er vor? Solche Ängste entstehen, man kann sie nicht verscheuchen – ich jedenfalls nicht.

Ich friere leicht. Die Wohnung wärmt sich nur langsam auf, trotz aufgedrehter Heizung. Eine Wohnung, in der lange Zeit niemand gewesen ist, braucht Zeit, um richtig warm zu werden. Ich glaube, sie braucht die menschliche Wärme. Es scheint mir, als warten die Räume auf meinen Atem, um wieder leben zu können.

Zurück nach Hause zu kommen ist für mich jedes Mal ein seltsames, ein inniges Erlebnis. Vielleicht noch inniger, weil ich weiß, dass dieses Zuhause nur geliehen ist und mir in Wirklichkeit nicht richtig gehört. Das Gefühl eines jederzeit möglichen Verlustes von allem, was man hat, erweckt manchmal das Bedürfnis nach intensivem Daran-Festhalten.

Mein Blick schweift über die still stehenden weißen Möbel, begrüßt die gewohnten Gegenstände, die an den Wänden angelehnten bunten Bilder – von meiner Hand vor langer Zeit gemalt –, wandert nach draußen. Leichte durchsichtige Schneeflocken fallen auf den Balkon. Sie bleiben nicht liegen, verschwinden gleich. Es ist nicht kalt, nicht warm, nur still und grau. Die Natur scheint innezuhalten und auf irgendetwas zu warten.

Eine Zeit lang werde ich mich hier akklimatisieren müssen. Es stehen mir ein paar schlaflose Nächte bevor. Ich werde aufrecht im Bett sitzen – ein schlechter Schläfer wie ich, nun vollständig des Schlafs beraubt. Und wenn diese Phase überstanden ist, werde ich über meine Siege und Niederlagen in Amerika nachdenken. Ich werde sie auseinander halten und zu ordnen versuchen. Es sind kleine Aufräumungsarbeiten, die eine einsame Ameise wie ich immer wieder im Leben tun muss.

Doch zuerst bin ich nur froh, dass ich lebendig und einigermaßen unbeschadet in meine alte Welt zurückgekommen bin. Nur einen Monat bin ich weg gewesen, aber es scheint mir, als wäre es viel länger gewesen. Es kommt mir so vor, als hätte ich in einem fremden Film eine Rolle gespielt, die nicht für mich geschrieben war.

Jetzt gebe ich mich dem gewohnten Ritual des Briefeöffnens hin. Irgendwo muss die Realität meines Alltags doch anfangen:

Rechnungen, wie immer, Einladungen: »Herzlichen Dank, leider war es mir nicht möglich ...«, werde ich antworten müssen.

Ich fische aus der Menge zuerst einen rosa Umschlag. Nur einer? Malina scheint nicht viel Zeit zum Schreiben gehabt zu haben. Oder ist sie vielleicht wieder krank?

Nein. Alles in Ordnung, es geht ihr gut. Warum muss ich immer das Schlimmste vermuten? In Krakau ist ein strenger Winter eingezogen. »Alles klirrt und bebt vor Kälte«, schreibt Malina. Nur ihre »guten Gefühle sind nicht eingefroren«. Sie denkt an mich unverändert mit viel Wärme und Zuneigung. Als hätte ich ihre junge, leutselige Stimme gehört. Ihr Brief strahlt diese fröhliche Zuversicht aus, dass in jedem Augenblick etwas Gutes passieren kann, auch mitten im kältesten Winter.

»Ich hoffe, dass Sie bald nach Hause kommen und wieder in Ihrer Wohnung leben. Vielleicht ist es naiv von mir, aber ich freue mich, wenn Sie nur ein paar Autostunden entfernt sind und nicht in Amerika wie jetzt, wo uns ein ganzer Ozean trennt. Ich habe sehr viel Zeit im Archiv verbracht, um interessantes Material für Ihre Geschichte, die inzwischen ein wenig auch meine Geschichte geworden ist, zu finden. Und: Ich muss Sie leider enttäuschen – ich war selbst auch enttäuscht. Ich habe fast nichts gefunden. Kaum zu glauben aus der heutigen Sicht, aber wahr: Es gibt kaum Dokumente über Juden aus den ersten zwei Nachkriegsjahren. Als hätte es sie gar nicht gegeben. Nach diesem schrecklichen Krieg scheint sie niemand vermisst zu haben, wo doch allein in dieser Stadt tausende von Juden ermordet worden sind. Oder waren alle nur so sprachlos? Selbst das Wort ›Jude‹ kommt fast gar nicht vor. Ich konnte es zuerst nicht glauben, aber es ist so. Ich habe mich natürlich vorwiegend auf die in Krakau erschienenen Zeitungen konzentriert, aber um die geht es uns ja. Ich vermute, in den anderen Städten sah es nicht anders aus.

Die Anwesenheit von Juden im damaligen Leben merkt man nur in den unzähligen Vermisstenanzeigen. Sie erinnern sich sicher noch aus Ihrer Kindheit daran. Ich weiß, dass Sie schon damals Zeitung gelesen haben. Es sind richtige Hilfeschreie – einige gehen wirklich ins Herz –, wenn man sich die Schicksale, die dahinter stehen, vorstellt.

Außerdem fällt auf, dass gerade eine große ›Abrechnungsaktion‹ im Anmarsch war: Man spürt förmlich die starken Rachegefühle in der Luft. Es betrifft alle: Behörden und Gerichte, große Leute und kleine Leute. Und natürlich ist es eine Zeit der Grausamkeit. Da kann man sich gut vorstellen, dass unter den vielen Schuldigen auch einige Unschuldige gewesen waren, die man mitverfolgt, eingesperrt und verurteilt hat. Kann es sein, dass dies auch das Schicksal Ihres Vaters gewesen ist?

Liebe Roma! Ich habe Ihnen wahrscheinlich wenig geholfen. Einige Sachen, die meine Aufmerksamkeit oder vielmehr mein Gefühl für die damalige Zeit sensibilisiert haben, habe ich für Sie abgeschrieben. Kopieren konnte ich es nicht, weil die Blätter so stark vergilbt und brüchig sind. Ich bin sicher, Sie werden auch so die Wahrheit finden. Und ich bin überzeugt, Sie werden mit der Geschichte fertig – so wie Sie mit allen Krisen in Ihrem Leben fertig geworden sind …

Bei mir tut sich vieles im privaten Bereich: Peter und ich haben uns verlobt. Wir haben uns viel Zeit gelassen zum Überlegen, obwohl ich glaube, dass wir es im Grunde unserer Seelen vom ersten Augenblick an beschlossen haben. Er ist älter als ich – dies hat mich am Anfang unsicher gemacht. Jetzt nicht mehr. Auch ob meine Krankheit geheilt ist, weiß ich nicht, und ich werde es nie endgültig wissen. Kann ich diese Ungewissheit einem anderen Menschen zumuten? Aber Peter sagt, er sei kein ›anderer Mensch‹ mehr, und was auf uns zukommt, werden wir zusammen durchstehen.

Ich würde mir so wünschen, liebe Roma, und es wäre das schönste Geschenk, wenn Sie bei unserer Hochzeit dabei wären. Ich weiß bloß nicht, wann sie stattfindet. Es hängt von Peters Arbeit ab und auch vom Geld. Im Moment haben wir nicht viel, es reicht noch nicht, und wir wollen unsere Hochzeit doch so schön wie möglich gestalten. Also, alles ist noch offen … Ich hab Sie sehr lieb …«

Es folgen lose Blätter, sauber in Malinas schöner Schrift vollgeschrieben.

Danzig, 4. Juli 1946. Öffentliche Hinrichtung der Verbrecher aus dem Lager Stutthof. Durchgeführt von den Freiwilligen unter den Insassen des Lagers. Es wurden vierzehn Galgen aufgestellt. Unter den freiwilligen Henkern war auch eine Frau. Der Hinrichtung hat eine sehr große Menge Menschen zugeschaut.

Fiorello la Guardia, ehemaliger Bürgermeister von New York und heutiger Direktor der UNRRA, besucht Warschau mit einer großen Menge von Paketen. Er verteilt sie auch selbst unter der Bevölkerung.

Im Lager Plaszów gab es zahlreiche Selbstmorde unter den Insassen. Viele verloren den Verstand. Für alle Vergehen gab es nur eine Strafe – die Todesstrafe. Zum Beispiel für Kartenspielen oder Zigarettenrauchen.

Es werden jetzt so genannte Volksgerichte entstehen, deren Aufgabe es ist, Fälle, die mit der Kriegszeit zu tun haben, zu behandeln.

Als Beisitzer werden Bürger aus der Bevölkerung ernannt – sie haben das Recht über Schuld und Strafe zu entscheiden.

Suche einen 14-jährigen Jungen, Henryk Gründmann, der 1944 verhaftet worden ist. Nachricht erbeten an Blichstr. 14, an den Namen Unschuld.

Wer hat im Lager meine Schwester getroffen? Bitte um Nachricht. Zukerberg, Apotheke.

Der Weltkongress der Juden beziffert die Zahl der ermordeten Juden auf 5,7 Millionen. Von den 3,5 Millionen polnischer Juden haben etwa achtzigtausend überlebt.

Wer weiß etwas über das Schicksal von Konrad Josef, zuletzt gesehen in Auschwitz, Block 4E. Erbitte Nachricht. Tochter Pola, Krakau, Slowackiegostr. 10/4.

Hollender, Salomon – Gefangener in Monteluppi – von seinem Vater gesucht. Batoregostr. 33

Auf der Wiese in Plaszów hat ein großes Volksfest stattgefunden, Juni 1945.

Zwei Männer vom Militärgericht wegen Banknotenfälschung zum Tode verurteilt. Das Urteil wurde am 2. Januar 1946 vollstreckt.

Die polnische Regierung, im Verständnis der psychischen Situation der Juden, erwägt eine positive Einstellung zu Emigrationsersuchen. 6. Januar 1946

Wer weiß, wo sich mein Töchterchen Dzidzia Hurwitz befindet? Am Bahnhof Krakau 1944 von mir getrennt. Bitte herzlichst um jede Nachricht an die Redaktion.

Ich suche Fotos meiner Tochter Pola Kirch und meiner Mutter Helena Kirch, die in Auschwitz ermordet wurden. Krakau, Szpitalnastr. 9, Kirch, D.

VERBRECHER MÜSSEN ANGEZEIGT WERDEN!
Jeder Bürger hat die dringende Pflicht, einen Verräter oder Kollaborateur, der ihm bekannt ist, anzuzeigen.

Wer weiß etwas über eine Gefangene in gelben Stiefeln, die aus dem Monteluppigefängnis geflohen ist? Nachricht an Rekawkastr. 7, Laden.

Goldner, Luis aus New York City sucht Bruder Motel Goldner und seine fünf Kinder. Nachrichten an die Red.

Das Volksgericht hat den Fall der Hausmeisterin Helen Bank verhandelt. Die Beschuldigte hat ihre Nachbarin erpresst, indem sie gedroht hat, sie als Person jüdischer Abstammung bei den Deutschen anzuzeigen, wenn sie von ihr nicht ihren Wintermantel bekommt. Die Hausmeisterin wurde zu drei Jahren und Verlust des Eigentums verurteilt.

Jan Jawor wegen Mitarbeit mit dem Feind vom Volksgericht zum Tode verurteilt.

Bäcker vom Bezirksstrafgericht wegen illegalen Backens von Weißbrot zu zwei Jahren Gefängnis verurteilt.

Alle Juristen haben die Pflicht, sich bei den Behörden zu melden und sich registrieren zu lassen, da sie als Richter in den Volksgerichten für ein bis zwei Jahre abkommandiert werden können.

Volksgerichtverhandlung gegen Schmul Liebeskind, der als Blockkommandant die Gefangenen misshandelt hat.
Nach Anhörung der Zeugen wurde er zum Tode verurteilt.
16. April 1946

Wer weiß etwas über das Schicksal von Josi Süßermann aus Krakau, ein siebenjähriger Junge, blaue Augen, blonde Haare. Er wurde seiner Mutter weggenommen im März 1943 in Krakau. Bitte dringendst um Nachricht – gegen Belohnung. Krakau, Koletekstr. 17/19

Einbruch in die Redaktion der Zeitschrift Przekroj/Querschnitt. Es wurden vier Kilogramm Bonbons gestohlen, die als Geschenk für Kinder bei einem Wettbewerb vorgesehen waren.

Vieles kommt mir bekannt vor. Ich war damals nur ein Kind, aber die Zeit – die atemlose, böse, verletzte Zeit – kommt mir bekannt vor, als wäre sie auch ein Teil von mir.

So viel von Malina. Ihre Abschriften bringen mir keine neuen Erkenntnisse, sind aber Spiegel der Zeit. Ansonsten habe ich diesmal ungewöhnlich viele Briefe aus aller Welt, aus exotischen Ländern erhalten. Mein erstes Buch hat inzwischen den Weg durch viele Staaten gemacht. Eine junge Frau schreibt mir aus Sibirien, ein Chinese, der das Buch in New York bekommen hat und mir schon mal geschrieben hat. Meine Erinnerungen waren für ihn die erste Begegnung mit dem Holocaust, und er kann sich immer noch nicht beruhigen nach dieser Lektüre.

Ein Rabbiner aus Toronto ist auch dabei, es findet sich sogar eine entfernte Cousine von mir aus Schottland, von der ich noch nie etwas gehört habe.

Anerkennung, Verständnis, Lob: Manchmal frage ich mich bange, ob die Sympathien wirklich mir gelten. Und immer wieder die Worte, die am wichtigsten für mich sind: »Liebe Roma, vieles, was Sie schreiben, empfinde ich auch genauso ...«

Viele Briefe kommen jetzt per E-Mail, aber manche Menschen schreiben noch wie ich mit der Hand. Ich versuche dann, mir hinter den verschiedenen Handschriften den lebenden Menschen vorzustellen.

Der nächste Brief ist maschinengeschrieben und fängt sehr höflich an: *»Sehr verehrte Frau Ligocka ...«* Es ist nur eine Seite, und mein Blick wandert schnell nach unten – keine Unterschrift. Also doch.

»Du bist eine dumme Frau«, schon werde ich geduzt, »das alles stimmt nicht, was du erzählst. Du kannst dich an nichts erinnern, du warst zu klein, es ist unmöglich, dass du dich erinnerst. Du willst nur die Menschen täuschen, es stimmt nicht, dass du Angst hast, was erzählst du für Sachen? Du gehst aus und machst Reisen, also hast du keine Angst, es ist alles gelogen, und überhaupt sei ganz still, weil dein Verwandter, ein *sehr* naher Verwandter, ein Kapo im Lager war: Es stand in der Zeitung, jetzt wissen es alle, schäm dich ...«

Willkommen, du anonymer Schreiber, du bist der Erste. Ich habe noch nie einen solchen Brief bekommen, und ich lebe schon ziemlich lange. Es ist ein unheimliches Gefühl, als würde in meinem Inneren alles erstarren und auf einmal stillstehen. Es wird mir beim Lesen nur kalt, kalt und grau, passend zu dem Wetter da draußen.

Zuerst war dieser Zeitungsartikel vor ein paar Monaten an mich geschickt worden, auch ohne Absender – aber das hier ist etwas anderes. Jetzt weiß ich, was für eine glückliche Autorin ich bis jetzt war: lauter nette, gut gemeinte Briefe von Freunden.

Willkommen, du Anonymer, willkommen, böser Mann! Du hast mich erwischt – dies war sicher dein Ziel und das hast du erreicht. Denn die guten Briefe streicheln nur, manchmal machen sie auch nachdenklich. Briefe wie deiner treffen. Mitten ins Herz möchte man sagen, und so empfindet man es auch. Schade, wirklich schade, dass du deinen Namen nicht genannt hast, denn ich hätte dir geantwortet. Sofort. Es hätte mich gereizt, gerade mit dir ein Gespräch zu führen, dich zum Beispiel zu fragen, warum du das tust.

Warum?

Ist es dir im Leben so schlecht ergangen? Auf wen bist du so wütend, dass du es bei mir abladen musst? Ist jemand aus deiner Familie die Ursache gewesen? Oder das Leben als solches, das dich schlecht behandelt hat? Sei beruhigt, mich hat es auch nicht verwöhnt, auch wenn es jetzt anders aussieht, aber ich liebe das Leben trotzdem, und das unterscheidet uns. Ich habe nicht das Bedürfnis, jemandem wehzutun, um mich besser zu fühlen. Hast du dich wenigstens besser gefühlt, nachdem du den Brief an mich abgeschickt hast? Ich bezweifle es.

Du schreibst, ich war zu klein, um mich an etwas aus der

Kriegszeit erinnern zu können. Nur, ich war im Krieg zwei, dann drei, dann vier und fünf Jahre alt. Ab wann, deiner Meinung nach, fängt die Erinnerung an? Ab wann habe ich das Recht, mich zu erinnern? Wie viele Jahre müsste ich im Ghetto von Krakau gewesen sein – denn davon erzähle ich ja –, um darüber schreiben zu dürfen?

Gibt es eine Behörde, die die Lizenz zum Sicherinnern erteilt? Wenn es sie gäbe, ich hätte mich ihr gerne gestellt. Nun, du bist leider nicht auf dem Laufenden, mein verehrter Anonymer, denn seit vielen Jahrzehnten versuchen Wissenschaftler das menschliche Gedächtnis zu erforschen, dahinterzukommen, wie es funktioniert. Warum erinnern wir uns an etwas und wann nicht? Sie wissen schon lange, dass in extremen Situationen das Gedächtnis sehr früh einsetzt – womöglich bereits im Mutterleib.

Lieber Anonymer, beantworte mir eine Frage: Hat dich jemand im Alter von zwei Jahren vergewaltigt? Du weißt, so etwas gibt es leider, auch wenn es unvorstellbar ist. Ich hoffe für dich, es ist nicht geschehen, obwohl es deine Wut und deine Sucht, jemandem wehzutun, erklärt hätte.

Aber glaub mir, wenn es so gewesen wäre, egal in welchem Alter, du würdest dich daran erinnern. Garantiert. Und mich, stell dir vor, mich hat man als Kind in gewisser Weise auch vergewaltigt, nicht sexuell – es gibt verschiedene Formen von Vergewaltigung –, sondern körperlich, psychisch und geistig. Deswegen weiß ich, wovon ich rede – du anscheinend nicht.

Die Angst, die ich habe, glaub mir, ist mit dem Hass zu vergleichen. Man kann auf zwei Arten mit seinen Gefühlen umgehen. Man kann den Hass in sich wachsen lassen, man kann aber auch versuchen, ihn zu überwinden, ihn klein zu halten oder einfach mit ihm zu leben. Ich lebe mit der Angst so gut es geht, ich versuche, sie zu bezwingen, seit Jahrzehnten schon, und darum schenken mir Menschen ihr Vertrauen, und es gibt einige, die mich auch mögen – kannst du das auch von dir behaupten? Du glaubst mir nicht, schreibst du, trotzdem ist es wahr: Ich lebe mit der Angst. Jede Nacht und jeden Tag. Angst ist mein ständiger Begleiter. Auch vor dir habe ich Angst – das freut dich sicher –, denn du kannst mich verletzen, jederzeit. Aber nur verletzen, nicht vernichten. Wie schade für dich! Ich glaube, vielen Menschen geht es so wie mir auch, sie haben mit Angst und Verzweiflung zu kämpfen. Und ich werde auf sie zugehen, und ich werde für sie schreiben, dagegen bist du machtlos.

So, mein Lieber, ich hätte gern weiter mit dir diskutiert, aber du hast ja keinen Namen und keine Adresse hinterlassen. Also nur noch das Letzte: Mein Vater sei Kapo im Lager gewesen – meinst du. Er war es nicht, und ich werde versuchen, es zu beweisen. Du weißt es doch auch nur, weil du es in einer Zeitung gelesen hast. Und selbst wenn es so wäre – glaubst du, ich werde mich als Richter meines Vaters aufspielen? Hör gut zu: Mein Vater hat in der schlimmsten Zeit gelebt, die Menschen sich vorstellen können. Er hat in der schlimmsten Hölle gelebt, die Menschen anderen Menschen bereitet haben, und er wurde in dieser Hölle gefangen, ohne sich wehren zu können. Willst du über ihn richten? Soll ich es tun? Selbst wenn es über meinen Vater nichts Besseres zu berichten gäbe – aber es gibt vieles: Er hat mir mein Leben geschenkt und dadurch die Chance gegeben, es besser zu leben, damit ich Menschen wie Menschen behandle.

Deswegen versuche ich auch mit dir wie mit einem Menschen zu reden, zwar nur in Gedanken, aber eine andere Möglichkeit hast du mir ja nicht gegeben. Ich möchte in dir einen Menschen sehen, einen Fremden, mir sehr Fremden, aber doch einen Menschen ...

Das Telefon klingelt. Es gibt auch gute Nachrichten. Gott sei Dank. Es gibt auch Erfreuliches. Ein großer Produzent will mein Buch verfilmen. Er sucht mich schon seit einiger Zeit, denn er will mich unbedingt persönlich kennen lernen, bevor er seine Entscheidung trifft. Und ich war ja in Amerika. Inzwischen hat er Zeit gehabt, das Buch zu lesen. Wir werden uns morgen in einem Café treffen. Wenn dies keine gute Nachricht ist!

Am nächsten Tag betrete ich das Café in der üblichen Uniform: schwarzes Lederjäckchen – Filmemacher lieben schwarze Lederjacken – und, man will schließlich dazugehören, weißes Blüschen – das macht jünger – diskretes Make-up, hohe Absätze – das kann nicht schaden. Ich setze auch das professionell-optimistische Lächeln auf, das besagt, dass man mit mir nicht nur Pferde stehlen, sondern auch Filme drehen kann.

Noch bevor wir uns begrüßt haben und ich mich hingesetzt habe, weiß ich schon, dass in diesem Fall mein ganzes Getue gar nicht nötig sein wird. Der da vor mir sitzt, zusammen mit seinen drei jungen Mitarbeitern, ist ein seriöser, vernünftiger älterer Mann. Aufgeschlossen und humorvoll, ein Mensch und kein »Macher«. Er war wirklich neugierig auf mich, hat das Buch tatsächlich gelesen, und er hört zu, stellt Fragen. Lauter positive Aspekte.

Je länger wir uns unterhalten, desto klarer sehen wir schon den fertigen Film vor Augen. Nicht nur ich sehe ihn, er auch. Und er will den Drehbeginn sehr bald festlegen, denn er möchte den Film so schnell wie möglich in den Kinos sehen.

Später sitzen wir noch mit meiner Agentin zusammen und stoßen mit einem Glas Champagner auf den Erfolg an. Sie scheint im Augenblick glücklicher zu sein als ich. Glück, ich kann mich nicht zu sehr und nicht zu schnell damit anfreunden. Glück, was ist das schon? Ein bisschen Ruhe und Zufriedenheit hat mir immer schon genügt, und auch das musste ich mir hart erkämpfen. Aber natürlich freut sich jeder Autor, wenn sein Buch verfilmt wird. In diesem Fall ist es nicht nur ein Buch – es ist mein Leben.

»Was hätte meine Mutter dazu gesagt?«, frage ich mich auf dem Weg nach Hause, »dass das Leben ihrer Tochter und auch ihr eigenes verfilmt wird.«

Sie hat oft, als das Telefon bei uns klingelte, im Scherz gesagt: »Geh ran, Roma. Das ist sicher Hollywood für dich.«

»Den Produzenten hast du schon auf deiner Seite«, hätte sie heute gesagt. »Hoffentlich kommen auch ein paar Leute ins Kino, um sich den Film anzuschauen, wenn es so weit ist.«

Jetzt weiß ich, und ich weiß es besser als damals, als sie noch lebte, wie viel Glück und Stolz hinter diesen Wörtern verborgen wären. Gefühle, die sie nie ausdrücken konnte.

Ohne dass ich es beabsichtigte, beginnen sich in meinem Kopf schon Pläne zu formen, lauter schöne Aussichten. Der Produzent wollte den Vertrag ja bald unterschreiben. Ich würde dann auch als Beraterin tätig sein, das wäre wieder eine Filmarbeit für mich, wie ich sie viele Jahre gemacht habe. Mal war es schön, an manchen Tagen habe ich es gehasst – aufregend war es immer. Und jetzt wäre es mein eigener Film. Davor oder danach könnte ich eine lange Italienreise machen: Rom, Sizilien ...

Wenn der Vertrag unterschrieben ist, beschließe ich, werde ich auch noch ein schönes Fest machen und gute Freunde einladen. Ich habe sie in den letzten Monaten ziemlich vernachlässigt.

Beschwingt und unternehmungslustig komme ich nach Hause. Ich freue mich über die neue Kraft, die ich auf einmal in mir spüre. Ich hätte mich gern noch ein bisschen der Freude hingegeben, die gute Stimmung noch eine Weile ausgekostet – wenn es jemanden gäbe, mit dem ich diesen Augenblick feiern könnte.

Aber ich bin allein in diesem großen weißen Zimmer mit dem hellen Fußboden, den hohen Flügeln der Balkontür, mit dem blauen Streifen Vorhang an den Seiten. Wir sind allein, mein Zimmer und ich, so allein, dass ich manchmal nicht weiß, wo ich aufhöre und der Raum anfängt – oder umgekehrt.

Auf einmal muss ich an David denken. Trotz all dieser Weite, die uns trennt, ist er auf einmal präsent, als stünde er neben mir. Ich denke an ihn mit der ganzen Kraft und Intensität, die ich mir die letzten Monate nicht erlaubt habe. Wo ist er? Was macht er? Soll ich ihn anrufen?

Er hätte sich jetzt mit mir gefreut. Von ganzem Herzen, ohne Neid und auch ohne zu große Erwartungen. Einfach so. Er hätte eine Flasche vom besten Champagner ausgesucht – er kennt sich bei Wein gut aus –, und ich hätte mit Freude zugeschaut, wie er sie öffnet. Ich habe so gern seine schönen Hände angesehen, die präzisen Bewegungen seiner schlanken Finger. Beim Pfeiferauchen, Gläserfüllen, Klavierspielen. Seine dunkelbraunen Augen hätten jetzt aufgeblitzt, er hätte den Arm um mich gelegt ...

»Unsere Augen sind gleich dunkel«, hatte er mal gesagt, »aber deine sind mehr schokoladig.« Verliebte Gespräche, so albern, so schön und so weit weg ...

Der lange, heiße Sommer. Ein Abend fällt mir ein. Kein besonderer, einer von vielen. Es war sehr warm, selbst in den späten Stunden pulsierte die Luft vor Hitze. David saß am Klavier, seine Finger flogen über die Tastatur. Er suchte eine Melodie, die er nicht finden konnte. Ich stellte ein Glas Wein neben das Klavier, beugte mein Gesicht über seinen braun gebrannten Nacken.

»Du spielst wunderschön«, flüsterte ich in einem Anflug von Zärtlichkeit. Er drehte sich zu mir um und grinste mich auf seine gewohnte spöttische Art an: »Na ja, ein Rubinstein bin ich nicht.«

Nein, ich rufe ihn nicht an. Ich möchte nicht den falschen Augenblick erwischen und mir das wenige, was übrig geblieben ist, noch verderben. Irgendwo tief im Herzen weiß ich, er würde sich über meinen Anruf freuen. Er ist derselbe geblieben, er weiß, dass ich ihn vermisse und wir uns wiedersehen werden. Ich weiß es auch, aber ich möchte es nicht prüfen. Nicht jetzt. Ich werde ihn vielleicht anrufen. Später.

Die Akte. Ein paar Tage später kommt sie mit der Post aus Warschau. Ich packe sie wie ein ganz normales Paket aus und weiß gleichzeitig, dass es das Schicksal meiner Familie enthält oder wenigstens einen Teil davon. Ein grauer Pappdeckel, lose Fotokopien. Ich denke an die paar guten Freunde, die ich habe: Werden sie zu mir halten, wenn sich der Verdacht bestätigt? Werde ich es ihnen erzählen können? Jakob? Der Gedanke an ihn tut zu weh. Ich muss das Ganze von ihm

PROKURATOR
SPECJALNEGO SĄDU KARNEGO
w Krakowie.

Dnia 7 września 1945 r.

Nr akt: I Ds spec. 1040 /45.

Zarządzenie o aresztowaniu.

Prokurator Specjalnego Sądu Karnego w Krakowie w sprawie przeciw Lieblingowi Dawidowi

podejrzan. o zbrodnię z art. 1. dekretu P. K. W. N. z dnia **31. sierpnia 1944 r.** Dz. U. R. P. nr 4 poz. 16 o wymiarze kary dla faszystowsko-hitlerowskich zbrodniarzy winnych zabójstw i znęcania się nad ludnością cywilną i jeńcami, oraz dla zdrajców Narodu Polskiego — na zasadzie art. 9 dekretu P. K. W. N. z dnia 12. IX. 1944 r. Dz. U. R. P. nr 4 poz. 21

zarządza

w stosunku do wyżej wymienionego podejrzanego Lieblinga Dawida

aresztowanie.

Aresztowany pozostaje do wyłącznej dyspozycji Prokuratora Specjalnego Sądu Karnego w Krakowie i bez jego zarządzenia nie może być zwolniony.

Prokurator

Zarządzenie to ogłoszono mi

dnia 7 września 1945 r. o godz. 13

(podpis aresztowanego)

fern halten, es erst einmal ganz allein erleben. Mein Sohn hat doch keine Familie - nur mich. Und das Porträt seines Großvaters auf dem Schreibtisch ... Es ist Mittag, als ich zu lesen beginne. Weder Krieg noch Erdbeben hätten mich jetzt davon abgehalten.

Als ich aufhöre, ist es schon ein dunkler Winterabend. Mir ist schwindelig - ich merke erst jetzt, dass ich den ganzen Tag nichts gegessen habe. Ich habe auch in diesem Moment nicht die Kraft, mich ums Essen zu kümmern. Ich mache etwas, was ich noch nie gemacht habe: Ich hole eine etwas verstaubte Flasche Kirschschnaps, die auf dem Regal zwischen den Büchern stand, trinke sie und esse Schokolade dazu. Es schmeckt ziemlich scheußlich, tut aber irgendwie gut. Dann lege ich mich auf den Teppich neben meinem Bett und schließe die Augen.

Still wie ein Kind. Hilflos wie ein Kind.

Wir sind angekommen - mein Vater und ich -, wir sind am Ziel unserer Reise.

Jetzt weiß ich mehr über ihn. Weiter können wir nicht gehen. Weiter ist nur die Mauer und der Stacheldraht. Dahinter habe ich, seine Tochter, die Nach-ihm-Lebende, keinen Zutritt. Es ist Zeit für mich, mit der Realität Frieden zu schließen. Schöner wird die Wahrheit nicht mehr.

Der Staatsanwalt des Volksgerichts in Krakau verfügt:

BESCHLUSS DER INHAFTIERUNG

in Sachen der Staatsanwaltschaft gegen Liebling, David, geb. 28.08.1908, verdächtigt des Verbrechens gegen die Zivilbevölkerung und Verrats des Vaterlandes nach Art. 9 des Dekrets PKWN vom 12.09.1944 DZ.U.R.P.

verfügt

den oben genannten Verdächtigen Liebling, David,

zu VERHAFTEN.

Der Beschuldigte wird der ausschließlichen Verfügung des Spezialstaatsanwalts in Krakau unterstellt und kann nicht ohne dessen Einwilligung freigelassen werden.

Staatsanwalt
Unterschrift

P I S M O   D O K U M E N T A R N E.

Działo się to w Obozie Koncentracjnym w Płaszowie w latach 1943 i 1944. Garstka więźniow podjęła zakonspirowaną walkę czynną z mordercami hitlerowskimi. wykradali broń, z kamieniołomów dynamit, lont zapalniki. Ściągali z poza obozu, względnie sami produkowali granaty ręczne, utrzymywali łączników ze światem i otrzymywali pomoc finansową. Urządzili stację radjową odbiorczą i przez podawanie komunikatów podtrzymywali na duchu innych. Prowadzili wywiad wśród załogi SS. w Obozie Koncentracyjnym, a prócz tego utrzymywali w dzień i w nocy punkty obserwacyjne. Do najaktywniejszych działaczy, obecnie żyjących należeli:

Zarzadu

1) Jan Podgórski, członek Związku Więzniow Ideowo-Politycznych
2) Stefan Nędza, Cenzor Wojewódzkiego Biura Kontroli Prasy
3) Stefan Sobala - obecnie zastępca kierownika dla spraw wychowawczo politycznych I.Kom.Obw.M.O.
4) Wiktor Traubman
5) Zenon Szenwic
6) Artur Rabner
7) Leon Kaufman
8) Dawid Liebling
9) Edward Elsner
10) ~~xxxxx~~ Kornhauser Leonard
11) Dr. Perlberger - Polański
12) Józef Immerglück
13) Edmund Korn
14) Leopold Rosner
15) Jakób Neid
16) Dawid Horowitz
17) Juljan Wiener
18) Inż. Liebhaber - Czerniakowski
19) Polland A.
20) Emil Spitzer
21) Zygmunt Krieger

ponadto szereg cichych bohaterów, niestety zmarłych w obozach ~~w obozach~~ ab też zastrzelonych przy wykonywaniu rozkazów, jak:

Roman Bossak
Adam Staub
Bracia Jakubowicze   i inni.

Szeroko zakrojoną akcja wysadzenia Obozu Koncentracyjnego w Płaszowie powietrze, początkiem sierpnia 1944.r. na skutek rozkazu P.P.R. z zewtrz została w ostatnim momencie zaniechana. Dla utrwalenia szczegółów pamięci podpisują:

Kornhauser Leonard
Horowitz Dawid
Rosner Leopold
Nędza Stefan

Sobala
[illegible]
Jakób Neid
Polland Adolf
Krieger Zygmunt

Spitzer Emil
Korn Edmund
Elsner Edward

r. Rep. 3401/1945.

Oświadczam, że osobiście mi nieznani ob. ob. Leonard Kornhauser, zamiesz-

Ich lese diese undeutlichen, manchmal auf einer alten Schreibmaschine getippten, manchmal handgeschriebenen Blätter. Es ist nicht leicht, alles zu entziffern. Es sind keine Gerichtsprotokolle, wie wir sie heute kennen: saubere, mit Computer geschriebene Schriftstücke. Die Seiten sind von ungeübter Hand verfasst, von Protokollanten, die ihre eigene Muttersprache nur dürftig beherrschen.

Zum Teil sind es nur kleine Zettel in unbeholfener Schrift, manche auf einer linierten oder karierten Heftseite, manche noch auf alten deutschen Büroformularen geschrieben.

BEGLAUBIGTE ABSCHRIFT:

Es geschah im Jahre 1943/44 im Konzentrationslager Plaszów. Eine Hand voll Gefangener begann einen konspirativen aktiven Kampf gegen die Nazimörder. Sie stahlen Waffen und Munition, sie stahlen Dynamit aus dem nahe gelegenen Steinbruch. Sie haben von außerhalb des Lagers Handgranaten geschmuggelt, sie auch selbst produziert. Sie haben Verbindungsmänner in der Außenwelt gehabt und finanzielle Hilfe von draußen erhalten. Sie haben einen Nachrichtensender gebastelt und durch das Senden von Nachrichten den Kampfgeist und die Hoffnung unter den Insassen des Lagers gestärkt. Sie haben ihre Kundschafter in der Nähe der SS-Mannschaft gehabt. Außerdem haben sie Tag und Nacht Observationspunkte unterhalten.

Unter den Aktivisten waren unter anderem:
Viktor Traubmann, Stefan Nedza, Leon Kaufmann, Leopold Rosner, Jakob Neid, David Horowitz, David Liebling …

So wie zahlreiche stille Helden, leider im Lager gestorben oder erschossen während ihrer Tätigkeit, wie u. a.:
Roman Bossak,
Adam Staub,
die Gebrüder Jakubowicz u. a.

Es wurde eine groß angelegte Aktion vorbereitet, bei der das Konzentrationslager Plaszów in die Luft gesprengt werden sollte. Sie wurde auf den Befehl der Organisation von außerhalb in Auftrag gegeben.

Dies bezeugten und unterschrieben, um es festzuhalten:

Es folgen zwölf Unterschriften …

Es gibt keine Fragen, nur Antworten. Man liest die Aussagen der Zeugen, aber die Fragen der Vernehmenden existieren nicht – man weiß nicht, wie sie zustande gekommen sind. Es ist mir klar: Die Akte ist nicht vollständig. Aber die wichtigsten Zeugenaussagen sind da.

Ich nehme ein paar handgeschriebene Blätter: Es ist der Lebenslauf meines Vaters, in der Gefängniszelle von ihm verfasst. Zum ersten Mal in meinem Leben sehe ich die Handschrift meines Vaters. Was für ein kurzer Lebenslauf! Der Mann war erst neununddreißig, und er dachte, er sei erst am Anfang seines Lebens als Erwachsener. Stattdessen näherte er sich schon seinem Ende. Es schnürt mir die Kehle zu, ich hätte sicher hemmungslos geweint, wenn ich mir bei der Lektüre der Akte nicht jede Träne strengstens verboten hätte.

Das Wichtigste ist da: das Urteil. Es liegt ganz unten im Stapel.

Jetzt beginne ich zu verstehen: Mein Vater wurde nicht nur beschuldigt, verhaftet und – wie ich bis jetzt dachte – als Todkranker nach Hause entlassen. Nein, es muss eine richtige, bis zum Ende durchgeführte Gerichtsverhandlung gegeben haben, und damit ein Urteil. Welches?

Natürlich war ich versucht, es gleich zu lesen. Nein, sagte ich mir aber. Nein, alles der Reihe nach. Du hast bis jetzt ausgehalten, nun wirst du noch ein bisschen warten können.

Ich versuche, die ganze Geschichte zu rekonstruieren. Wie eine Novelle, wie einen Roman. Aus diesen wenigen zufällig zusammengeworfenen Mosaiksteinchen habe ich mir ein Bild gemacht, das mich von nun an bis an mein Lebensende begleiten wird.

Ich tauche in eine Realität ein, die schlimmer ist als meine eigene Kindheitserinnerung. Ich sehe sie nicht mehr mit den Augen eines Kindes, sondern hier und heute mit den Augen einer Erwachsenen.

Ich sehe eine Lagerwelt voll von Dreck und Gestank. Die Gefangenen, die sich nicht waschen konnten und durften. Die halb verhungerten schmutzigen Menschen, die bis zur Erschöpfung arbeiten mussten und sich wegen eines Stücks Brot oder eines Paares Schuhe blutig prügelten.

Ich weiß, ich kann am Rand des Abgrunds stehen bleiben und nur hinunterschauen. Trotz meines ganzen Vorstellungsvermögens und meines Willens, es zu verstehen, ist es mir nicht möglich, in die Hölle abzusteigen.

In diese Hölle wurde mein Vater und die anderen Leidensgenossen ohne jegliches Verschulden von einem Tag auf den anderen hineingeworfen.

Mir bleibt nur die Akte. Und sie ist dürftig. Ich kann mich berufen auf die Aussage meines Vaters, seinen Lebenslauf, die Aussage meiner Mutter. Auf viele, sehr viele Zeugenaussagen: »Vater hat geschlagen«, »hat nicht geschlagen«, »hat sie angeschrien«, »geflucht«, »hat Brot gegeben« ...

Doch letztlich wird das Wissen über das, was sich in dem Lager damals abgespielt hat, nur denen vorbehalten bleiben, die dort gewesen sind.

Im Januar 1945, als sich schon herumgesprochen hat, dass die Deutschen das Lager liquidieren wollen, flieht mein Vater aus Auschwitz.

»Ich bin zu Fuß nach Krakau gekommen, habe meine Familie gesucht, die sich dort mit falschen Papieren versteckt hielt. Schließlich habe ich meine Frau und mein Kind wiedergefunden. Ich versteckte mich bei ihnen, bis die Deutschen die Stadt verlassen haben. Danach begann ich, meine Firma wiederaufzubauen«, schreibt mein Vater.

Aus der Aussage meiner Mutter: »Kurze Zeit nachdem mein Mann die Firma in der Tomaszastraße im Zentrum von Krakau aufgemacht hatte, erschienen bei ihm drei Männer. Es waren ehemalige Insassen des Lagers. Sie verlangten Geld, sonst, drohten sie, würden sie ihn bei der Miliz anzeigen. Da sich mein Mann entschieden geweigert hat, sagten sie, er würde es bereuen.«

Ich kann mir gut vorstellen, wie sich mein Vater »entschieden geweigert« hat. Er war eins achtzig groß und sehr energisch. Ich sehe bildlich vor mir, wie er die drei Männer am Kragen packt und einen nach dem anderen die zwölf Steinstufen, die zu seinem Büro führen, hinunterwirft.

»Kurz darauf«, sagt meine Mutter aus, »wurde mein Mann verhaftet.«

An die Staatsanwaltschaft des Volksgerichts in Krakau.
In der Strafsache Liebling, David, im Gefängnis.

Krakau, 27. Oktober 1945

Ich ersuche höflichst den Herrn Staatsanwalt, die unten aufgeführten Zeugen zum folgenden Tatbestand zu vernehmen:

Mein Mann hat während seiner Inhaftierung im Konzentrationslager Krakau keine Gefangenen misshandelt und dies als Mitglied der konspirativen Widerstandsorganisation innerhalb des Lagers auf keinen Fall tun können.

1. *Zenon Scheuwiz, Krakau*
2. *Viktor Traubmann, Krakau*
3. *Artur Rabner, Krakau*
4. *Reiner Josef*
5. *Eduard Elsner*
6. *Leopold Rosner*

Hochachtungsvoll
Theofilia Liebling

Aus den Zeugenaussagen:

»Ich war ein aktives Mitglied der Untergrundorganisation. Nach meiner Verhaftung und Einlieferung in das Lager Plaszów habe ich den Beschuldigten David Liebling kennen gelernt. Ich habe versucht, die Verbindung zu unserer Organisation draußen zu halten und eine Widerstandszelle im Lager zu organisieren. Liebling gehörte zu meiner Gruppe. Seine Aufgabe bei den Deutschen war es, als Mitglied des Ordnungsdienstes für die Instandhaltung der Sanitäranlagen zu sorgen und auch Arbeiten außerhalb des Lagers durchzuführen. Er hatte dadurch die Möglichkeit, Nachrichten von draußen zu uns zu transportieren und auch die von uns in die Außenwelt.

Ich habe die Aktivisten unter uns instruiert, dass sie ihre Loyalität gegenüber den Deutschen betonen und eine sichtbare Schärfe gegenüber anderen Gefangenen zeigen sollten, um jeden Verdacht von

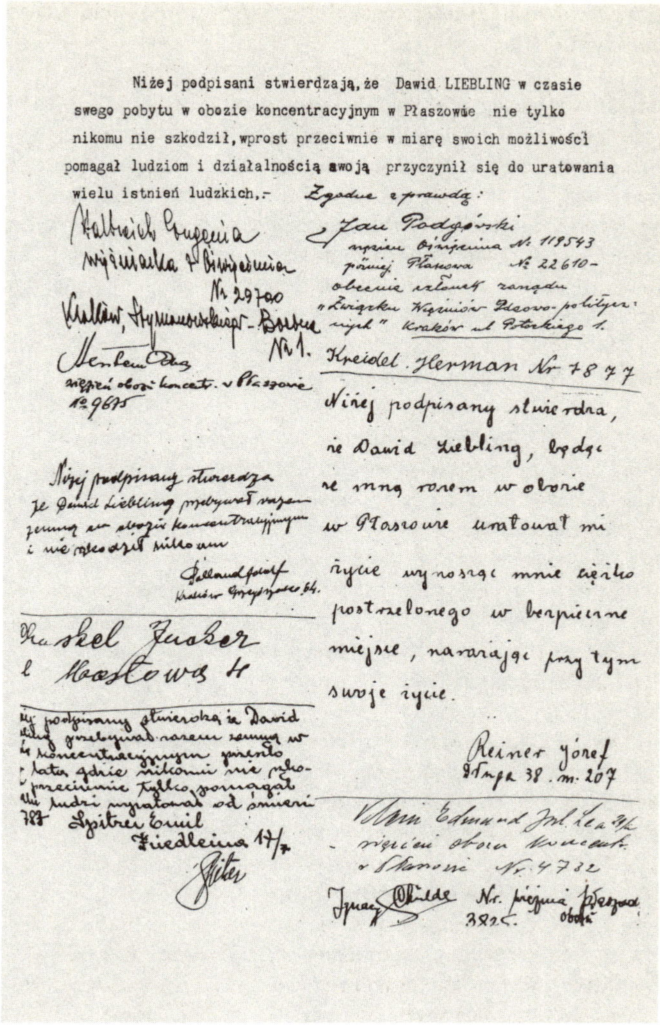

Niżej podpisani stwierdzają, że Dawid LIEBLING w czasie swego pobytu w obozie koncentracyjnym w Płaszowie nie tylko nikomu nie szkodził, wprost przeciwnie w miarę swoich możliwości pomagał ludziom i działalnością swoją przyczynił się do uratowania wielu istnień ludzkich.-

Zgodne z prawdą:

Jan Podgórski
więzień Oświęcima Nr. 119543
później Płaszowa Nr. 22610-
obecnie członek zarządu
„Związku Więźniów Ideowo-polityczn.
nych" Kraków ul Potockiego 1.

Nr. 29700

Nr. 1.

Kreidel. Herman Nr 7877

więzień obozu koncentr. w Płaszowie
Nr 9645

Niżej podpisany stwierdza,
że Dawid Liebling, będąc
ze mną razem w obozie
w Płaszowie uratował mi
życie wynosząc mnie ciężko
postrzelonego w bezpieczne
miejsce, narażając przy tym
swoje życie.

Reiner Józef
Długa 38. m. 207

Niżej podpisany stwierdza
że David Liebling przebywał razem
ze mną w obozie koncentracyjnym
i nie szkodził nikomu

Kraków Grzegórzecka 64.

Haskel Juda
ul. Mostowa 4

Niżej podpisany stwierdza że David
Liebling przebywał razem ze mną w
obozie koncentracyjnym przez 2
lata gdzie nikomu nie szkodził
przeciwnie tylko pomagał
ludzi wyratował od śmierci
787 Spitzer Emil
Friedleina 17/7

Edmund [illegible]
więzień obozu koncentr.
w Płaszowie Nr. 4732

Ignacy [illegible] Nr. więźnia Płaszowa
3825.

Zeugenaussagen von Mithäftlingen, die bestätigen, dass David Liebling im Lager Plaszów niemandem geschadet hat, im Gegenteil, im Rahmen seiner Möglichkeiten hat Liebling vielen Menschen das Leben gerettet.

sich zu lenken und das Vertrauen der Deutschen zu gewinnen. Liebling hat es auf sich genommen.«

Warum tat mein Vater das? Er musste wie alle im Lager jeden Tag, jede Stunde mit dem Tod rechnen. Aber hätte er sozusagen seinen Tod nicht »billiger« haben können? Woher nahm er den Mut, auch noch unter Umständen vor seinesgleichen als Verräter zu gelten? Ich weiß es nicht, und es ist schwer für mich, es zu verstehen. Ich glaube, besser als ich würde ihn jemand anders verstehen: mein Sohn, ein junger Mann der heute lebt, selbstbewusst und mutig, sein Enkel.

Aus den Zeugenaussagen:

»Im April 1943, nach der Liquidierung des Ghettos von Krakau und der Umsiedlung der am Leben gebliebenen Juden in das Konzentrationslager Plaszów, führte der Kommandant des Lagers, Amon Göth, eine Kontrolle der Sanitäranlagen durch. Er war offensichtlich mit dem Ergebnis nicht zufrieden. Er versammelte die ganze dafür verantwortliche Sanitärkolonne und gab Befehl, sie zu erschießen. Nach der Exekution, bei der dreiundvierzig Menschen – Männer und Frauen – umgekommen sind, bekam David Liebling von der Untergrundorganisation den Befehl, sich beim Ordnungsdienst zu melden.

Zum Ordnungsdienst gehörten alle, die irgendwelche Funktionen im Lager hatten, also auch Ärzte, Bäcker, Tischler, Maurer, Schlosser usw. Sie wurden als Erste in Plaszów kaserniert. David Liebling hatte die Aufgabe, sich um die Sanitäranlagen zu kümmern.«

Aus der Aussage meines Vaters:

»Es ist vorgekommen, dass die hungrigen Gefangenen die von den Deutschen gelagerten Kartoffeln stahlen.

Die SS-Männer haben eine Falle gestellt und drei Jugendliche dabei erwischt. Zwei Jungen haben sie an Ort und Stelle erschossen. Der dritte floh. Ich musste ihn finden und bestrafen. Ich habe ihn geschlagen und dadurch sein Leben gerettet.«

Emil Krautwirth, Schwager von David Liebling.

Ein anderer Zeuge:

»Eine der schrecklichsten Exekutionen, die Plaszów gesehen hat, war die Hinrichtung des Ingenieurs Krautwirth. Er wurde der Sabotage beschuldigt. Man sagte auch, es wurden irgendwelche Briefe nach außen bei ihm gefunden.

Zusammen mit ihm wurde ein Junge namens Haubenstock hingerichtet, dafür, dass er bei der Arbeit russische Lieder gesungen hat.

Alle Insassen des Lagers mussten antreten und der Exekution beiwohnen. Die Galgen wurden aufgestellt. Der junge Haubenstock wurde als Erster erhängt. Dabei riss das Seil und der Halbtote fiel zu Boden. Nachdem der Kommandant sein langsames Sterben eine Zeit genossen hatte, wurde der Junge von Amon Göth eigenhändig erschossen. Als Krautwirth, der der Nächste sein sollte, den schrecklichen Tod gesehen hatte, nahm er eine Rasierklinge, die er in seiner Kleidung versteckt hatte, und schnitt sich die Pulsadern auf. Trotzdem gab Göth den zwei Henkern den Befehl, weiterzumachen. Mit den von Krautwirths Blut befleckten Händen schleppten sie ihn zu dem Galgen und hängten ihn blutüberströmt auf – vor den Augen aller dort anwesenden Juden. Noch tagelang hatte man ihn so hängen lassen, und man durfte ihn nicht herunternehmen.«

Der Ingenieur Emil Krautwirth war ein junger Mann. Sein Diplom hat er Ende der Dreißigerjahre, kurz vor dem Krieg gemacht. In dieser Zeit hat er auch geheiratet – meine Tante Sabine. Er war der Schwager meines Vaters.

Die Aussage von Josef R., 24 Jahre:

»Von März bis November 1943 war ich im Lager von Plaszów inhaftiert.

In dieser Zeit habe ich keine Grausamkeiten des Beschuldigten gegenüber den anderen Gefangenen beobachten können. Was mich persönlich betrifft – David Liebling hat mir das Leben gerettet. Ich wurde vom Lagerkommandanten zum Tode verurteilt: Er wollte die Exekution selbst vornehmen. Durch einen Zufall wurde ich nicht getötet, nur schwer am Kopf verletzt. Niemand wollte mir helfen aus Angst vor Repressalien, denn jegliche Hilfe war strengstens untersagt. David Liebling hat mich auf eigenen Händen in die Baracke getragen, versorgt und sogar einen Arzt organisiert. Das hat mich gerettet, und ich überlebte. Liebling hat dabei sein eigenes Leben aufs Spiel gesetzt, denn es war unter Todesstrafe verboten, den Angeschossenen zu helfen. Die Anschuldigungen gegen ihn kann ich nur auf persönliche Rache zurückführen.«

Aus dem Vernehmungsprotokoll des Beschuldigten David Liebling:

»In den Jahren 1943/44 hatte ich als Mitglied der Untergrundorganisation engste Kontakte mit den anderen Kämpfern, die in der Dok. Schrift in den Akten unter Nr. 14 aufgeführt sind.

Im Oktober 1943, als die deutsche Armee schon begann sich zurückzuziehen, kam ins Lager die Nachricht, dass die Deutschen bei ihrem Rückzug die Lager auflösen und alle Insassen erschießen würden. In Plaszów hatte sich eine geheime konspirative Gruppe gebildet, deren Ziel es war, das Lager zu zerschlagen und einige Objekte in die Luft zu sprengen, um dadurch den Gefangenen die Flucht zu ermöglichen. Von der Organisation erhielt ich den Befehl, möglichst große Mengen Sprengstoff zu besorgen und in das Lager zu schaffen, damit er zum Bauen von Granaten verwendet werden konnte. Den Sprengstoff habe ich von den Gebrüdern Jakubowicz erhalten, die im Steinbruch arbeiteten. Da ich eine gewisse Bewegungsfreiheit hatte, konnte ich das Material in eine Radioreparaturwerkstatt bringen, wo ich es Arthur Rabner, Zenon Scheuwitz und Izaak Englender, die dort beschäftigt waren, aushändigte, damit sie dort die Granaten anfertigen konnten. Aus der gleichen Quelle habe ich das Material auch an andere unserer Verbindungsmänner wie Viktor Traubmann, Josef Immerglück u. a. weitergegeben, die es wiederum in die Schlosserwerkstatt brachten, wo ebenfalls Granaten fabriziert wurden.«

Ich halte kurz inne, überlege: Angenommen, es wäre den Widerstandsleuten gelungen und sie hätten damals das Lager zerstört, in die Luft gesprengt, wie sie es vorhatten. Es wäre womöglich der erste große Aufstand gegen die Deutschen in einem polnischen Lager gewesen. Noch vor dem heroischen Aufstand im Warschauer Ghetto. Was für Folgen für das Schicksal von tausenden Menschen hätte dies haben können? Vielleicht eine Signalwirkung für andere Lager? Nicht auszudenken ...

Weiter der Bericht meines Vaters:

»Kurze Zeit später haben die Deutschen eine überraschende Verlegung eines Teils der Gefangenen nach Deutschland angeordnet. Dadurch war es uns nicht mehr möglich, rechtzeitig unsere Aktion zu starten. Als nächsten geeigneten Termin legten wir den bekannten Sonntag im August 1944 fest, als die Deutschen 7000 verhaftete Polen in das

Lager brachten. Leider in dem Moment, als alles von unserer Seite geplant und vorbereitet war, kam von der Untergrundorganisation P. P. R. und von der A. K. der Befehl, von der ganzen Aktion abzusehen.

Die Entscheidung hatte wahrscheinlich mit der tragischen Entwicklung des Warschauer Aufstandes zu tun. Zu den Einzelheiten hierzu die Aussagen der oben genannten Zeugen.«

Aus der Vernehmung des Zeugen Rosner, Leopold, 29 Jahre, Musiker, jüdischen Glaubens:

»Ich war einer der Musiker, die beim Lagerkommandanten spielten. Dadurch war ich bei vielen Gesprächen unserer Peiniger anwesend und konnte öfter wichtige Entscheidungen mithören. Es handelte sich um Transporte, Selektionen oder Exekutionen usw. Die lebenswichtigen Informationen für uns Gefangene habe ich unverzüglich an Liebling weitergegeben, der durch seine Organisation die Möglichkeiten hatte, gewisse Gegenmaßnahmen zu ergreifen.«

Poldi Rosner – ich kann mich gut an ihn erinnern, noch besser aber an seinen Bruder Willi. Er war einer von den Menschen, die kurz nach dem Krieg zu uns in die Wohnung kamen und die erste Zeit bei uns lebten. Ich habe Willi in Erinnerung als einen schlanken jungen Mann, der sich im Gegensatz zu anderen Erwachsenen gern mit uns Kindern beschäftigte. Er spielte und sang mit uns freche Lieder, alberte mit uns herum. Sehr ungewöhnlich für die damalige Zeit. Ich habe ihn sehr gemocht. Eines Tages war auch er verschwunden. Ausgewandert nach Amerika.

Die Brüder Rosner gehörten zu einer bekannten jüdischen Musikerfamilie und befanden sich darum als Gefangene im Lager Plaszów.

Er und seine zwei Brüder bildeten das Orchester, das für den wahnsinnigen Lagerkommandanten Amon Göth spielte. Aber es war keine privilegierte Stellung. Wenn Göth seine Feiern veranstaltete und Gäste hatte, bestellte er die drei Musiker und sie mussten im Frack spielen. Hinter einem Wandschirm – ohne

Unterbrechung, stundenlang, bis zur Erschöpfung. Als sie dann ohnmächtig wurden, schüttete ihnen einer von den betrunkenen Deutschen Wodka oder Bier ins Gesicht. Die besoffenen Herrenmenschen warfen Essensreste in die Luft und bogen sich vor Lachen, als die drei hungrigen Männer sie mit dem Mund auffingen. Wie Hunde.

Rosner sagt aus:

»Der Beschuldigte war stets sehr hilfsbereit gegenüber den Mitgefangenen. Er versuchte, die physisch Schwächeren in seine Arbeitsgruppe zu nehmen, wo die Arbeit leichter war und die Bedingungen erträglicher. Was seine konspirative Tätigkeit betrifft, so war er dort sehr aktiv. Doch Einzelheiten kenne ich nicht, da sie wegen der Anwesenheit von zahlreichen Spitzeln und Denunzianten streng geheim waren. Mir ist nur bekannt, dass er Sprengstoff für die Organisation besorgte und dass er – aufgrund seiner Möglichkeiten, gelegentlich das Lager zu verlassen – die politischen Nachrichten zu uns brachte. Dadurch hat er uns enorm gestärkt und den Widerstandsgeist im Lager aufrechterhalten.«

Aus der Aussage meines Vaters:

»Als ich den Sanitärdienst geführt habe, erhielt ich eines Abends den Befehl, hundert Männer und zwanzig Frauen in das Schloss des Gouverneurs Frank zu bringen, wo sie arbeiten sollten. Ich hatte nur wenig Zeit, eine Gruppe auf die Beine zu stellen, und ich wusste, wenn der Befehl nicht unverzüglich ausgeführt wird, würde ich und mehrere Menschen erschossen werden – wegen Sabotage.«

Ein weiterer Zeuge:

»Die Menschen waren übermüdet und hungrig. Sie hatten den ganzen Tag gearbeitet. Sie haben nichts zum Essen bekommen. Sie liefen davon wie die Ratten. Liebling hatte Mühe, sie zusammenzuhalten. Er schlug um sich und fluchte. Einem Mann, der sich weigerte zu gehen, hat er auf den Kopf geschlagen.«

Mein Vater:

»Eine Frau meldete sich freiwillig. Ich merkte aber, dass sie ein Bündel bei sich hatte, das sie in die Stadt schmuggeln wollte. Wenn es bei ihr gefunden worden wäre, hätte man sie und wahrscheinlich auch uns erschossen. Ich schlug sie, sie fiel zu Boden. Die Frau hat überlebt – sie hat keine Vorwürfe gegen mich geäußert.«

Ich nenne es: Die Nacht des Gouverneurs. Und ich sehe es vor mir: Aus der Menge der hungrigen, entkräfteten, zu Tode verängstigten gefangenen Menschen, von denen viele so abgestumpft waren, dass ihnen alles, sogar das eigene Überleben egal war – musste mein Vater einen »fähigen« Arbeitstrupp bilden. Eine Gruppe, die auf dem Schloss des Gouverneurs irgendwelche Bauarbeiten oder Reparaturen ausführen sollte.

Hans Frank, der sich selbst gern »König von Krakau« nannte, residierte auf dem wunderschönen Schloss in Krakau, der Burg. Er hatte fünf Kinder. Einer seiner Söhne war genauso alt wie ich. Ich hingegen trug den Judenstern. Und ich saß in einem dunklen Keller. In dieser Nacht haben sich aber unsere Schicksale auf merkwürdige Weise gekreuzt. Denn wäre mein Vater in dieser Nacht auf dem Weg zur Residenz des Gouverneurs erschossen worden, ich hätte fast keine Erinnerung an ihn. Warum hat Frank diese 120 halb toten Sklaven gebraucht? War die Heizung im Schloss ausgefallen oder die Badewanne verstopft? Wer weiß?

Sie laufen in der Dunkelheit, ihre Füße sind durchnässt, in Zeitungspapier gewickelt, starr vor Kälte. Schnee und Matsch liegt auf dem Boden. Sie marschieren durch die stillen Gassen, von den Männern mit den Waffen eskortiert.

Mein Vater soll die Arbeiter beaufsichtigen. Ob sie es schaffen, ist die Frage. Die meisten haben von Sanitäranlagen keine Ahnung. Sie haben nicht geschlafen, außer einer wässrigen Suppe nichts gegessen. Jetzt marschieren sie, halb im Schlaf, halb verrückt vor Müdigkeit, Schritt für Schritt, weil sie müssen und weil sie doch trotz allem überleben wollen.

Der Mann, den mein Vater damals auf den Kopf schlug, war einer von den dreien, die ihn nach dem Krieg zu erpressen versucht und dann angezeigt haben. Das ist alles. Mehr lässt sich aus den Akten nicht herauslesen.

Oder doch? Gibt es doch noch eine Wahrheit hinter der Wahrheit?

In den Verhandlungsprotokollen lese ich Folgendes:

»Die Anklageschrift wird vorgelesen. Der Beschuldigte wurde von dem Vorsitzenden gefragt, ob er vor dem Gericht gesteht, schuldig zu sein, und ob er noch irgendwelche Erklärungen abgeben möchte.«

Daraufhin erzählt Vater noch mal von den Erschießungen, von den unmenschlichen Umständen, von seiner Tätigkeit im Lager, von seinen Bemühungen, Leben zu retten. Und dann sagt er einen merkwürdigen Satz.

Er sagt wörtlich: »Mit meinem Bruder lebte ich in Streit. Wegen einer Frau, einer Mitgefangenen, zu der wir beide Sympathien empfunden haben.«

Warum sagt er so etwas? So etwas Alltägliches, Belangloses? Er hatte nur einige Minuten Zeit zum Reden. Und er kämpft um sein Leben. Er weiß, er steht vor einem Volksgericht, das die Aufgabe hat, Verräter zu überführen und zu verurteilen. Er weiß, ihm droht die Todesstrafe. Abermals, zum letzten Mal vielleicht, muss er um sein Leben kämpfen. Und er erzählt vom Streit mit seinem Bruder!

Ein Streit wegen einer Frau, zu der beide »Sympathien empfunden haben«. So nannte er es damals vor dem Gericht. So war die Sprache vor sechzig Jahren.

Zwei Männer im Angesicht des Todes, die eine starke – vielleicht letzte – Leidenschaft zu einer Frau spüren. Sie sind beide Mitte dreißig, älter werden sie wahrscheinlich nicht. Eine Shakespeare-Tragödie in ihrem von Dreck und Blut durchtränkten Gefangenendasein? War es eine so starke Rivalität, dass sie nur durch den Tod des einen beendet werden konnte? Wollte die Frau den einen, den anderen aber nicht? Oder hat sie den einen mit dem anderen betrogen?

Vielleicht hat sich das Ganze nur in den Köpfen der beiden abgespielt.

Lauter Fragen. Ich habe keine endgültige Antwort. Ich kann niemanden für schuldig erklären. Schon gar nicht, nachdem ich weiß, wie mein Vater fälschlicherweise beschuldigt wurde.

Aber ich darf Überlegungen anstellen.

Was wäre, wenn die Rivalität zwischen den Brüdern lange Zeit – vielleicht von Kindheit an – gelodert hat? Eine kleine harmlose Familienangelegenheit, die öfter vorkommt, dann wuchs und wuchs und sich in der Extremsituation entladen hat?

Mein Vater war der größte unter seinen Brüdern und der stärkste. Er sah gut aus. Er hatte eine schöne und reiche Frau geheiratet, war sehr glücklich mit ihr. Er war erfolgreich im Geschäft. Es reicht, um Neid und Feindschaft entstehen zu lassen.

Die drei Männer, die meinen Vater damals im Büro aufgesucht haben, wussten genau, dass er kein Kapo im Lager war. Sie wussten, dass sich kein Vorwurf gegen ihn aufrechterhalten ließ. Aber sie haben es versucht. Sie wollten Geld.

Und wenn sie jemand geschickt hat? Jemand, der damit gerechnet hat, dass man in den damaligen Zeiten leicht auch ohne Beweise am Galgen enden konnte? Zumindest aber würde etwas Scheußliches kleben bleiben – ein ganzes Leben lang. Selbst darüber hinaus. Der gute Name wäre dahin. Die drei Männer waren nicht daran interessiert, meinem Vater seinen guten Namen wegzunehmen. Sie wollten nur Geld, und das haben sie nicht bekommen.

Aber jemand anders? Hat ihn sein eigener Bruder verleumdet?

Ich kann es nicht beweisen. Aber ich kann darüber nachdenken. Auch laut nachdenken. Und im Grunde ist es vielleicht gar nicht mehr so wichtig, ob mein Vater eine Schuld auf sich geladen hat oder es sein eigener, älterer Bruder war. Sein nächster Verwandter. Mein Onkel. Hat er David Liebling ins Gefängnis und schließlich zu Tode gebracht?

Ich werde es nie endgültig wissen. Die beiden sind tot. Sie haben das Recht, zu schweigen.

Und ich werde darüber nachdenken, denn mehr kann ich nicht tun. Über das schreckliche Familiengeheimnis, das ich, ohne es zu wollen, entdeckt habe. Die richtige Antwort darauf ist gar keine Antwort.

März

Es regnet, dann scheint die Sonne. Minuten später schneit es. Riesige weiße Serpentinen drehen sich in der Luft. Der Schnee tanzt mit dem Wind einen wilden Walzer. Dann verschwindet er plötzlich und die Sonne scheint wieder. Eine ständige Bewegung – die ganze Palette. Es tröpfelt von den Dächern. Aber auf den Straßen liegt noch Eis.

Ich bin immer noch mit der Akte beschäftigt. Ich lese sie immer wieder aufs Neue: Jetzt wo ich sie vor mir habe, möchte ich auch alles verstehen, jedes Wort. Hinter der kalten Aktensprache kommen einige deutliche und schmerzhafte Erinnerungen hervor. Es wird mir mancher Zusammenhang klar. Ich ertappe mich dabei, dass ich die Realität um mich herum vergesse und in der damaligen Zeit eintauche. Sie erscheint mir klarer und deutlicher als mein heutiger Tag. Im Vergleich mit dem, was damals mit uns passierte, erscheint mir mein tägliches Leben blass und unwichtig. Wenn Freunde anrufen, bin ich einsilbig und habe nicht viel zu sagen, denn ich lebe gerade im Jahre 1946. Wie soll ich es ihnen erklären? Wie soll ich erklären, dass mir ihre Probleme jetzt belangloser zu sein scheinen als die der Menschen von damals? Und auf die Frage, was ich gerade mache – müsste ich antworten, dass ich an dem Prozess gegen meinen Vater teilnehme. »An dem Prozess gegen deinen Vater?«, würden sie ungläubig fragen.

»Ja, im September 1946.« Wie soll das jemand verstehen?

Es ist alles sehr ungesund, und ich spüre, wie es auch körperlich an mir zehrt. Nachts träume ich davon. Ich habe Albträume, wie ich sie schon lange nicht mehr gehabt habe.

Ich träume, dass ich mich einer Gesichtsoperation unterzogen habe. War es freiwillig, oder war ich dazu gezwungen? Hat es mir jemand befohlen, und ich musste gehorchen? Das ist nicht klar, aber ich weiß gleichzeitig, dass ich es nicht wollte. Ich habe auch versucht, Nein zu sagen, aber es war zu spät. Ich betrachte im Spiegel das operierte Gesicht: Hat es sich verändert? Ist es anders? Oder nicht?

Ich treffe Bekannte, Freunde – sie gehen an mir vorbei, beachten mich nicht. Ich rufe sie, ich schreie, dass ich es bin, dass ich mich nicht verändert habe. Doch sie erkennen mich nicht und wenden sich ab. Panik ergreift mich, ich laufe nach Hause. Vor einem großen Spiegel versuche ich mein Gesicht Zentimeter für Zentimeter zu prüfen. Es hat sich nicht verändert, alles ist wie vorher, und doch ist irgendetwas anders. Eine winzige Kleinigkeit, die ich nicht finden kann, die aber mein Gesicht verändert hat. Ich muss dieses Detail finden, jetzt sofort. Denn ohne dieses Merkmal ist es nicht mehr mein Gesicht. Und ich muss mein Gesicht wiederhaben. Ich will es wiederhaben, ganz verzweifelt will ich es zurück. Ohne mein altes Gesicht kann ich nicht auf die Straße, ich bin sonst hier gefangen. Ich bin verzweifelt, ich schreie, dass ich verzweifelt bin.

Ich höre meine eigene Stimme klar und deutlich. Und davon wache ich auf und laufe zum Spiegel. Natürlich war es nur ein Traum. Aber das Gefühl der Verzweiflung bleibt noch eine ganze Weile.

Das Urteil

Im Namen der Republik Polen, Krakau, 19. September 1946

Das Volksgericht in Krakau verhandelt in der Sache

David Liebling

Geboren am 28. August 1908 in Krakau, Sohn von Samson und Maria, polnischer Staatsbürger mosaischen Glaubens, verheiratet, Vater eines Kindes. Inhaftiert seit 7. September 1945. Wurde beschuldigt, dass er im Lager Plaszów in den Jahren 1942–1944 mit dem Feind kollaborierte und der deutschen Lagerführung Hilfe leistete, indem er als Angehöriger des Ordnungsdienstes seine privilegierte Stellung ausgenutzt habe, seine Glaubensgenossen misshandelte, um für sich persönlich bei der Kommandantur einen guten Eindruck zu erwecken, zum Nachteil der anderen Gefangenen handelte, Angst und Schrecken verbreitete ... also nach Artikel 1 § 1 p.a. Dekret vom 31.08.1944 – 16.11.1945 Nr. 7.

Beschluss
Es ergeht folgendes Urteil: Der oben genannte Beschuldigte wird FREIGESPROCHEN. Die Kosten des Verfahrens trägt die Staatskasse.

Begründung
Das Ergebnis der Verhandlung gab dem Gericht keine Anhaltspunkte, die die Schuld des oben Genannten begründete ...

Wie aus den Aussagen der Zeugen hervorgeht, resultierte das Verhalten des Beschuldigten im Lager nicht aus dem Wunsch, mit der Lagerführung zusammenzuarbeiten, sondern war nur auf die Bedingungen im Lager zurückzuführen. Also kann von der Mitarbeit mit dem Feind keine Rede sein. Im Gegenteil, wie aus den Ausführungen der Zeugen hervorgeht, hat der Beschuldigte die Deutschen gehasst, hat einer Untergrund-Widerstandsgruppe angehört, wo er aktiv mitgewirkt hat mit dem Ziel, das Leben der Menschen im Lager zu retten ...

Insgesamt drei Seiten Begründung.

Das ist alles. Ende.

Das Urteil wurde am 19. September 1946 gesprochen.

Am 6. November 1946, nur sieben Wochen später, starb mein Vater.

Beim Lesen der Dokumente wird mir klar, dass mir mein Gedächtnis in einem Punkt doch einen Streich gespielt hat. Ich habe immer angenommen, Vater wurde im Sommer 1945 verhaftet, wurde dann im Gefängnis krank und starb im November desselben Jahres. Aber er starb doch erst im November 1946. Es ist mir die ganze Zeit nicht aufgefallen, dass ich das Jahr verwechselt habe. Ein Fehler.

Das bedeutet, dass mein Vater nicht nur ein paar Monate, sondern über ein Jahr im Gefängnis saß. Nachdem er die Jahre zuvor im Lager verbracht hat. Das Letzte seines neununddreißigjährigen Lebens.

Er wurde im Sommer 1945 festgenommen. Wo er sich danach befand, weiß niemand. Wahrscheinlich im Arrest. Seit September 1945 wurde er dann offiziell als Gefangener und Beschuldigter des Volksgerichtes registriert. Er saß in der Monteluppistraße, wo inzwischen sicher schon einige Naziverbrecher inhaftiert waren. Saß er mit ihnen in einer Zelle? Denkbar.

Er wurde krank und ins Krankenhaus eingeliefert. Nachdem es ihm besser ging oder einfach nach einer willkürlichen Entscheidung des Staatsanwaltes wurde er wieder ins Gefängnis gebracht. Von dort kam er wieder ins Krankenhaus, dann wieder ins Gefängnis. Bis er schließlich eines Tages einen Gehirnschlag bekommen hat. Dann wurde er nach Hause entlassen. Ohne Bewusstsein. Als Leiche praktisch. Zum Sterben. Eine Formalität.

Ich erinnere mich gut an diesen Tag.

❖

Gegen Mittag kam ich von der Schule nach Hause, da lag er im Bett. In meinem. Ich habe ab dann mit Mutter zusammen in ihrem Bett geschlafen. Er lag da, blass, die Augen geschlossen. Der Mund halb offen. An der Seite tröpfelte etwas Speichel. Die Hände flach neben dem Körper ausgestreckt. Sehen so die Toten aus?, fragte ich mich. Ich weiß nicht mehr, wie lange er so dalag, ich weiß nicht, ob ein Arzt geholt wurde und was er sagte. Ich kann mich nur an das Schweigen erinnern. Er lag regungslos da, die Finger einer Hand bewegten sich etwas in einem unbekannten Rhythmus. Die Augen meiner Mutter waren trocken. Es war still um uns.

Später blieb ich allein mit ihm. Mutter musste arbeiten und sich um viele Dinge kümmern. Ich wurde von der Schule beurlaubt, wahrscheinlich wegen dringender Familienangelegenheiten. Ich holte mir einen Stuhl und setzte mich neben ihn. Ich hatte keine Angst, wo er so hilflos dalag, liebte ich ihn noch mehr. Ich saß stundenlang bei ihm – schaute ihm zu, wie die Mutter ihr kleines Kind betrachtet. Ich nahm oft seine Hand und streichelte sie. Er bewegte sich nicht.

Ich versuchte, ihm etwas zu trinken zu geben, aber es ging nicht. Ich holte einen kleinen Löffel und flößte ihm den Tee löffelweise, ganz langsam in den Mund. Er schluckte ihn hinunter. Es begann mir zu gefallen. Er war wie eine große Puppe. Ich kochte ein bisschen Brei, fütterte ihn wieder mit dem kleinen Löffel. Nach ein paar Schlucken hatte er genug.

Am nächsten Tag ging es besser.

Ich weiß nicht, wann er die Augen geöffnet hat. Er blickte zur Decke. »Papa«, sagte ich. »Papa, Papa.« Immer wieder. Keine Reaktion. Ich wollte unbedingt etwas für ihn tun. Da es nichts zu tun gab, wurde es mir langweilig. Ich nahm wieder seine Hand und begann zu erzählen. Irgendetwas: von der Schule, von der Mama. Ich suchte nach lustigen Geschichten, damit er lächelte. Aber er hat nicht gelächelt, nur die Decke angestarrt, und ich konnte nicht erraten, was er dachte.

»Schlaganfall«, sagte meine Mutter. »So etwas kommt bei alten Menschen vor, aber doch nicht bei einem jungen Mann.«

Haben sie ihn im Gefängnis in Monteluppi geschlagen?, fragte ich mich, als ich bei ihm saß. Kommt der Schlaganfall davon?

Er sprach nicht, schaute mich nicht mal an, und doch fühlte ich mich ihm so nah wie nie zuvor. Ich sprach zu ihm, erzählte ihm weiter alles Mögliche, sang, sagte kleine Gedichte auf. Irgendwann, am nächsten Tag oder übernächsten, holte ich meine Bücher und begann ihm vorzulesen. Ich las nicht gut, stotterte, verhaspelte mich, aber es schien ihm trotzdem zu gefallen. In manchen Augenblicken war ich mir fast sicher: Er hörte mir zu. Ab und zu machte er, nur mit der einen Hand, eine kleine Bewegung in der Luft. Vielleicht war das, was ich ihm vorlas, zu schwer für ihn zu verstehen?, überlegte ich. Ich holte die Fibel aus der ersten Klasse.

»Ala hat eine Katze«, las ich. »Mutter hat eine Roma«, improvisierte ich dazu. »Anna hat einen Hund. Das ist ein Hund – und das ist eine Katze.« Ich las ganz langsam: »Hund und Katze und Mama und Haus.«

Ganz langsam drehte sich das blasse Gesicht meines Vaters mit den bläulichen Schatten des Bartwuchses zu mir, das weiße Haar umrahmte es wie eine Aureole: »Ro-ma«, sagte er plötzlich. »Ro-ma, Ma-ma, Häus-chen …«

Als Mutter nach Hause kam, konnte ich es kaum aushalten.

»Er hat etwas gesagt, er hat gesagt ›Roma und Mama‹.«

»Schrei nicht so«, sagte Mutter mit müder Stimme und schaute mich gequält an. »Schrei doch nicht so.«

Von diesem Tag an lernte ich mit Vater zusammen das Sprechen und später auch Schreiben. Er war mein kleiner Schüler und ich die Lehrerin. Ich hatte viel Geduld: »Sag Roma«, bat ich. »Sag Ro-ma.« Dann wischte ich den Speichel von seinen Lippen, trocknete seine Stirn, gab ihm etwas zu trinken. »Sag Rom-chen.« Es ging nicht immer. Ab und zu gelang es aber.

»Was ist das?«, fragte ich und zeigte auf einen Stuhl.

»Stu…« Ein zu schweres Wort.

»Und das?«

»Wand.«

»Sehr gut«, lobte ich ihn.

»Und das? *Niebo,* Himmel.«

»Him-mel«, wiederholte er und zeigte mit dem Finger nach oben wie ich.

Es war seltsam, aber es war schön. Ich brachte ihm das Sprechen wieder bei. Er zeigte auf einen Gegenstand, und ich sagte langsam und deutlich den Namen. Dann sprach er mir das Wort mühsam nach. Er musste sich an alles wieder erinnern, auch an seinen eigenen Namen. Alles war neu für ihn.

Ich sah, wie schwer ihm das Lernen fiel, wie mühsam er seine Lippen bewegte und dass er jetzt wusste, dass etwas mit seinem Gehirn passiert war.

»Mutter«, sagte ich. »Mama. Sag Mama.«

»Mutt…, Ma-ma …«

»Und wie heiße ich?«

»Ro-ma.«

»Gut. Und wie heißt Mutter?«

»Tosia.«

Vaters Gesicht erhellte plötzlich ein ganz kleines Lächeln, nur an einer Seite des Gesichts.

»Tosia«, sagte er dann ziemlich laut.

Als Mama nach Hause kam, nahm ich sie an der Hand und brachte sie zu ihm ans Bett.

»Wer ist das?«, fragte ich und zeigte auf sie. »Sag, wer ist das?«

Er schaute Mutter lange angestrengt mit seinen schwarzen Augen an: »Tosia«, sagte er schließlich triumphierend.

Ich weiß nicht, wie lange es dauerte, aber wir machten Fortschritte. Wir fingen auch zu schreiben an. Eines Tages sah er mir zu, wie ich wieder Vater, Mutter, Kind zeichnete und deutete auf das Papier. Er wollte auch. Ich gab ihm seine blaue Füllfeder und mein Schulheft, und er versuchte zu schreiben. Mama, Roma, Dud. Er malte fleißig und mühsam auf das Papier in Druckbuchstaben: HAUS, KATZE – immer nur in Druckbuchstaben, ziemlich unbeholfen, aber immerhin: HAUS, AUTO, KATZE und wieder ROMA, MAMA, DUD.

Eine Zeit später musste ich wieder zur Schule. Es waren die anderen Erwachsenen, die Mutter ermahnten: »Das Kind kann doch nicht so lange von der Schule wegbleiben.«

»Ich kann vormittags nach David sehen«, erbot sich Tante Ella.

»Du bleibst dann bei ihm, wenn du von der Schule zurück bist«, sagte meine Mutter versöhnlich, als sie mein enttäuschtes Gesicht sah.

Ich war traurig, die Schule war sowieso verrückt und langweilig. Viel schöner waren die Stunden gemeinsam mit Vater, als ich am Bettrand saß, seine Hand hielt und mich um ihn kümmern durfte. Und ich hatte ihm noch so viel zu erzählen.

Eines Tages, als ich morgens wegging, schien er zu schlafen. Er hatte die Tage davor Fieber gehabt.

Als ich von der Schule zurückkam, war er nicht mehr da.

Es hat an diesem Tag stark geregnet. Auf dem Weg von der Schule nach Hause dachte ich noch an etwas Schönes. Ich dachte daran, dass ich in einer Woche Geburtstag habe und dass Mutter mir erlaubt hat, ein paar Kinder einzuladen. Wir sollten in der Küche bleiben, um Vater nicht zu stören, der im Zimmer im Bett lag. Aber Vater würde es nichts ausmachen, wenn wir in der Küche »brav und artig«, wie sie sagte, ein wenig feierten.

Mutter wollte viele kleine belegte Brötchen machen – mit Gurke darauf, Ei und Quark, mehr gab es ja nicht – und eine Torte wollte sie backen. Sie konnte immer aus nichts eine Torte machen, aus irgendetwas, aus Karotten zum Beispiel. Diesmal mit acht Kerzen darauf.

Ich kam ziemlich durchnässt nach Hause. Schon auf der Treppe hatte ich ein seltsames Gefühl. Mutter stand an der Tür.

»Unser Vater ist nicht mehr da«, sagte sie tonlos, dann setzte sie sich auf einen kleinen Schemel in der Küche.

»Vater ging es die letzten Tage nicht gut.« Ihre Stimme klang ganz hohl und brüchig. Heute hatte sich sein Zustand plötzlich verschlechtert. Sie hat ihn ins Krankenhaus gebracht. Sein Herz hatte sich entzündet, sagte man ihr. Sie wollte bei ihm bleiben, aber man hat ihr empfohlen, lieber erst gegen drei wiederzukommen.

Kurz vor drei starb er.

»Er hat noch nach seiner Frau gefragt«, erzählte die Krankenschwester.

Mama sagte auch, wenn wir Penicillin gehabt hätten, wäre es seine Rettung gewesen. Aber Penicillin konnte man erst später auf dem Schwarzmarkt bekommen. Nicht sehr viel später, schon einige Wochen danach.

Auf dem Tisch liegt die kleine graue Pappschachtel mit seinen persönlichen Sachen, die man Mutter ausgehändigt hatte.

Ich möchte sie noch mal beschreiben: seine alte Omega-Uhr mit dem schwarzen, abgewetzten Lederarmband. Das Rasiermesser. »Rasiermesser«, das Wort versuchte ich ihm noch beizubringen. Aber er schaffte nur »...messer, ...messer« zu sagen. Ein Rasierpinsel, noch ganz neu, mit perlmuttfarbenem Griff. Seine schöne blau marmorierte Füllfeder der Marke Waterman. Ich habe sie noch eine lange Zeit gehabt. Sie lag in meinem Federmäppchen, ich nahm sie mit in die Schule, manchmal habe ich sie benutzt. Bis sie mir eines Tages gestohlen wurde.

Diese Hand voll Gegenstände war das Einzige, was mir von meinem Vater übrig blieb. Das Einzige, woran ich mich die ganzen Jahre über noch erinnert habe. Alles andere habe ich verdrängt. Ich wollte nicht mehr an die dunkle Zeit denken, an all das Böse, das uns umgab. Ich habe versucht, es aus meinem Gedächtnis zu streichen, bis es die scharfen Konturen verlor, bis es fast vollständig verschwunden war.

Aber eben nur fast, denn ich wusste immer, dass da noch etwas war. Ich war in der Geschichte gefangen bis heute. Mein Leben lang wollte ich mich an meinen Vater erinnern, ich konnte es nicht. Bis heute, bis ich beschloss zurückzuschauen.

Zu seinem Begräbnis durfte ich nicht gehen.

»Warum nicht?«, habe ich damals gefragt.

»Bei den Juden gehen die Kinder nicht zu Begräbnissen«, entschied Onkel Stephan.

»Ich würde sie aber gerne mitnehmen«, entgegnete Mutter unsicher.

»Das tut man nicht«, meinte der Onkel. Und es blieb dabei.

Vorher sind wir mit Tante Hedwig in die Stadt gegangen, um für Mutter einen schwarzen Hut und einen schwarzen Schleier zu kaufen. So ähnlich wie für eine Hochzeit, nur eben schwarz. Den Schleier legte sie an, trug ihn ein Jahr lang und auch eine schwarze Binde um den Arm. So eine Binde bekam ich auch.

Mutter saß sieben Tage lang auf einem kleinen Schemel in der Küche und »tat Buße«. Das ist Sitte bei den Juden als Zeichen der Trauer, mit der man der Toten gedenkt. Mutter aß fast nichts, sprach kaum. Die Vorhänge wurden zugezogen, die Spiegel in der Wohnung verhängt. Es war so, als ob das Leben zum Stillstand gekommen wäre.

Immer wieder kamen Bekannte zu uns, um Mutter ihr Beileid auszusprechen und sie zu trösten – es wurde jedes Mal ganz schlimm. Die restliche Zeit saßen wir zusammen in der dunklen Wohnung: sie auf dem Schemel, ich neben ihr auf dem Fußboden.

Mein Vater war tot und wir waren aufeinander angewiesen, Mutter und ich. Ich fühlte, was sie fühlte, wir brauchten nicht zu sprechen.

»Ist dir nicht kalt?«, fragte sie plötzlich, als wäre sie auf einmal aus dem Schlaf erwacht.

»Nein. Soll ich uns etwas zu trinken machen?«

Dann kochte ich für uns Tee. Ich wollte auch, dass sie etwas isst, denn ich fühlte mich wieder für sie verantwortlich, aber sie winkte ab.

Ich dachte daran, dass ich gern auf meinem kleinen Holzroller draußen auf der Straße vor dem Haus fahren würde. Ein Weilchen wenigstens. Aber ich war nicht sicher, ob ich es durfte, und ich habe mich nicht getraut zu fragen. Ich wusste eben nicht, wie sich ein jüdisches Kind zu verhalten hat, nachdem sein Vater gestorben ist. Im Krieg war das einfacher. Aber jetzt?

Als ich mit der schwarzen Binde um den Arm in die Schule kam, wurde ich feierlich empfangen.

»Unsere Mitschülerin Roma hat ihren Vater verloren. Sie ist jetzt Halbwaise«, sagte unsere Lehrerin mit trauriger Stimme. Es klang so, als hätte ich eine Auszeichnung bekommen. Dann durfte ich zu ihr auf das Podest steigen. Damals saßen unsere Lehrer auf einem Podest, um den Überblick über die ganze Klasse zu haben. Was natürlich ihre Wichtigkeit noch unterstrich. Mit Tränen in den Augen umarmte sie mich und küsste mich auf die Stirn. Meine Augen blieben trocken, wahrscheinlich, weil ich so überrascht war.

Danach umrundeten mich alle Kinder und jedes umarmte und küsste mich. Etwas verwirrt stand ich da und ließ mich ab-

In der Jüdischen Schule in Krakau 1946.

küssen. Ich kam mir unendlich wichtig vor. So wichtig, wie noch nie in meinem Leben. Ich war auf einmal jemand anderer, eine bedeutende Person. Das Wort Halbwaise klang wie ein Ehrentitel. Es gefiel mir.

Ich war doch beliebt in der Klasse! Alle dreißig Kinder haben mich gedrückt und geküsst, auch die frechen Jungs von der letzten Bank. Dass das alles mit dem Tod meines Vaters zu tun hatte, konnte ich mir nicht so richtig vorstellen. Dreißig Küsse für den Tod meines Vaters?

Dass mein Vater ging, war für mich nichts Ungewöhnliches. Von den ersten Augenblicken meines Lebens an habe ich gelernt, dass Menschen gehen. Ich wusste, dass wir nie die Hand loslassen durften, die wir umklammern. Wenn man sie loslässt, ist sie im nächsten Augenblick verschwunden und kommt nicht wieder. Dass ich keinen Vater mehr hatte, habe ich erst viel später verstanden. Der Abschied von ihm war nicht der erste in meinem Leben, aber der längste und der schmerzlichste.

Er hätte mir das Schwimmen beigebracht und das Radfahren. Beides kann ich bis heute nicht. Wir wären zusammen in die Berge gefahren, er hätte mich das Skifahren gelehrt – wir hätten zusammen gelacht und getobt im frischen Schnee.

Er hätte mir erlaubt, eine Weile Kind zu sein. Ein Kind, das ich nie sein durfte. Seine kleine Tochter.

In späteren Jahren hätten wir uns ernsthafteren Themen gewidmet. Er hätte mir die Männer erklärt. Ich habe sie nie verstanden. Vielleicht habe ich deswegen keinen richtigen Partner fürs Leben gefunden ...

»Sag, Papa, wer wäre der Richtige für mich?«, hätte ich ihn gefragt.

»Weißt du, Tochter, das ist ganz einfach, man muss nur eines Geistes Kind sein«, hätte er vielleicht geantwortet.

Er hätte mir auch andere wichtige Sachen beigebracht: Dass man Nein sagen kann, zum Beispiel. Dass man auch nehmen darf und nicht nur geben.

»Wenn dir irgendjemand etwas tut, dann schlage ich ihm die Nase ein«, hätte er sicher auch gesagt. Und ich glaube, dass er es auch getan hätte.

Ich habe im Leben so viel mit mir machen lassen. Habe nie gelernt, mich zu wehren, weil ich wusste, niemand steht hinter mir. Bei jedem Gebrüll habe ich mich unter dem Tisch versteckt oder bin weggelaufen – eine schwache Waffe.

Wir hätten geredet, diskutiert, uns gestritten. Ich hätte gelernt, meine Meinung zu vertreten, nicht nur zu schweigen. Das alles kann ich mittlerweile, aber nun nützt es nicht mehr viel.

Er wurde mir genommen und ich wurde ihm genommen. Ohne Schuld, weder meine noch seine. Nur des falschen Zeugnisses wegen.

Als er aus Auschwitz floh, war er noch so gut in Form, so voll Hoffnung und Tatendrang. Er hat es geschafft, er hat überlebt. Seine Frau und sein Kind warteten auf ihn. Er wollte für sie ein neues Leben aufbauen. Es war seine Chance, und er hätte sie genutzt.

Vielleicht, wenn wir sehr viel Glück gehabt hätten, säße er

noch in den letzten Jahren bei mir am Tisch. Ein Greis schon, aber mit scharfem Verstand.

»Was tust du da, Kind?«, hätte er gefragt.

»Ich schreibe ein Buch über dich.«

»Ein Buch? Warum? Brauchst du Geld?«

»Das auch, aber es macht mir in erster Linie Freude.«

»Na, wenn es dir Freude bereitet, dann ist ja gut.«

Jakob wäre dazugekommen. »Opa, erzähl mir von früher, wie war es, als du deine Firma gegründet hast?« Jakob ist ein Tatmensch, er interessiert sich für vieles. Er hat einen unbändigen Appetit aufs Leben, welchen auch mein Vater – den Erzählungen nach – gehabt haben muss. Auch ihn konnte mein Vater nicht wachsen sehen, nicht mal kennen lernen. Er durfte nie die Rolle des Großvaters spielen. Mein Sohn durfte nie stolz auf seinen Opa sein.

»Seht her, das ist mein Großvater«, hätte er den anderen Kindern entgegengebrüllt. Aber sein Großvater war nicht da. Jakob hat auf seinem Schreibtisch ein kleines gerahmtes Foto, nicht von mir oder sonst jemandem, sondern von seinem Großvater, meinem Vater. »Er hätte mir gefallen. Mit ihm hätte ich gerne Geschäfte gemacht«, sagte er halb im Scherz.

Meine Mutter hat sich nie von dem Schicksalsschlag erholt. Kurz darauf wurde sie herzkrank. Sie lebte nur mithilfe von Medikamenten. Der Tod ihres Mannes hat der erst fünfunddreißigjährigen Frau förmlich das Herz gebrochen. Sie hat nie mehr richtig schlafen können. Ich habe jeden Abend gesehen, wie sie Tabletten schluckte, um etwas Ruhe zu finden. Tabletten zu nehmen als Ausweg in schwierigen Situationen war für mich deswegen etwas Alltägliches. Und als es mir dann später im Leben schlecht ging, nahm ich sie auch, bis ich davon abhängig wurde. Es war ein Weg durch einen langen dunklen Tunnel – ich habe mich noch daraus befreien können, aber es war ein Kraftakt.

Mutter hat immer nach außen so getan, als ginge es ihr gut. Sie wurde verschlossen, immer noch schweigsamer, sehr gesprächig war sie nie. Sie wurde auch dazu erzogen, nie zu klagen und Sorgen für sich zu behalten. Von mir hat sie nicht viel Liebe bekommen, weil auch mein Herz über Jahre verschlossen blieb.

Sie kleidete sich auf ihre bescheidene Art wie eine Dame. Sie ging zum Friseur, zur Maniküre, schminkte sich die Wangen rosa und die Lippen rot. Sie ging ins Theater, in die Oper, ins Kino, saß mit ihren Freundinnen im Café, immer zurechtgemacht und frisch, als käme sie gerade aus dem Urlaub.

Unbewusst und ohne viel nachzudenken, übernahm auch ich vieles von meiner Mutter.

Es war nicht nur Eitelkeit. Im Ghetto hatten nur junge und hübsche Menschen eine Chance. Wir wurden dauernd aussortiert, wie eine Ware. Auch alte Menschen färbten sich die Haare, um jünger auszusehen, um nicht abtransportiert zu werden, um noch gebraucht zu werden. Jung und gesund zu sein war der Passierschein fürs Leben, fürs Überleben. So etwas geht in Fleisch und Blut über. Auch ich mochte immer möglichst gut aussehen, es war immer mein Ehrgeiz, jünger und gesünder auszusehen als andere in meinem Alter. Eine komische Eitelkeit, die ich mir oft zum Vorwurf gemacht und derer ich mich geschämt habe.

Es war vielleicht auch der Versuch, das Schicksal und die Menschen um mich herum milder zu stimmen, sie auf meine Seite zu ziehen. Heute weiß ich, dass alle Überlebenden so sind, weil Schwäche Tod bedeutete. Es gibt Studien darüber – jetzt werden wir langsam zu Studienobjekten –, die man in einem Satz zusammenfassen kann: »Alle Frauen, die den Holocaust überlebt haben, legen besonders viel Wert auf ihr Äußeres.«

So einfach und doch so wissenschaftlich.

Ich sehe mir die Fotos meiner Mutter aus den Nachkriegsjahren an: gold blondiertes Haar, einen Fuchskragen um die Schultern, ein fröhliches Lächeln und unendlich traurige Augen ...

Meine Eltern waren noch jung. Sie hätten Kinder haben können, ich hätte jetzt Brüder und Schwestern, mein Sohn hätte Cousins und Cousinen. Eine junge Familie, die gerade den Holocaust überlebt hat, wurde zerstört. Hat es noch einen Sinn, die Schuldigen zu suchen?

Jetzt weiß ich es, und ich hätte es immer wissen müssen. Mein Vater war kein Kapo im Lager. Das Wort Kapo kommt in dem ganzen Urteil nicht vor, auch bei den Zeugen nicht. Er konnte auch nach Lage der Dinge keiner sein.

Wer waren Kapos überhaupt? Es waren Häftlinge eines Konzentrationslagers, die ein Arbeitskommando leiteten und mit den Nazis kollaborierten, darunter gab es auch deutsche Kriminelle mit sadistischen Neigungen, die aus den Gefängnissen eigens dazu entlassen wurden.

Die Materie ist kompliziert, und ich bin keine Historikerin. Tatsache ist, dass die Nazis die meisten der eng mit ihnen zusammenarbeitenden Menschen – Kapo oder nicht Kapo – selbst ermordet haben. Weil sie viel zu viel über sie wussten. Den Rest hat dann die Zivilbevölkerung getan, und auch die Gerichte. So kurze Zeit nach dem Krieg wusste man natürlich alles viel genauer. Die vielen Zeugen lebten noch.

Und jetzt schaue ich mir an – ich hätte es früher tun müssen –, wie sich mein Vater nach dem Krieg verhalten hat.

Er hatte keine Angst und hat sich nicht versteckt. In einer Zeit, wo doch noch viele darauf warteten, einen Juden aufzuhängen, der sich etwas zuschulden kommen ließ. Im Gegenteil, er hat sich für die damalige Zeit ziemlich exponiert verhalten. Er war einfach wie immer sehr aktiv und sah keinen Grund, sich zu verstecken. Er hat ein jüdisches Heim mitbegründet. Er durchstreifte die Straßen von Krakau, suchte nach jüdischen Kindern, fand sie, brachte sie in Sicherheit. Er hat seine Firma wieder eröffnet, saß in seinem Büro mitten im Zentrum von Krakau, für alle sichtbar. Benimmt sich so jemand, der etwas zu verbergen hat?

Freunde haben ihn besucht, es waren anerkannte Widerstandsaktivisten, deren Leben in historischen Studien beschrieben worden ist. Viktor Traubmann war dabei, Dolek Horowitz, die Gebrüder Rosner und viele andere. Hätten sie ihm die Hand gedrückt, wenn er ein Verbrecher gewesen wäre?

Und wenn jemand Bescheid wusste über die Verhältnisse im Lager, dann waren sie es. Ich hätte es wissen müssen, ich habe die Männer doch selbst bei uns gesehen.

In dieser wilden Zeit, im Jahre 1946, wo eine richtige Jagd nach Naziverbrechern und ihren Helfern stattgefunden hat, wurde Amon Göth, der Kommandant des Lagers Plaszów, von den Polen hingerichtet.

Mein Vater wurde auch zum Jäger. Er suchte den polnischen Polizisten, der meine Mutter im Krieg erpresst hat und sie nach Monteluppi bringen wollte. Benimmt sich so jemand, der selbst Schuld auf sich geladen hat? Er hätte doch einfach wegfahren können.

Es war eine Zeit der Völkerwanderung. Ganze Bevölkerungsgruppen wechselten ihre Wohngebiete. Er hätte mit uns umsiedeln können in die »neu zugewonnenen Gebiete«, die die Deutschen verlassen mussten, wo es Wohnungen und Arbeit gab und man nicht so genau nachforschte, woher die Zugezogenen kamen.

Er hätte ins Ausland fahren können, einfach emigrieren. Das hat sein jüngster Bruder Stephan auch getan. Er ist nach Australien ausgewandert, obwohl er auch niemandem etwas getan hat.

Onkel Stephan hat die Kriegszeit, in einer Nische hinter dem Schrank versteckt, in der Wohnung einer Polin verbracht, die mit einem deutschen Offizier verheiratet war. Er saß sozusagen in der Höhle des Löwen, hat sich die Gespräche der Nazis angehört und konnte jede Minute mit Entdeckung und mit dem Tod rechnen. Aber er hat überlebt und ist dann, nach dem Tod meines Vaters, ins Ausland gegangen.

Mein Vater aber wollte in Krakau bleiben – in seiner Stadt, die er über alles liebte. Noch im Jahre 1938, vor meiner Geburt, wollte Mutter mit ihm auswandern. Sie erwartete ein Kind, und es gab, so sagte man, für Juden die Möglichkeit, nach Brasilien zu emigrieren und dort die brasilianische Staatsbürgerschaft zu bekommen. Instinktiv spürte Mutter schon die nahende Gefahr.

»Lass es uns doch tun«, flehte sie Vater an, aber er lachte

nur: »Vor wem soll ich fliehen? Vor diesen Verrückten? Hitler soll selbst nach Brasilien gehen!«

Etwa ein Jahr später stand die Gestapo in seiner Wohnung, und er musste zusehen, wie sie seine Möbel abtransportierten, sein Porzellan in Kisten packten, wie sie Bilder von den Wänden rissen und die, die ihnen gefallen haben, mitnahmen, die anderen einfach auf die Straße warfen. Er musste zusehen, wie der deutsche Treuhänder seinen Namen über die Tür der Firma gehängt hatte – die Firma, zu der sein Inhaber keinen Zutritt mehr hatte.

⁂

Ich hätte all das wissen müssen, und ich habe es gewusst. Ich habe meinem Vater großes Unrecht angetan, weil ich trotz all dieses Wissens, doch Zweifel *in mir* zugelassen habe. Weil ich mich einschüchtern ließ von denen, die, je weniger sie wussten, umso lauter es aussprachen. Weil dieser ewige Satz »Es wird schon etwas dran sein, wenn es in der Zeitung steht« auch auf meiner Seele klebte.

Nicht mein Vater, sondern ich habe im Nachhinein eine Schuld auf mich geladen, habe nicht protestiert, als man Böses über ihn gesagt und geschrieben hat. Weil ich feige war.

Ich möchte jetzt ein Buch über meinen Vater schreiben. Es ist die einzige Möglichkeit, die mir bleibt. Ich werde nicht vor Gericht gehen, keine Anwälte bemühen. Nachdem ich von der Reise in die Vergangenheit zurück bin, habe ich Gerichte, Zeugen, Anwälte so satt. Ich bin es müde, noch irgendetwas zu beweisen. Ich möchte noch ein bisschen leben und schreiben, denn dies ist die einzige Wahrheit, die ich besitze: meine eigene.

Meine Freunde haben gewonnen: »Fahr doch mit uns in die Berge«, haben sie immer wieder vorgeschlagen. »Du gehst kaum aus dem Haus, bist ein richtiger Einsiedler geworden.«

»Also gut, wenn ihr darauf besteht …«

Sonne. Es ist für März ungewöhnlich warm, fast wie im Sommer. Wir sitzen draußen vor einem Gasthof an rauen Holztischen, trinken ein im Glas perlendes bernsteinfarbenes

Bier, das in der Mittagszeit in voller Sonne genossen die Wirkung von Champagner hat. Auf den Berggipfeln liegt noch viel Schnee. In der Nähe weiden Kühe und Schafe, oberhalb des Gasthofes steht eine kleine Kapelle, in die ich sehr gern hineingehe. Ich war immer schon der Ansicht gewesen, dass man in jedem Gotteshaus beten kann – ob es eine Kirche ist oder Synagoge, ist mir egal. Kirchen gibt es heutzutage einfach viel mehr.

Meine kleine Bayern-Idylle. Ich spüre, wie mir das Bier etwas in den Kopf steigt und alles milder und sanfter macht. Auch meine Sorgen.

Die kleinen Freuden des Lebens. Ich liebe sie sehr. Ich genieße sie mit jedem Jahr, das ich lebe, mit jedem Monat mehr. Liebte mein Vater sie auch? Er hat so wenig von seinem Leben gehabt. Er musste von Jugend an Geld verdienen, denn er kam aus bescheidenen Verhältnissen. Seine Mutter war Witwe, die vier Söhne großgezogen hat. Und er hatte weitreichende Pläne: Er wollte eine Firma gründen, Geld verdienen, Kinder haben. Vater wollte alles: reich werden, Sport treiben, mit seiner schönen Frau tanzen gehen, er wollte malen und Gedichte schreiben. Er baute sein Leben wie eine Festung – für die Ewigkeit. Wie viele junge Männer hatte er sich die Ruhe und das Genießen für später aufgehoben. Für später ...

Wir trinken unser Bier aus, essen den hausgemachten Käse und das wunderbar knusprige Brot. Auf die Märzsonne ist kein Verlass, und wir treten den Heimweg an. Ich bin müde und schläfrig, aber zum ersten Mal seit Wochen etwas zuversichtlicher. Zu Hause werde ich den grauen Pappdeckel schließen. Hoffentlich muss ich ihn nie wieder öffnen.

Ein Zettel fällt mir noch ein: Malina hatte auf rosa Papier in ihrer schönen kindlichen Schrift ein paar Zeilen des polnischen Dichters Czesław Miłosz geschrieben:

»Ich kenne sie gut, die ins Ohr geflüsterten Gerüchte, die sich im Zorn ballenden Fäuste und die beim Wodka wiederholten Wörter: Verbrecher, Kanaille, Schuft. Ich kenne sie gut, die Abrechnungen und Erpressungen der großen Dummköpfe

»Dass ich keinen Vater mehr hatte, habe ich erst viel später verstanden.«

und kleinen Gauner, der großen Gauner und kleinen Dummköpfe ...«

Er hatte es im Juli 1946 geschrieben.

Bis wir zu Hause sind, regnet es plötzlich, dann schneit es. Große weiße Schneeflocken tanzen in der Luft. Dann scheint wieder die Sonne. März – die ganze Palette.

April

David ruft an. Es trifft mich natürlich völlig unvorbereitet.

»Mein Gott«, sage ich, »David?«

»Wieso mein Gott? Das bin nur ich«, versucht er zu scherzen, wird dann aber sofort ernst: »Entschuldige, ich hätte dich nicht so überraschen dürfen nach so langer Zeit. Ich hätte dir schreiben sollen.«

Ist etwas passiert?, denke ich in einem plötzlichen Anflug von Panik, aber er hört sich nicht so an, als ob etwas vorgefallen wäre.

»Du weißt, wie ich das Schreiben privater Briefe hasse.«

Ich weiß, er telefoniert lieber.

»Meiner Frau geht es mal besser, mal schlechter«, sagt er schnell, um mir die Frage zu ersparen. »Aber keiner kann noch eine Prognose wagen. Es kann sich um Monate handeln oder Jahre. Wahrscheinlich eher Jahre ...«

»Und wie geht es dir selbst?«

»Oh, bei mir tut sich viel. Ich versuche jetzt, mich wieder um mein eigenes Leben zu kümmern. Ich bin dabei, einiges zu ordnen. Was gibt es bei dir?«

»Bei mir war es auch ziemlich turbulent. Jetzt haben sich die Wogen ein wenig beruhigt.« Ich habe noch immer einen trockenen Hals und höre meine Stimme so, als hätte jemand anders für mich geantwortet.

»Ich habe mich verändert«, sagt David, und ein seltsamer Unterton schwingt in seiner Stimme. »Ich habe mich für mein Leben entschieden. Es tut sich wirklich viel, du wirst dich wundern.«

»Ich wundere mich jetzt schon. Willst du es mir nicht erzählen?«

»Nein, jetzt noch nicht. Hab Geduld. Ich wollte nur deine Stimme hören, wissen, wie es dir geht. Ich rufe bald wieder an. Hab noch etwas Geduld ...«

Als wir auflegen, kommt mir der Anruf so irreal vor, dass ich mich frage, ob ich nicht geträumt habe. Aber ich sitze doch an meinem Schreibtisch, da schlafe ich gewöhnlich nicht ein.

»Ich wollte nur hören, wie es dir geht ...« Dabei hatte er gar nicht so genau gefragt, wie es mir geht. So sehr scheint er sich nicht verändert zu haben. Ruft er wieder an? Ich hätte auch viel vernünftiger mit ihm sprechen können, auch ich habe ihn nichts gefragt. Anscheinend hat es mir nicht nur die Sprache verschlagen, sondern auch meinen Verstand lahm gelegt.

»Hab Geduld«, sagte er. Nach den vergangenen Monaten ist es keine Kunst mehr, Geduld zu haben. Eins weiß ich: Ich darf mich nicht mehr durcheinander bringen lassen. Jetzt nicht mehr ...

»Versuche es wenigstens«, würde die Vernünftige sagen.

Mir ist, als hätte ich David in einem Auto oder in einem Schnellzug vorbeifahren sehen. Er hat mich gesehen und mir zugewinkt. Jetzt ist er weg. Wohin fuhr er?

Draußen vor meinem Fenster veranstalten die Vögel wahre Liebesorgien. Ihr lautes Gezwitscher weckt mich aus tiefstem Schlaf. Ich wünschte, sie hätten ihre erotischen Exzesse auf den Abend verlegt, damit ich länger schlafen kann.

Morgens laufe ich wieder. »Wohin?«, würde David fragen. Ich laufe zu mir zurück. Eigentlich ist es kein Laufen mehr, sondern eine Art schnelles Gehen. Meinen sportlichen Ehrgeiz habe ich über den Winter ziemlich verloren.

Im Park beginnt es zu blühen, zuerst vorsichtig, aber an manchen Tagen scheint sich alles verändert zu haben. Ich sehe neue Farben, atme neue Gerüche. Noch stolpere ich über kleine Schneepfützen, aber schon wundere ich mich über die vielen gelben Blumen. Ich merke auch, wie ich die morgendliche Stunde im Park brauche, sie ist meine tägliche Zuflucht und der Ort des Nachdenkens. Ich spüre, wie die Aprilsonne die übrig gebliebenen Wintersorgen und Ängste verscheucht.

Das alte Künstlerviertel, in dem ich wohne, wird immer interessanter. Viele neue Lokale entstehen, Cafés, kleine Geschäfte. Ich bin hier schon lange nicht mehr spazieren gegangen, den ganzen Winter nicht. Jetzt schaue ich mir die Schaufenster an, das habe ich auch schon lange nicht mehr gemacht. Die immer noch sündhaft teuren Kleider interessieren mich weniger.

Stattdessen kaufe ich mir einen Bürostuhl. Ich entdecke ihn in einem Antiquitätenladen. So einen wollte ich schon immer haben. Er ist aus den Dreißigerjahren, aus dunklem poliertem Holz mit grünem Ledersitz, und hat Rollen. Der nette Ladenbesitzer trägt ihn mir persönlich in die Wohnung, und ich probiere sofort eine wilde Fahrt um den Schreibtisch herum. Es macht Spaß! Der Stuhl scheint auch gut zu meiner Frühlingsstimmung und den neuen Arbeitsplänen zu passen.

Und wieder schaue ich mir mein Leben an. Wir haben viel durchgemacht, wir beide: Ich, die Verrückte und die Vernünftige. Wir haben es überstanden. »Sie würden jede Krise meistern, Roma«, sagte damals Malina.

Ich habe in diesem Jahr viel über mich selbst erfahren. Über meine Schwächen, aber auch über meine Stärken. Von Malina habe ich schon lange nichts mehr gehört. Ist sie denn so sehr mit ihrer neuen Liebe beschäftigt?

Und für mich gibt es viel zu tun.

Meine Verlegerin ruft an: »Sie wollten doch ein neues Buch schreiben, Frau Ligocka?«

»Ja, ich denke daran, die Geschichte meines Vaters aufzuschreiben«, sage ich vorsichtig. »Ich möchte es versuchen.«

»Tun Sie das. Wir warten darauf.«

Sie hat gut reden! Werde ich überhaupt noch die Kraft dazu finden?

Es sieht so aus, als wäre jetzt alles auf einmal wieder in Bewegung geraten. Das Telefon klingelt ständig. Ich muss schon wieder reisen. Nach Stockholm zuerst und dann vielleicht nach London, wo ich für einen Buchpreis nominiert bin.

Vom Flugzeug aus sehe ich riesige Wälder, viele Seen, helles Licht. Es duftet fast bis hierher nach Kiefern und sauberer Luft. Genauso habe ich mir immer Schweden vorgestellt. Bei diesem Eindruck wird es bleiben, denn die Gelegenheit, das Land genauer kennen zu lernen, werde ich auch in den nächsten Tagen nicht haben.

Am Flughafen erwartet mich ein Mitarbeiter des Verlags, mein Begleiter für die Zeit hier: ein ausgesprochen gut aussehender junger Mann. Ich begebe mich gerne in seine Obhut – gegen so viel männliche Schönheit habe ich noch nie etwas gehabt.

Den folgenden Tag verbringe ich fast ausschließlich im obersten Stockwerk eines Hochhauses, wo mein schwedischer Verlag untergebracht ist. Der Raum scheint ganz aus Glaswänden zu bestehen, und ich kann mir die Stadt wieder von oben ansehen: die hohen Gebäude, die breiten Straßen, dahinter viel Wald, stahlblauer Himmel. In meiner roten Jacke komme ich mir in diesem riesigen Glaskasten wie ein winziger Goldfisch im Aquarium vor.

Ich treffe meine Gastgeber vom Verlag. Sie sind alle freundlich, sanft, sehr um mein Wohlergehen bemüht. Ich bekomme gleich mein neues, noch druckfrisches Buch präsentiert: *Flickan in den Röda Kappan* heißt es auf Schwedisch.

Ich bin von der Ruhe und Gelassenheit der Menschen beeindruckt, aber auch leicht eingeschüchtert. Hier scheint alles so gut geplant und organisiert zu sein, dass nichts schief gehen kann, für Hektik ist offensichtlich kein Platz. Nach einer Weile beginnt man selbst zu denken, dass die ganze Welt nett und friedlich ist.

»Täuschen Sie sich nicht«, meint mein Begleiter, als ich ihm meinen etwas oberflächlichen Eindruck mitteile.

»Auf jeden Fall habt ihr einen schönen, fast englischen Humor.«

»Ja, das haben wir«, lächelt er mich an.

Die Presse kommt, das Fernsehen auch. Wir treffen uns in einem modernen Salon, der durch eine Glaswand von der Cafeteria getrennt ist. Alles glänzt, die Möbel sind aus türkisfarbenem Kunststoff und Metall. So ähnlich grün metallisch leuchten auch die Augen mancher Menschen hier. Die meisten aber haben diesen intensiven hellen Blauton, der mich schon immer fasziniert hat.

»Du hast dir deine schwarzen Augen nicht gewaschen«, hat man mich als Kind aufgezogen. Es machte mich wütend. Die Augen der Schweden leuchten immer wie frisch gewaschen.

Zur Stärkung bekomme ich Lachsbrötchen. Es wird auch Lachs zum Mittagessen geben und abends im Hotel. Er schmeckt jedes Mal frisch und köstlich. Die Journalisten stellen nett und taktvoll ihre Fragen. Aber auch diese Fragen verlangen nach Antwort. Es macht mich fast verlegen, diesen jungen, gesunden Menschen von all den Grausamkeiten der Vergangenheit, und nicht nur der Vergangenheit, zu erzählen. Es kommt mir so vor, als hätte ich ein fröhliches Sonntagsfrühstück gestört. Aber schließlich bin ich dafür eingeladen worden. Mein schöner Begleiter weicht nicht von meiner Seite, das tut gut. Er spricht Deutsch genauso gut wie Schwedisch und übersetzt für mich. Auch bei meiner Lesung heute Abend wird er dolmetschen. Er will ein Stück aus meinem Buch auf Schwedisch vorlesen. Das wird lustig, denn mein Buch ist in der Ichform geschrieben, und ich bin eine Frau! Aber gut, wichtiger ist es, dass das Publikum es versteht.

Am späten Nachmittag entführen mich die Fotografen in einen nahe gelegenen Park zu Fotoaufnahmen. Es ist kalt, ich ziehe meine Lederjacke mit dem getigerten Pelzkragen an und fühle mich beinahe auch wie ein Raubtier – von einer Meute gejagt. Ich werde durch den Park gehetzt, fast an jedem Baum soll ich stehen bleiben, in die Kamera lächeln, wieder gehen, mich auf eine Bank setzen, nachdenklich schauen, an meine Kindheit oder sonst etwas Trauriges denken. Dann soll ich aufstehen, wieder lächeln, nein, nicht so breit, ein bisschen weitergehen. Kopf nach rechts, Kopf nach links, die Hand zwei Zentimeter vors Gesicht halten, nur zwei, nicht mehr ... Die Anweisungen sind sehr präzise und auch ein wenig langsam, was mich eigentlich hier gar nicht mehr wundert. Schließlich werde ich von meinem schönen Wikinger erlöst. Wir fahren zur Lesung.

Unterwegs fragt er mich etwas verlegen, ob ich bereit wäre, mein Stockholmer Programm um einen Punkt zu erweitern. Morgen sei nämlich die Vernissage eines bedeutenden schwedischen Bildhauers, und der Künstler wünsche sich ausdrücklich, mich als Ehrengast zu haben. Es war zwar nicht geplant, und wenn ich nicht möchte ...

Natürlich kann ich den blauen Augen meines Begleiters nicht widerstehen, und überhaupt, warum sollte ich nicht? Ein Ehrengast bin ich ausgesprochen gern.

Ich bekomme eine elegante Einladung mit der Abbildung einer Steinskulptur und dem Lebenslauf des Künstlers auf Englisch. Ich überfliege ihn schnell: geboren in Ungarn, nach dem Krieg nach Schweden ausgewandert, viele Ausstellungen und Auszeichnungen. Er heißt Bella und muss schon ein älterer Mann sein.

Am nächsten Tag besucht mich im Hotel eine hübsche junge Polin, die hier im Verlag arbeitet, sie wird mich zu der Vernissage begleiten und auch dolmetschen. Da haben sich die Organisatoren aber etwas besonders Nettes ausgedacht, eine Art Bonbon für mich sozusagen.

»Es würde Sie doch freuen, polnisch zu sprechen?«, fragt sie.

Ja, das tut es.

Eine hohe Marmortreppe. Große abstrakte Skulpturen, links und rechts. Fast ehrfürchtig steige ich hinauf und hoffe, auf meinen hohen Absätzen nicht zu stolpern.

Oben in der Halle steht schon das Publikum. Schwarz gekleidete Herren, weißhaarige Damen mit den obligatorischen Perlenketten, Champagnergläser in den Händen, leise Gespräche.

Der Direktor des Museums, ein drahtiger älterer Mann, genauso groß gewachsen wie die meisten hier – empfängt mich herzlich, auf schwedisch gedämpfte Art. Den Künstler werde ich wohl gleich kennen lernen ...

»Und Ihre Rede?«, fragt der Direktor. »Wie lange möchten Sie sprechen?«

Ich spüre, wie meine Füße unter mir weich werden. Ich habe natürlich im Trubel des gestrigen Tages nicht daran gedacht, dass ein Ehrengast auch eine Rede halten sollte.

Schäm dich, sage ich zu mir, aber das nützt auch nichts mehr. Du wirst die Situation schon meistern ...

Ich sehe, wie meine polnische Dolmetscherin immer blasser wird: Sie soll eine Rede übersetzen, die noch gar nicht geschrieben ist. Ich entschuldige mich bei dem Direktor für einen Moment und nehme sie zur Seite.

»Nur Ruhe, Mädchen«, sage ich zu ihr. »Wir werden es schon schaffen. Ich ziehe mich für einen Moment zurück, konzentriere mich, und du übersetzt es dann einfach. Es wird schon gehen.«

Ich sehe mich um, die Skulpturen sagen mir nicht viel. Ich habe von Bildhauerei nie sehr viel verstanden. Es sind auch einige Objekte und Installationen dabei. Mitten im Raum ein großer Glaskasten, darin Eisenbahnschienen auf Sand und ein Kinderschuh ...

»Wollen Sie jetzt die Künstlerin kennen lernen, Frau Ligocka?« Der Direktor kommt wieder zu mir, mit einer weißhaarigen kleinen Dame an der Seite.

Die Künstlerin?, denke ich. Irgendetwas muss ich falsch verstanden haben. Der Künstler ist eine Frau! Bella ist ja auch ein Frauenname. Sie ist eine ungarische Jüdin und spricht gut Deutsch.

»Ich habe es im Lager gelernt, ich war in drei verschiedenen«, sagt sie noch schnell zu mir. »Ich habe dein Buch gelesen und viel dabei geweint. Darüber sprechen wir später.« Ich schaue sie etwas verwirrt an. Sie trägt ein langes schwarzes Kleid, das an den Schultern mit einer großen Metallbrosche zusammengehalten wird, wie eine römische Toga.

»So, jetzt fangen wir an«, entscheidet Bella. Sie rafft ihr Gewand und marschiert energisch nach vorn. Die anderen ihr hinterher.

»Die Künstlerin Bella, deren große Ausstellung wir hier eröffnen«, meine polnische Dolmetscherin tritt zu mir und übersetzt mir die Rede des Direktors direkt ins Ohr, »hat ihre gesamte Familie in Auschwitz verloren: Vater, Mutter und vier Geschwister. Sie allein ist am Leben geblieben. Nach dem Krieg ist sie zu uns gekommen. Hier hat sie studiert und uns später die Ehre erwiesen, unser Land zum Mittelpunkt ihres künstlerischen Schaffens zu machen. Sie ist im Laufe der Jahre eine der bedeutendsten Künstler in Schweden geworden.

Aber sie hat ihre Herkunft und auch ihre Kriegserlebnisse nicht vergessen. In dieser Vitrine sehen Sie ihr neuestes Werk. Es sind authentische Eisenbahnschienen aus Polen. Auf diesen Schienen sind die Viehwaggons gefahren, in denen die Juden in die Vernichtungslager transportiert wurden. Die Künstlerin hat einen Gleisabschnitt davon auf eigene Kosten und mit viel Aufwand aus dem Lager hierher gebracht. Als Erinnerung und Mahnung ...

Und jetzt übergebe ich das Wort der bekannten Schriftstellerin, die heute unser Gast ist, Roma Ligocka.«

Ich gebe mir einen Ruck. Neben mir steht Bella – die Bildhauerin oder nur ein Mädchen aus Auschwitz? Sie ist etwas rundlich, hat ein Barockengelgesicht mit weißen Löckchen rundherum. Ihre schönen traurigen Augen schimmern blau wie reife Pflaumen und schauen mich erwartungsvoll an. Und ich weiß immer noch nicht, was ich sagen werde.

All die Skulpturen sind mir zu unheimlich, ich konzentriere mich auf die Eisenbahnschienen aus Auschwitz, deren Bedeutung man mir nicht erklären muss. Ich erzähle von Bella, von ihrer Arbeit als Künstlerin, aber auch von ihr persönlich, als hätte ich sie ein Leben lang gekannt. Ich kann mir vorstellen, wie sie denkt, was sie fühlt. Wie ihr Leben sein kann in diesem friedlichen, fremden Land. Ich vergesse nicht, dass Bella hier die Hauptperson ist. Aber dann erzähle ich auch etwas von mir und meinem Buch, meinem Schicksal, über die Ähnlichkeiten zwischen uns.

»Auch ich hätte in einem von diesen Viehwaggons sein können, die über die Schienen direkt in die Gaskammer gerollt sind. Der Schuh hat etwa die Größe meiner Schuhe damals«, schließe ich. »Es hätte auch mein Schuh sein können.«

Ein großer Applaus, für Bella und für mich.

Am Abend sitzen wir mit dem Museumsdirektor, Bella und ihrem Mann zusammen beim Essen. Es gibt ... Lachs! Und einen sehr guten Wein. Bellas Mann, ein Schwede, sieht aus, als wäre er doppelt so groß wie seine Frau. Im Gegensatz zu ihr ist er aber nicht besonders redselig.

Wir sprechen deutsch und englisch durcheinander. Bella spricht sehr schnell, gestikuliert lebhaft. Ihr Deutsch hat eine breite ungarische Melodie, die mir bei ihr besonders gut gefällt.

Bella kennt meine Geschichte, das erleichtert das Gespräch, sie muss nicht viel fragen.

»Dein Buch hat mich sehr berührt. Du hast es auch schon in deiner Rede gesagt: Wir haben viel gemeinsam.«

Der Direktor füllt immer wieder sehr aufmerksam unsere Gläser und lächelt dabei freundlich.

»Was hat dich gerade nach Schweden verschlagen?«, frage ich Bella.

»Ach, damals nach dem Krieg«, sie schaut mit ihren traurigen Augen in die Weite, als würde sie diese Zeit wieder vor sich sehen, »das war alles, mehr oder weniger, ein Zufall. Ich wurde aus dem Lager befreit. Als Einzige von der ganzen Familie war ich übrig geblieben. Meine Eltern, meine Großeltern, meine drei älteren Schwestern und mein kleiner Bruder waren nicht mehr da. Mich hat man in ein Lazarett gelegt. Ich war vierzehn und hatte Typhus. Eigentlich war ich schon am Sterben. Viele sind noch in den ersten Nachkriegstagen an Typhus gestorben.«

»Ich weiß, meine Tante Sabine, die jüngere Schwester meiner Mutter, hat Auschwitz nur um ein paar Tage überlebt. Sie hatte auch Typhus.«

»Der Krieg war zu Ende, und ich wollte nicht sterben«, sagt Bella betont, »ich habe mit dem Fieber gekämpft, mein ganzer Körper hat gekämpft. Nur nicht ohnmächtig werden, habe ich mir gesagt, sonst wachst du nicht mehr auf. Dann standen plötzlich die Leute vom Roten Kreuz an meinem Bett und haben gefragt, ob ich Familie hätte. Nein, flüsterte ich, es gibt niemanden mehr. Ich konnte nicht sprechen, sie gaben mir zu trinken und warteten. Wohin ich denn gehen möchte, fragten sie weiter. Das wusste ich nicht. Mit meinen vierzehn Jahren – von denen ich die letzten vier im Lager verbrachte, hatte ich noch keine Vorstellung von der Welt. Und doch musste ich mich für ein Ziel entscheiden, denn sie standen neben mir und warteten. Ich lag da und spürte, wie mein Körper gegen die Schwäche kämpfte.«

»Das war dein starker Geist, Bella, der deinen Körper nicht verlassen wollte«, lächle ich sie an.

»Möglich. Dann, wie durch die Wellen des Fiebers, kam ein Wort in mein Bewusstsein: Schweden. Mein Vater hat mir früher einmal von Schweden erzählt. Er hat dort als junger Mann Ferien gemacht. Ich erinnerte mich plötzlich daran: Er hat von Wäldern und Walderdbeeren erzählt, von grünen Seen, von Elchen, geheimnisvollen Fabeltieren, Elfen und Trollen und von friedlichen Menschen. Es war, als hätte ich die Stimme meines Vaters gehört. Schweden, Schweden habe ich geflüstert, ich möchte nach Schweden. Und so ist es auch geschehen.«

»Hast du dich hier, in der ganz anderen Welt, schnell zurechtgefunden?« Ich stelle mir das kranke Kind aus dem Lager in dieser strahlenden Umgebung vor.

»Zuerst kam ich in ein Internat. Da waren alle sehr nett zu mir, bekümmert und besorgt. Sie haben Ärzte zu mir geschickt, immer wieder neue Ärzte. Die haben nur ungläubig den Kopf geschüttelt. Noch nie haben sie ein vierzehnjähriges Mädchen gesehen, das so wenig wog wie ich. Na ja, sie hatten vieles nie gesehen. Wochenlang wurde ich ausschließlich von Griesbrei ernährt, etwas anderes vertrug mein Magen nicht. Dann wurde ich ziemlich schnell erwachsen. Eigentlich war ich es schon immer.«

»Zu mir haben sie damals ›kleine Erwachsene‹ gesagt«, werfe ich ein.

»Zu mir auch.«

Es entwickelt sich zwischen uns ein vertraulicher Dialog, in dem die eine den Gedanken ergänzt, den die andere angefangen hat.

»Hast du das Gefühl gehabt, dass du hier mit deinem Anderssein, mit deinen Ängsten die Menschen störst?«

»Du meinst, dass sie es mir ansehen, auch wenn ich es nicht sage?«

»Später habe ich mich selbst gefragt, ob das alles wahr gewesen ist.«

»All das Vergangene ...«

»In diesem Land kommt es dir wie ein böser Traum vor ...«

»... oder als hättest du es dir ausgedacht, um die Menschen in Verlegenheit zu bringen.«

»Kann man sich so etwas ausdenken?«

»Dann hört man auf, noch irgendetwas darüber zu erzählen. Auf Fragen antwortet man einsilbig ...«

»Man stellt auch an sich selbst keine Fragen mehr.«

Selten habe ich mit einem fremden Menschen am Tisch so schnell so viele Lebenserfahrungen ausgetauscht.

»Wir haben ein Haus am See, mitten im Wald«, erzählt Bella.

»Gibt es dort die Tiere, von denen dein Vater dir erzählt hat?«, lächle ich sie an.

»O ja, sie kommen ganz nah an unser Haus. Manchmal sehe ich sie vom Verandafenster aus ...«

Es ist ein sehr herzlicher Abschied.

»Ich danke dir, deine Rede war ergreifend und so persönlich«, lobt mich Bella nochmals, und ich spüre, wie mir die Röte ins Gesicht steigt. Wir versprechen uns, in Kontakt zu bleiben, wissen aber gleichzeitig, wie fraglich es ist. Bella und ihr Mann fahren morgen zu ihrem Haus am See, ich fliege wieder nach München. Die Erinnerung an diesen Abend aber wird bestehen bleiben, und eine besondere Verbindung zwischen uns, die nicht von Zeit und Raum abhängig ist.

Ich strecke mich auf dem Hotelbett aus. Vor meinen geschlossenen Augen sehe ich all die Gesichter aus den vergangenen zwei Tagen: die Journalisten, Bella, meinen gut aussehenden Begleiter, wieder Bella, das längliche Gesicht des Museumsdirektors ... Die Gesichter beginnen sich zu drehen, sie drehen sich immer schneller, werden flach und weiß wie die Masken im venezianischen Karneval.

»Schlaf endlich«, sage ich zu mir, »bevor du wieder vor Müdigkeit zu heulen anfängst. Für einen introvertierten Menschen warst du die ganze Zeit hier ganz schön extrovertiert. Es reicht.«

Den Preis in London habe ich doch nicht bekommen. Schade. Also muss ich nicht hinfahren. Ich rufe meine Agentin an, um mich bei ihr auszuweinen.

»Sei froh, es spart Zeit und Kraft«, sagt sie auf ihre liebenswert nüchterne Art.

»Aber ich habe mich schon so an diesen Gedanken gewöhnt«, sage ich verstimmt. »Haben den Juroren meine Bücher nicht gefallen? Warum nicht?«

Meine Agentin ist normalerweise kurz angebunden und macht einfach ihre Arbeit ohne viele Erklärungen. Aber heute hat sie ihren geduldigen Tag:

»Deine Bücher sind weit und breit Bestseller. Hast du mal ausgerechnet, wie viele Menschen sie gelesen haben? Reicht dir das nicht?«

»Schon, aber ich möchte wissen, warum die Juroren ...«

»Ach, lass die Juroren. Mein Vater hat immer gesagt: Gehst du langsam durchs Leben, wird man dich antreiben. Gehst du zu schnell, wird man dir ein Bein stellen. So, jetzt gib Ruhe, Roma, und schreibe wieder.«

Meine Agentin ist auch eine Vernünftige, Gott sei Dank, manchmal brauche ich eben mehr als nur eine davon.

»Du bekommst schon deinen Nobelpreis«, sagt sie versöhnlich, »auch wenn ich ihn selbst für dich stiften muss.«

Die Tage fließen dahin und ich kann nichts Rechtes mit mir anfangen. Ich mache Pläne, verwerfe sie wieder. Von einer Unruhe gepackt, fange ich zu arbeiten an. Dann fehlt mir wieder die Kraft, ich verliere schnell die Geduld, kann meine Gedanken nicht ordnen. Frühjahrsmüdigkeit? Vielleicht.

Ich drehe mich sinnlos auf meinem neuen Stuhl herum,

gehe hinaus, setze mich in die Sonne. Ich träume von Ferien am Meer oder in den Bergen. Man müsste einmal so lange bleiben können, bis man selbst zu einem Teil der Landschaft wird.

»So etwas muss man sich erst mal verdienen. Du musst arbeiten, um Geld zu haben«, mahnt die Vernünftige.

Ja, ja, das tue ich, das muss ich. Ich fange ernsthaft damit an, gleich morgen früh, nur heute nicht mehr. Klingelt das Telefon? Oder nicht? Doch.

Mein polnischer Verlag ruft an. Ob ich zu einem Fernsehinterview nach Warschau kommen kann, wichtige Fernsehanstalt, wichtige Moderatorin, alles sehr wichtig. Für mich ein willkommener Anlass, das lähmende Gefühl der Schwäche zu bekämpfen. Ich sage gleich zu.

»Und wenn Sie schon da wären«, sagt die nette Stimme der Verlagsmitarbeiterin, »könnte man Sie auch zu einer Lesung in Krakau in einer Buchhandlung überreden?«

»Auch das. In Krakau jederzeit. Gerne.«

Von Malina habe ich immer noch nichts gehört. Soll ich ihr schreiben? Nein, diesmal will ich sie überraschen. Ich melde mich bei ihr, wenn ich da bin.

Es geht alles schnell: vom Flugzeug direkt in den Sender. Mein Gesicht wird auf die übliche Weise bearbeitet, bis es die Frische ausstrahlt, die ich in meinem Inneren vergeblich suche.

Es stellt sich heraus, dass sie einen Überraschungsgast für mich haben. Wer kann das sein? Wir gehen ins Studio. Ein junges Mädchen sitzt da, blonde Locken. Kenne ich sie?

»Ich habe Sie gespielt«, sagt sie etwas schüchtern, kommt auf mich zu und gibt mir die Hand. »In dem Film *Schindlers Liste* habe ich das Mädchen mit dem roten Mantel gespielt. So war auch Ihr Schicksal, oder?«

Ich fand das kleine Mädchen im Film damals rührend. Das Mädchen, das jetzt vor mir steht, ist ungefähr siebzehn Jahre und sogar etwas größer als ich.

»War es für dich schlimm, diese Rolle zu spielen?«, frage ich mit einer Art von Mitgefühl. »Hast du nicht Angst gehabt? Im Film war es Krieg.«

»Aber nein«, antwortet sie entwaffnend ehrlich, »überhaupt nicht. Alle waren so nett zu mir. Es ist schon lange her, ich war damals fünf. Ich wusste, dass es nur ein Spiel ist.«

Ja, das hätte ich beinahe vergessen, das ist wahrscheinlich der Unterschied zwischen uns: Sie wusste, dass es nur ein Spiel ist.

Es geht in einem ziemlichen Tempo weiter. Bevor ich in der Kantine etwas zu mir nehmen kann, kommt der Fahrer, der mich nach Krakau fahren soll.

»Wenn wir vor Einbruch der Dunkelheit da sein wollen, müssen wir jetzt los.« Mit einem Schinkenbrötchen in der Hand steige ich ins Auto ein.

Krakau. Auf dem Marktplatz muss es ein Konzert geben. Ich sehe junge Leute dahin strömen, ich höre auch von weitem schon die Musik. Vor ein paar Jahren hat die Krakauer Altstadt ihre verträumte Stille verloren, sie wird sie wahrscheinlich nie wiederfinden.

Es ist windig, Wolken ziehen auf.

Noch bevor wir vor dem Haus halten, in dem ich wohnen soll, regnet es, und ein heftiges Frühjahrsgewitter tobt. Oben angekommen, sehe ich vom Fenster aus, wie sich die grünen Blitzschlangen ein paarmal in dem dunkelblauen Himmel über der Marienkirche zeigen und wieder verschwinden. Regen prasselt auf die Straße. Die Menschen beginnen zu rennen, die Köpfe mit den Händen schützend, zum nächsten Taxistand oder zur Straßenbahn. In wenigen Minuten sind die Straßen leer. Nur die alte Trambahn macht ein quietschendes Geräusch, bevor sie um die Ecke biegt.

Dann ist es wieder still, und der Regen hört allmählich auf. Ich wollte so gern noch einen Spaziergang machen, wie ich es immer am ersten Abend tue, wenn ich nach Krakau komme: meine übliche Runde durch die engen Gassen, dann einmal um den Hauptplatz. Jetzt ist es wohl zu spät. Morgen gibt es viel zu tun.

In der Früh schalte ich das Radio ein und höre als Erstes die Ankündigung meiner Lesung am Nachmittag. Dann werde ich zu einigen Gesprächen mit der Presse eingeladen. Sie waren nicht geplant, ergeben sich aber irgendwie von selbst. Die Zeit wird immer knapper. Ich schaffe es nicht mehr, Malina anzurufen. Macht nichts, morgen werde ich den ganzen Tag für sie haben.

Kurz vor der Lesung der immer wiederkehrende Schreckmoment: Kommt denn überhaupt jemand?

Es kommen viele, zum Schluss sind es fast zu viele für den nicht sehr großen Raum. Der Tag ist auch für Mitte April ungewöhnlich warm. Es ist heiß drinnen. Ich bitte die jungen Menschen, sich auf den Boden zu setzen, damit die älteren auf den Stühlen Platz haben. So habe ich wieder einen schönen Kranz junger Gesichter um mich. Es liest sich dadurch wesentlich besser.

Am Ende der Lesung sind alle zufrieden: die Jüngeren, die Älteren und auch die Buchhändler. Und ich selbst spüre einen Augenblick lang im Herzen ein warmes Gefühl, das dem Wort Glück am nächsten ist.

Die Zeit verfliegt schnell. Aber wenigstens muss ich mich in dieser Stadt nicht hinterher fragen, ob ich wieder einen Clown aus mir gemacht habe. Hier kennen mich die Leute viel zu gut, sie hätten es gar nicht zugelassen.

Die Gesellschaft löst sich langsam auf. Kurze Gespräche noch, ein Händedruck: »Du bist wieder hier ... Sehen wir uns noch?« Einige Verabredungen für die nächsten Tage.

Ich hebe den Kopf vom Buch, das ich gerade signiert habe, und sehe im dunklen Türrahmen eine weiße Frauengestalt.

Eine mädchenhafte Silhouette, ein weißes Kleid, Blumen im Haar. Eine Braut? Ein dunkel gekleideter Mann an ihrer Seite.

Die Leute machen den beiden Platz, tuscheln begeistert. Das Brautpaar tritt ein, sieht mitten in der Buchhandlung völlig irreal aus. Malina?

Mit Brautstrauß in der Hand steht Malina vor mir. Schüchtern, aber gleichzeitig triumphierend lächelnd.

Ich hole tief Luft. Umarmungen, fieberhafte Erklärungen, immer wieder Umarmungen. Die Leute um uns bilden einen Kreis und schauen begeistert zu. Malina schenkt mir ihren Brautstrauß. Viele kleine weiße Röschen – ich drücke ihn an mich.

Später kann die Überraschung sogar geklärt werden. Malina hat mir geschrieben. »Zwei Briefe sogar oder drei«, sagt sie, »aber die Briefe kamen zurück. Die Post muss da etwas falsch gemacht haben.«

»Ja, ich weiß«, sage ich bedauernd. »Es kamen viele Briefe zurück, als ich in Amerika war.«

»Sie sind wahrscheinlich immer noch in Amerika, dachte ich«, sagt Malina.

Heute Nachmittag war die Hochzeit in der Kirche gewesen. Danach hat einer von den Hochzeitsgästen erzählt, dass er im Radio von meiner Lesung gehört hatte.

»Ich wusste, dass Sie kommen werden. Ich wusste es. Sie sind mein schönstes Hochzeitsgeschenk«, sagt Malina.

»Wir waren vor einer Stunde schon mal hier, aber wir wollten nicht stören«, sagt ihr bis dahin schweigender Ehemann.

»Ja, und das ist Peter«, sagt Malina stolz.

Ein junger Mann, doch deutlich älter als sie, untersetzt kräftig, mit einem runden, freundlichen Gesicht und dunklen Haaren. Mehr lässt sich im Moment nicht sagen.

Sie feiern in einem Lokal nicht weit von hier, und ich werde ohne Widerrede einfach mitgenommen.

»Sie sind mein Hochzeitsgeschenk«, sagt Malina immer wieder. »Es musste so sein.«

»Wenn ich jemandem von diesem Zufall erzählen würde«, sage ich unterwegs zu Malina, »würde mir niemand glauben.«

»Sie haben genügend Zeugen«, wirft ihr Mann nüchtern ein.

Die Feier findet im Nebenzimmer eines Restaurants statt. Etwa fünfzehn Personen sitzen am Tisch. Ich werde allen feierlich vorgestellt, zuerst der Familie des Bräutigams. Malinas Mutter lebt nicht mehr, sie ist gestorben, als Malina noch ein Kind war. Das wusste ich schon. Malinas Vater ist ein schlanker Herr mit Glatze und Schnurrbart. Seine leicht geröteten

Augen hinter einer runden Brille sehen aus, als hätte er im Leben viel geweint. Ein paar Freunde haben die beiden eingeladen. Es ist alles ziemlich bescheiden, aber würdevoll und feierlich. Das Essen ist schon vorbei. Rotwein steht auf dem Tisch – kein Wodka, für eine polnische Hochzeit ziemlich unüblich – und eine sehr schöne Hochzeitstorte, die ich unbedingt gleich probieren soll.

Malina schaut stolz in die Runde. Ich bewundere ihr schönes Kleid.

»Das hat meine Schwägerin für mich genäht, weil mir alle Kleider von der Stange zu weit waren. Aus alter Spitze. Schön, nicht wahr?«

Ja, denke ich besorgt, es stimmt, kein Kleid würde für Malina passen – sie ist immer noch viel zu dünn. Jetzt könnte sie allmählich zunehmen.

»Ich muss wieder meine Frisur richten, es hat sich alles aufgelöst.« Malina berührt die Blumen in ihrem Haar.

Ich schaue ihr nach, wie sie durch den Raum geht, leicht wie eine Tänzerin, und in der Tür verschwindet. Ihre Taille könnte man mit den Fingern einer Hand umfassen.

Mir gegenüber sitzt ihr Ehemann. Ein stiller Mensch. Ingenieur von Beruf. Er strahlt Ruhe und Zuversicht aus und scheint viele Reserven an Geduld zu haben. Dies alles werden sie brauchen, denke ich.

Wenn ich in jungen Jahren einen so starken und stabilen Mann getroffen hätte, wäre mein Leben vielleicht anders verlaufen. Einfacher, friedlicher?

»Etwas zu spät für solche Gedanken, nicht wahr?«, meldet sich die Vernünftige, und ich kann förmlich sehen, wie sie mit den Schultern zuckt. »Außerdem hättest du dich nie in einen so bodenständigen Mann verliebt ...«

Ich weiß nicht recht, worüber ich mit dem jungen Bräutigam reden soll, aber es wäre unhöflich, schweigend dazusitzen. Ich mache ihm ein Kompliment über seine schöne Frau. Er scheint es nicht gehört zu haben, schaut eine Weile ausdruckslos über meinen Kopf in die Ferne, dann beugt er sich zu mir herüber.

»Die Krankheit ist noch lange nicht überstanden«, sagt er leise. »Noch lange nicht, im Gegenteil. Aber sagen Sie nicht, dass Sie es wissen.«

Ich kann nichts darauf antworten, denn Malina kommt wieder und setzt sich zu uns. Ich schaue die beiden an und spüre nur, wie mir auf einmal kalt wird.

Danach bleibe ich nicht mehr sehr lange und verabschiede mich, um Malina ihrer Familie und ihren Freunden zu überlassen. Ich merke schon die ganze Zeit, dass meine Anwesenheit sie doch alle etwas verlegen macht. Die beiden Eheleute bringen mich zur Tür. Noch eine letzte zärtliche Umarmung mit Malina.

»Viel Glück für die Zukunft«, flüstere ich mit den Lippen an ihrem Haar.

»Das habe ich jetzt schon«, flüstert sie zurück.

In die Wohnung ist es von hier nicht weit. Ich gehe zu Fuß, langsam und in Gedanken, Malinas weißen Brautstrauß in der Hand. Ich denke über diesen seltsamen Zufall nach, der Malina und mich zusammengebracht hat, früher einmal und auch jetzt an ihrem Hochzeitstag. Das schöne Fest, die fröhliche Hochzeitstafel, über der doch etwas hing, was nicht benannt werden wollte.

Am Marktplatz neben dem Eingang zu den Tuchhallen, die um diese Zeit schon geschlossen sind, kommt ein älterer, gut gekleideter Herr auf mich zu. Dunkler Anzug, weißes Hemd, Krawatte.

»Wollen Sie mir die Ehre erweisen?« Er lüftet seinen Hut. »Dürfte ich Sie um diesen Tanz bitten?«

Verblüfft gebe ich ihm die Hand, betrunken scheint er nicht zu sein, und wir drehen mitten auf dem Platz einige Takte Walzer. Ohne Musik. Wir tanzen, bis mir auf einmal schwindelig wird. Ich schließe die Augen – in meinem Kopf dreht sich alles – und bleibe stehen. Als ich die Augen wieder öffne, ist er weg. Ich drehe mich nach ihm um: Er ist verschwunden.

Sonderbar.

So endet dieser auch sonst so ungewöhnliche Tag.

Zurück in München erinnere ich mich, dass ich Malina versprochen habe, ihr ein von mir gemaltes Bild zu schenken. Das wollte ich seit langem schon tun, jetzt wird es ein Hochzeitsgeschenk. Sie sagte zwar, dass unser Treffen das Geschenk war, aber über ein Bild, das in ihrer neuen Wohnung hängen könnte, würde sie sich sicher freuen. Ich suche ein Aquarell aus, das eine zierliche Braut im weißen Kleid zeigt, ihr Schleier erhebt sich über sie wie eine weiße Wolke und reicht bis zum Ende der Straße. Es gab eine Zeit – lange ist es her –, da habe ich viele Hochzeitsbilder gemalt. Ich packe es gleich für sie ein.

»Danke, dass ich an deinem großen Tag teilhaben durfte«, schreibe ich in meinem Brief dazu, »deinen Strauß bewahre ich in Ehren, er hängt über einem Bücherregal in meinem Zimmer.«

Ich rufe Jakob an.

»Wie geht es dir, Kind?«, frage ich meinen fünfunddreißigjährigen Sohn, der diese Frage wie immer gelassen erträgt.

»Gut. Viel Arbeit«, antwortet er jedes Mal.

»Wann genau ist *Pessach?*«, frage ich ihn.

Jakob ist in den letzten Jahren zu unserem Familienexperten in allen religiösen Fragen geworden.

»Dieses Jahr eine Woche später«, sagt er. »Koch etwas Gutes. Ich komme zu dir.«

»Wirklich?«

An der großen Sedertafel, mit der das Pessachfest beginnt, sitzen wir mit einigen Freunden zusammen. Mein blonder Sohn, mit der Kippa auf dem Kopf, sieht auf einmal sehr jüdisch aus. Ein Rabbiner hat am Kopfende Platz genommen, und es bestätigt sich die Tatsache, dass ein Rabbiner auch ein Lehrer sein muss. Einige von uns verlieren sich immer wieder in der komplizierten Liturgie. Ich bewundere Jakob, der die Haggada liest, betet und singt. Während ich nur so tue, als würde ich beten, und bald durcheinander komme, kann er es wirklich. In wenigen Jahren hatte er das geschafft, was mir in meinem ganzen Leben nicht gelungen ist: Er kann unsere Religion und Tradition mit einer Sicherheit wie seine Vorfahren praktizieren. Seine Großmutter wäre stolz auf ihn, denke ich, und erst recht sein Großvater.

Wir prosten uns vier Mal zu, wie die Vorschrift es verlangt, tauchen bittere Kräuter in Salzwasser, essen hart gekochte Eier, Matzen und viele andere gute Sachen.

Jakob zeigt mir immer wieder die Stelle im Buch, an der wir mit unserem Gebet sind. Aber ich schaue ihn viel lieber einfach nur an und verliere dauernd den Faden im Gebet. Dann wird noch die Tür aufgemacht, damit der Prophet Elijas kommen kann.

»Musst du schon wieder fahren, Jakob?«, stelle ich nach dem Fest die Frage, die mein Sohn sicher genauso liebt wie die über sein Wohlbefinden.

»Mutter, du weißt ...«

Ja, ich weiß. Jede Mutter weiß es.

Ich drehe mich wieder auf meinem Stuhl herum und starre auf den Stapel weißen Papiers auf dem Schreibtisch. Langsam, sehr langsam, und zuerst nur in meinem Kopf, beginnt dieses Buch Gestalt anzunehmen. Die Geschichte meines Vaters, die Nachkriegszeit.

Aber auch die Begegnung mit David, meinem Bruder, war etwas, was selten im Leben passiert.

Klingelt wieder das Telefon? Ich müsste es abstellen, wenn ich arbeiten will. Will ich denn wirklich arbeiten?

»Roma?« Diese dunkle Stimme gibt es nur einmal. »Was hältst du von Rom?«, fragt David am Telefon.

»Was ich von Rom halte? Du weißt, ich mag die Stadt sehr«, antworte ich vorsichtig.

»Aber du warst lange nicht dort.«

Will er mich zu einem Ausflug nach Rom überreden? Mir ist nicht nach Ausflügen zumute, die irgendwie außerhalb meines Lebens liegen. Nicht mehr. Ich beginne gerade meine Einsamkeit zu lieben, zumindest mein Alleinsein zu respektieren und zu begreifen, dass kein Mann mehr der Mittelpunkt meines Lebens sein kann.

»Warum schweigst du?«

»Weil ich nicht weiß, ob so ein Ausflug jetzt noch ...«

»Das ist doch kein Ausflug! Ich lebe in Rom. Du könntest mich hier besuchen. Jetzt oder später. Wann du willst. Am besten jetzt gleich.«

»Du lebst in Rom?«, frage ich einfältig, obwohl er es gerade gesagt hat.

»Du hast richtig verstanden.« In Davids Stimme hört man die Freude über eine gelungene Überraschung.

»Ich habe die Professur an der Uni angenommen. Eigentlich fange ich im Herbst erst an, aber ich bin jetzt schon hier. Es hat sich so ergeben. Roma, bist du noch da?«

»Ja.«

»Du schweigst schon wieder. Ich habe einen Schlussstrich gezogen. Hör zu, ich warte schon sehr darauf, dass du herkommst. Ich bin gerade eingezogen, von einer provisorischen in eine richtige Bleibe, und ich möchte dir das alles hier zeigen ...«

»Ja, wenn es so ist ... Besorgst du mir ein nettes Hotelzimmer?«

»Unsinn. Ich habe wieder viele Gästezimmer. Du kannst dir eines aussuchen.«

Mai

»Warten Sie auf jemanden, Signora?«, sagt leise eine Stimme hinter meinem Rücken. David? Ich drehe mich schnell um. Er ist es.

Vorhin stand ich eine ganze Weile allein da und versuchte, unter all den Menschen am Flughafen seinen markanten Kopf zu entdecken. Gleich werde ich ihn sehen. Wie sieht er aus? Hat er sich verändert? Ist er dicker geworden, dünner, älter? Sehe ich gut aus? Was sage ich zur Begrüßung? Blitzschnell schossen mir lauter Fragen durch den Kopf.

»Selbstverständlich hole ich dich ab«, hat er versprochen. Und jetzt? Wo ist er?

Etwas ratlos stand ich in der Halle, das Gepäck zu meinen Füßen, und sah mich nach ihm um. Und dann die Hand auf meiner Schulter.

»Signora?«

Jetzt steht er vor mir. Seine dunklen Augen ... Nichts von dem, was ich sagen wollte, habe ich herausgebracht. Er anscheinend auch nicht.

David nimmt mein Gepäck. Automatisch sehe ich mich nach seiner Begleitung um. Aber er ist allein. Allein und ungeschützt.

Im weißen Hemd, in Jeans und die nackten Füße in Mokassins, sieht er aus wie ein Student eines etwas älteren Semesters.

Schweigend bahnen wir uns den Weg durch die Menge. Sätze wie »Hast du eine gute Reise gehabt?« oder »Wie ist das Wetter hier?« fallen uns jetzt nicht mehr ein. Wir packen meine Sachen auf den Rücksitz eines kleinen Autos.

»Nur geliehen«, sagt David, auf sein bescheidenes Fahrzeug deutend. »Nicht groß, aber wendig und leicht zu parken – genau richtig in dieser Stadt.«

Auf dem Vordersitz liegt ein etwas von der Sonne ramponierter Blumenstrauß. »Hab ihn ganz vergessen«, entschuldigt sich David. »Sorry.« Dann setzt er sich ans Steuer und schlängelt sich geschickt durch den Verkehr.

Eine Autolawine rollt sofort auf uns zu, und ich zucke ein paarmal zusammen. Aber David lacht nur, er hupt wild wie die anderen, winkt mal freundlich, mal weniger freundlich, lächelt wieder. Er steuert auf das Centro Storico zu.

»Du wirst sehen, es ist ein einziges Chaos«, sagt er nach einer Weile.

»Die Stadt? Das weiß ich, das war sie schon immer.«

»Nein, nicht die Stadt. Meine Wohnung. Ich bin erst vor zwei Wochen eingezogen und habe noch nicht richtig ausgepackt.«

Die Wohnung liegt in der Altstadt, nicht weit vom Campo dei Fiori. Es ist ein etwas verstecktes Eckhaus. Von der leicht verfallenen rötlichen Fassade fällt der Putz ab. Unten ist ein kleines Café und ein Weinhandel. Die malerisch aufgetürmten Weinkisten säumen den düsteren Hauseingang. Die kleine Piazza vor dem Haus ist fast dreieckig und hat einen Brunnen in der Mitte.

»Du hast hier nicht weit zum Einkaufen«, stelle ich fest, während David meine Koffer ins Haus trägt.

»Du, es gibt hier gute Sachen, einen tollen Käse und exzellente Weine ...«

Der winzige Aufzug weckt in mir klaustrophobische Gefühle. Eine verrostete Gittertür wird mit quietschendem Geräusch zugezogen. Es riecht muffig.

»Müssen wir mit dem Aufzug fahren, David?«, frage ich mit dünner Stimme.

»Soll ich dich etwa mit dem Gepäck die vier Stockwerke hochtragen?«, antwortet er ein wenig außer Atem. »Hab keine Angst, er funktioniert gut, keine Sorge«, sagt er dann beruhigend.

Selbst wenn er stecken bleibt, denke ich, während sich der Fahrstuhl mühsam und schleppend nach oben bewegt, mit David zusammen hier drin wird es nicht so schlimm sein.

David schließt auf, die Wohnung hat keinen Flur, wir sind gleich im Wohnzimmer. Es stehen tatsächlich noch überall Kartons und Umzugskisten herum.

»Du siehst«, sagt David, »ich hasse das Einrichten, habe es noch nie gemocht. Ich hoffe, du hilfst mir etwas dabei.«

Ein abgenütztes grünes Ledersofa steht mitten im Raum, ein kleiner Tisch, zwei Sessel und ein großer Schreibtisch an der Wand. Von den Fenstern hat man einen Blick auf die kleine Piazza.

Eine der Türen steht offen. Man sieht die Küche mit bunt gemusterten Kacheln an den Wänden und dunkelrotem Steinfußboden.

»Komm, komm weiter!« David zieht mich ungeduldig an der Hand, als ich mich auf dem Sofa niederlassen will, um das alles hier zu betrachten. Erst jetzt sehe ich die schmale Wendeltreppe, die ins obere Geschoß führt.

Oben ist ein Schlafzimmer mit einem großen Bett. Davids goldfarbene Wolldecke, die ich von früher kenne, liegt darauf. Ein Bad und die Terrasse. Sie ist mit vielen grünen Pflanzen bewachsen, alte verwitterte Skulpturen mit abgeschlagenen Nasen stehen in den Ecken. An der Wand eine kleine Bank.

Der Ausblick von der Terrasse ist atemberaubend. Die weißen Kuppeln der Kirchen und Paläste, Häuser in allen warmen Farben und Nuancen von Gelb bis Dunkelrot, Terrassen, Balkone, überall Pflanzen, Treppchen, Fenster mit bunten Rollläden: alles nebeneinander, übereinander, immer höher und höher aufgebaut, wie von einem Zeichner mit weichen Pastellstiften entworfen. Ein steinernes, fröhliches Durcheinander.

Mit beiden Händen an die Balustrade gelehnt, versuche ich, das ganze Panorama in mich aufzunehmen. Weit weg, wo das Blau des Himmels am intensivsten ist, spürt man, mehr als man sieht, die sanften römischen Hügel.

David stellt sich zu mir, legt mir die Hand auf die Schulter.

»Nicht schlecht, was?«, sagt er stolz, als hätte er die Stadt selbst gebaut.

Der Ausblick hat etwas Magisches, ich kann gar nicht die Augen davon abwenden. Am Ende der Straße ist der Campo dei Fiori, der Markt mit den bunten Blumen und Obstständen.

»Siehst du«, sagt David, sichtlich über meine Verblüffung erfreut, »hier lässt es sich eine Weile aushalten. Jetzt verstehst du, warum ich es dir am Telefon nicht beschreiben wollte. Die Überraschung wäre sonst nicht gelungen. Die Wohnung habe ich von einem israelischen Freund übernommen, der mit einer Italienerin verheiratet ist. Die beiden sind wieder nach Israel zu ihren Kindern zurückgekehrt.«

Von unten kommt die unvermeidbare Geräuschkulisse: Autohupen, Kindergeschrei, Radiomusik. Die Motorräder rauschen mit lautem Geheule vorbei.

»Ruhig ist es hier nicht gerade, aber nach einer Weile gewöhnt man sich daran. ›Stille ist Tod, Lärm ist das Leben‹, sagen die Römer. Und sie übertreiben gerne etwas ...«

»David, ich bin überwältigt.« Ich drehe mich zu ihm, umarme ihn fest und zärtlich. Ich spüre, wie sich mein Hals vor Rührung zusammenzieht. Erst jetzt wird mir klar, dass es David ist und niemand anders, der hier neben mir steht, auf dieser märchenhaften Terrasse mitten in Rom. Ich bin angekommen in dieser Stadt, ich bin allein mit diesem Mann, ich lebe und träume nicht. Oder doch: Ich lebe und träume gleichzeitig.

»Es ist unbeschreiblich schön hier.«

»So soll es sein«, meint David zufrieden. »›*Und sie freuten sich an ihrer Freude*‹, sagt der heilige Matthäus. Eins muss ich dir aber noch gestehen, ich habe etwas geschwindelt am Telefon«, sagt er kleinlaut und tut so, als wäre er zerknirscht, lässt mich aber aus seiner Umarmung nicht los. »Ich habe hier nur ein Gästezimmer unten, und in dem wohnen zurzeit noch meine Bücher. Wir werden in beengten Verhältnissen leben müssen. Ich hoffe, du wirst mir verzeihen.« Er lacht wieder und drückt mich fest an sich.

»Und jetzt lass uns essen gehen«, sagt er nach einer Weile, »bevor wir hier verhungern. Im Kühlschrank liegen, glaube ich, auch nur Bücher.«

Während ich mich umziehe, setzt er sich auf die Bank und zündet genüsslich seine Pfeife an.

Im leichten Sommerkleid und mit Riemchensandalen an den Füßen, fühle ich mich gleich besser der Umgebung angepasst. Erst seit einer Stunde bin ich hier, und es kommt mir so vor, als hätte ich nie woanders gelebt.

Wir essen in Davids Lieblingstrattoria am anderen Ende des Campo dei Fiori, die er noch von früher kennt. Das Lokal ist holzgetäfelt, altmodisch und von gut gelaunten, breit gestikulierenden Italienern bevölkert. Wir setzen uns oben in den ersten Stock, wo es etwas ruhiger ist, an einen Tisch am Fenster mit Blick auf den Markt.

Jetzt kann ich David in Ruhe anschauen. Sein Gesicht wirkt müde. Das macht ihn aber kein bisschen weniger anziehend. Man sieht, dass er eine schwere Zeit hinter sich hat. Die Falten auf der Stirn sind etwas tiefer, die Schatten um die Augen dunkler. Er hat sich durch eine Lebensphase durchgekämpft, die auch körperlich an ihm gezehrt hat. Aber er hat sich nicht verändert, es ist ihm vielleicht sogar gut bekommen. Er ist noch brauner geworden von den vielen Sonnenstrahlen, und seine Augen haben nicht mehr diesen angespannten, gehetzten Ausdruck, mit dem er sich damals von mir verabschiedet hat. Sie blicken hellwach und etwas spöttisch, wie früher.

Er schaut mich liebevoll und aufmerksam an. Wahrscheinlich sucht er auch in meinem Gesicht die Spuren der vergangenen Monate.

Kann es wahr sein? Habe ich ihn wieder? Für wie lange diesmal? Nein, das möchte ich heute noch gar nicht wissen.

Der Kellner bringt uns Wein.

»Wir werden uns viel zu erzählen haben«, David beugt sich über den Tisch zu mir, »aber das hat noch ein bisschen Zeit. Ich möchte dir auch so vieles zeigen. Das jüdische Viertel und einiges mehr. Du kannst hoffentlich etwas länger bleiben.«

»Ich muss doch arbeiten, David.« Ich lächle ihn an. »Ich bin in Amerika nicht allzu reich geworden ...«

David füllt unsere Gläser. Ich beobachte seine Hände, seine Haut hat einen schönen goldolivfarbenen Ton bekommen.

Er passt wieder ideal zu seiner Umgebung, ist dunkel, lustig, munter, sieht aus wie ein einfacher, sympathischer Italiener.

»Du könntest ein Römer sein.«

»Ist das ein Kompliment?«

»Lehaim! Auf uns!« Wir erheben die Gläser. Der Wein schmeckt samtig und seidig.

Der weißhaarige alte Kellner nimmt unsere Bestellung auf. Er ist ein guter Bekannter von David, und die beiden vertiefen sich in ein längeres Gespräch über das Essen und das Leben im Allgemeinen. Ich höre eine Weile zu, bewundere Davids schnelles Italienisch, von dem ich nur einige Sätze verstehen kann. Ich nicke ab und zu, lächle und komme mir ein wenig ausgeschlossen vor.

Dann sehe ich durchs Fenster die dunkle Statue eines traurig blickenden Mönchs auf dem Platz. Einige lärmende Kinder versuchen, sie barfuß zu erklimmen und ihr einen roten Luftballon in die Hände zu werfen – beides vergebens.

Unser Kellner, leicht über den Tisch gebeugt, macht schöne Handbewegungen. Mit seinem länglichen Haar und der Hakennase erinnert er mich an Chopin.

»Weißt du, wem der Kellner ähnlich sieht?«

»Ja«, nickt David, »ich weiß, aber leider heißt er Leonardo und nicht Federico.«

Leonardo tänzelt noch ein wenig um unseren Tisch herum, bringt dann extra für mich, für die *»bella Signora«*, wie er sagt, einen Teller wunderschön aussehender gebackener Zucchiniblüten. Danach bekommen wir eine große Schüssel Spaghetti mit weißer Trüffelsauce. Wir haben nichts weiter bestellt, mehr Hunger haben wir nicht. Die Trüffel duften betörend, die sahnige Sauce zergeht auf der Zunge. Später bestellt David noch alten Pecorinokäse mit Honig als Nachtisch.

»Käse mit Honig?«

»Ja«, sagt David. »Es ist ein altes toskanisches Dessert.«

Schmeckt in der Tat wunderbar.

Beim Essen führen wir ein sehr vorsichtiges Gespräch, umgehen sanft alle Themen, die wehtun könnten. Immer wieder schweigen wir und schauen uns nur an. Jeder ist mit seinen Gedanken beschäftigt und doch aufs Neue von der Tatsache überrascht, dass wir hier zusammen sind.

»Denk nicht so viel nach«, sagt David, »trink lieber. Siehst du, der Wein heißt ›Der Kuss des Engels‹, und so schmeckt er auch.«

Es kommt uns beiden an diesem Abend so vor, als wenn wir alle Zeit der Welt hätten. Als wäre alles Erzählen überflüssig, weil der andere ohne Worte schon alles weiß, als gäbe es nichts mehr zu verstehen und zu erklären. Es ist eine Illusion – dünn wie das Seidentuch, das ich um die Schultern trage –, aber für den Augenblick macht sie uns glücklich und unverwundbar.

Wir schlendern zur Piazza Navona und schauen dem bunten Treiben zu. Es ist schon fast dunkel und ziemlich spät, aber niemand scheint nach Hause gehen zu wollen. Die Erwachsenen nicht und auch nicht die Kinder. Und die Jugendlichen kommen erst jetzt hierher.

Die beiden Fontänen sind beleuchtet. Der Wind trägt die kleinen Wasserperlen weit weg, wie silbernen Staub. Der ganze Platz ist nass und opalisiert im Licht.

Die Souvenirverkäufer bauen langsam ihre Stände ab, vergessen aber nicht, den Passanten immer wieder eine Puppe oder eine Kette anzubieten. Nur eine dicke schwarze Verkäuferin steht hinten im Gewühl regungslos da, hin und wieder schaukelt sie ihre an einem Stock zusammengebundenen Schals wie eine riesige bunte Blume.

An allen Ecken der Piazza musiziert jemand. Dicht neben uns setzt sich ein alter Mann mit wirrem Haar auf die Brüstung des Brunnens – ein Tourist oder ein Einheimischer, wer weiß das schon. Er spielt schrill und falsch auf seiner Mundharmonika.

»Wenn ich ihm Geld gebe, geht er dann woanders hin?«, fragt David lächelnd.

Ich schaue zu ihm auf und lächle zurück: »Es ist besser, wir gehen.«

Wir schlendern weiter durch enge Gassen mit geschlossenen Läden, über kleine Plätze mit hell erleuchteten Trattorien und von jungen Leuten bevölkerten Eisdielen.

»Soll ich dir ein Eis kaufen?«, fragt mich David, als wäre ich ein Kind. Aber ich will kein Eis. Ich möchte ... Was möchte ich eigentlich? Nichts mehr. Ich wünsche mir nur, dass diese Nacht nie zu Ende geht.

Später kehren wir zu unserer kleinen Piazza zurück. Das Café macht gerade zu. Ein junger schlanker Kellner wischt mit einem feuchten Tuch die Tische ab. Auf einem der Balkone spielt jemand wunderschön Gitarre. Wir setzen uns an den Brunnen und hören zu. Auf der Piazza wird es schon ruhiger.

Auf einmal verspüre ich Lust, David von meinem Vater zu erzählen. Von diesen ganzen verrückten Monaten, in denen ich in zwei Welten gleichzeitig lebte. Von meinem Suchen und meiner Entdeckung. Ich bin nicht mehr vorsichtig, ich will es ihm erzählen.

»Ich war oft verzweifelt in diesen Monaten, David«, sage ich und hole tief Luft. Plötzlich bin ich nicht mehr ganz sicher, ob es der richtige Moment für meine Geschichte ist. Aber jetzt habe ich schon angefangen.

David hört mir zu, aufmerksam, wie es seine Art ist.

»Ich war verzweifelt, nicht, weil du mich verlassen hast, obwohl auch das ...«

»Ich habe dich nicht verlassen.« David legt die Pfeife weg, die er sich gerade angezündet hat. »Ich habe mich nur für eine Weile selbst verlassen.«

Ich halte inne, denke nach und weiß, dass er gerade etwas gesagt hat, worauf wir noch zurückkommen müssen, aber nicht jetzt. Dann nehme ich den Faden wieder auf.

»Ich habe gelitten, ich habe ein schlechtes Gewissen gehabt – das habe ich immer noch. Man hat meinen Vater schlimm beschuldigt, und ich fühlte mich nicht mehr als Opfer, ich fühlte mich auch beschuldigt.« Davids wache Augen ruhen auf mir. »Du würdest einen guten Beichtvater abgeben«, habe ich damals, letztes Jahr, zu ihm gesagt, schießt es mir jetzt durch den Kopf.

»Ich sollte ja Priester werden«, hatte er damals geantwortet.
Jetzt ist die Zeit für meine Beichte gekommen.

Ich erzähle weiter von meiner Suche, meinen Zweifeln in den letzten Monaten, und dann von der Akte.

»Ich musste wieder reisen, weißt du, in die Vergangenheit. Ich war wieder im Ghetto, ich war mit meinem Vater im Lager, dort, wo wir beide, ich und du, nie mehr sein wollten. Ich konnte es kaum ertragen ...

Jetzt weiß ich, dass ich meinem Vater all die ganzen Jahre Unrecht getan habe. Nicht nur die anderen haben ihm Unrecht getan, auch ich«, schließe ich meine Erzählung.

David schaut mich an, schweigt. Als er dann spricht, höre ich kein Mitleid in seiner Stimme. Er reagiert ganz anders, als ich es erwartet habe: kein Umarmen, keine mitfühlende Geste, eher Sorge, Unmut sogar ...

»Und damit hast du dich die ganzen Monate gequält? Wegen dieses Zeitungsartikels?«

»Nein, nicht nur deswegen. Ich wusste immer schon, dass mich die Geschichte, die ich zu verdrängen versuchte, eines Tages einholen wird. Ich habe in Amsterdam diesen Mann, Samuel Goldberg, getroffen, der meinen Vater im Lager kannte. Dann kam langsam die ganze Wahrheit Schritt für Schritt auf mich zu: Ich konnte nicht mehr ausweichen.«

Ich breche ab. Davids verschlossener Gesichtsausdruck macht mich unsicher.

»Die Wahrheit ist, ich fühle mich wie ein Feigling. Ich wollte meinen Vater nur als Helden sehen. Ich hatte Angst, dass er in Wirklichkeit vielleicht kein so großer Held war. Und was würde dann aus mir werden? Müsste ich mir dann meine eigene Geschichte neu erzählen? Jetzt weiß ich, dass er tatsächlich ein Held war. Umso mehr bin ich ein Feigling ...«

»Roma«, David sucht langsam die Worte, »wir werden uns nie alles vorstellen können. Nie. Vieles dürfen wir uns gar nicht vorstellen, wenn wir als halbwegs normale Menschen leben wollen. Wir sollten es uns selbst verbieten.«

»Du hast Recht, aber ...«

»Kannst du dir«, fällt mir David ungeduldig ins Wort, »diesen Journalisten, diesen anonymen Schreiber, diese Richter und all diese Leute im Lager vorstellen?«

»Ich weiß nicht, ob wir so denken dürfen.«

»Wir dürfen vieles nicht denken, sehr vieles!«

Ich schaue David vorsichtig von der Seite an. Er ist zornig, richtig wütend.

»Und doch tun wir es. Ja, ich kenne diese Richter, diese Weltverbesserer, die immer wissen, was falsch und was richtig ist. Die nach menschlichen Schwächen forschen, weil dies das Einzige ist, was ihnen Spaß macht, womit sie sich auskennen. Was heißt forschen? Sie jagen richtig danach ...«

Wir stehen auf einmal auf und gehen, nicht quer über die Piazza nach Hause, sondern weiter die Straße entlang, von einem plötzlichen Gefühl der Fremdheit zwischen uns wie von einem Gewitter überrascht. Ich weiß nicht mehr, was ich sagen soll, fühle mich ratlos. Habe ich jetzt etwas kaputtgemacht?

David ist mit seinem Zorn noch immer nicht fertig.

»Was ist mutig? Was ist feige? Kannst du mir das sagen?« Er bleibt stehen. »Was weiß ich von meinem Vater, meinem leiblichen Vater? Nur Teile einer Wahrheit. Warum müssen wir denn alles über unsere Eltern wissen?«

»Weil es uns hilft, uns selbst zu erklären.«

»Ja, und was wissen wir über uns? Habe ich ein Recht, über meinen Vater zu richten? Ich? Ich habe meine Familie verlassen. Ich treibe mich gerade hier mit dir herum, in dieser verrückten Stadt. Auf der Suche nach etwas, das vielleicht gar nicht zu finden ist. Bin ich ein Held? Oder ein Feigling? Wir sind alle mal Helden und alle mal Feiglinge.«

»Vielleicht sind wir beide einfach nur die ewigen Flüchtlinge«, sage ich mit matter Stimme. »Es ist kühl geworden, David, hier spürt man, dass das Meer nicht weit ist.«

»Komm, lass uns noch etwas trinken, da drüben ist eine nette Bar«, sagt er und schaut auf die Uhr. »Es ist noch gar nicht so spät. In Rom gehen die Uhren anders. Wir haben viel Zeit, Roma.« Er legt den Arm um mich, und wir sehen wieder aus wie zwei harmlose Touristen, die ihre Sorgen zu Hause gelassen haben.

»Ich wünschte, ich hätte dir das alles besser erklären können«, sage ich leise. »Die letzten fünf Monate.«

»Du hast es sehr gut erzählt.« Seine Stimme ist wieder sanft und beruhigend. »Nur manchmal ist es einfach bitter zu wissen, dass auch wir in sechzig Jahren die Welt nicht besser gemacht haben. Nicht ein kleines bisschen.«

Recht hat er, denke ich, als wir so eng umschlungen nebeneinander gehen. Natürlich hat er Recht, und ich denke wie er. Gleichzeitig weiß ich jetzt mit schmerzlicher Deutlichkeit, dass wir beide nie eins sein werden, immer nur zwei. Und ich weiß nicht mal, ob ich es sehr traurig finde.

Als wir zu später Stunde nach Hause gehen, ist Rom still, geheimnisvoll und kommt der Stadt am nächsten, die es sonst nur in Träumen gibt. Irgendwo spielt jemand immer noch Gitarre. Ein junges Mädchen, sichtlich angetrunken oder nur verzweifelt, läuft ohne Schuhe und mit wehendem Haar über den Platz einem jungen Mann nach.

»Giovanni«, ruft sie, *»Giovanni, aspetta me! Giovanni! Aspetta!«*

Dann ist es wieder still.

Am nächsten Morgen trete ich barfuß, ein Badetuch umgewickelt, auf die Terrasse. Unter den Füßen spüre ich die warmen Steinplatten. Es ist ein schöner Tag, ich drehe mein Gesicht zur Sonne und lasse sie auf die Haut brennen.

Auf dem Campo dei Fiori pulsiert schon das Marktleben. Die farbenprächtigen Blumen werden mit Wasser besprengt. Die Hausfrauen wandern mit ihren Einkaufskörben würdevoll und bedächtig zwischen den bunten Obst- und Gemüseständen. Die Verkäufer schreien, lachen, diskutieren lautstark. In den Cafés sitzen schon die ersten Touristen beim Cappuccino.

Ich atme tief durch, nehme alle Eindrücke in mir auf und lasse mich tragen, weit weg von den Sorgen, Zweifeln, Ängsten.

David ist nach unten in die Küche gegangen, um Kaffee zu machen. Heute Nacht habe ich ihn gefragt, ob er mich je vermisst hat. Ich wäre keine Frau, wenn ich dies nicht gefragt hätte.

»Ja«, antwortet er ernst, »ja, das habe ich. In verschiedenen Situationen, immer unerwartet: Plötzlich auf der Straße, nachts, wenn ich nicht schlafen konnte, auch nach zermürbenden Familiendiskussionen. Manchmal habe ich dich sogar gesehen, sehr deutlich sogar, am Ende eines nüchternen Krankenhauskorridors, als ich da endlos gewartet habe. Ja, ich habe oft an dich gedacht.«

»Und an was hast du dann gedacht?«

»An die Ruhe, die ich bei dir fand.«

»Und an was noch?«

»Dass du neugierig bist«, sagt er trotzig und schließt die Augen.

»Du willst immer zu viel wissen«, murmelt er schon halb im Schlaf.

Ich lächle bei dieser Erinnerung. Unten auf der Straße jagen schon wieder ein paar Jugendliche ihre Vespa durch die Gegend.

»Roma!«, ruft David aus der Küche mit kräftiger Stimme. Er hat seine Lautstärke schon den Verhältnissen hier angepasst.

»Roma! Wir haben gar keinen Kaffee mehr. Wollen wir auf die Piazza gehen, richtig frühstücken?«

Ja, das lasse ich mir nicht zweimal sagen. In zwei Minuten bin ich bei ihm.

Wir sind viel unterwegs. David will mir alles zeigen. Auch das, was ich schon gesehen habe.

»Hoffentlich hast du gute Schuhe mitgebracht.« Er schaut besorgt auf meine Füße.

Ich staune über die pompöse Synagoge, sie scheint fast zu groß für die heutige Zeit zu sein – eine Zeit, in der es nicht mehr so viele Juden gibt. So einen monumentalen Bau gibt es in Krakau nicht.

Das Wetter ist herrlich, nicht zu heiß, die Sonne wärmt nur, lähmt aber nicht. David weiß geschickt die großen Touristenströme zu umgehen, und wir haben mehr oder weniger das Gefühl, unter Römern zu sein.

Immer wieder zwingt mich eine atemberaubende Perspektive, ein steinerner Engelsflügel, der bunte Farbfleck eines Gartens, eine alte Kirche, stehen zu bleiben und tief Luft zu holen.

»Schau, David, schau!« Seine Augen sind mein Fotoapparat. In ihnen möchte ich all das Schöne festhalten.

Losgelöst von dem Rhythmus der Stadt und nur unserem eigenen Rhythmus folgend, laufen wir so lange wir wollen, essen, wann wir Lust dazu haben. Machen eine kleine Siesta zu Hause. Gehen wieder in die Stadt, die uns magisch anzieht. Alles geschieht planlos. Wenn uns danach ist, setzen wir uns in ein Straßencafé und verbringen Stunden nur beobachtend und schweigend. Wir sind keine Touristen und keine Einheimischen, nur zwei Leute, die ihr Zusammensein in dieser Stadt genießen.

Ich schließe die Augen und versuche mich in der Kunst des Nichtdenkens zu üben. Nur fühlen, schmecken, riechen ... Gleich aber mache ich die Augen wieder auf, denn es gibt so viel zu sehen. Die Stadt, die so oft schon Filmkulisse war, kommt mir realer und lebendiger vor als jede andere. Vielleicht weil man spürt, dass die Menschen rundherum so gern hier leben. Das steckt an, wie ihr Lachen.

Die Zeit saust dahin, und wir lassen sie sausen, ohne darüber Reue zu empfinden.

Wir essen oft im jüdischen Viertel, wo es tatsächlich die besten Trattorien gibt, und diskutieren über die Wahl des Menüs, als gäbe es nichts Wichtigeres. David bestellt die halbe Speisekarte. Ich soll alles probieren, was ihm hier je geschmeckt hat. Alle kulinarischen Spezialitäten.

»*A tavola non si invecchia,* am Tisch altert man nicht«, zitiert er das alte Sprichwort. Wir essen die berühmten *Fritti*, in Öl gebackenes Gemüse, die *Pasta e Fagioli* und auch die *Faraona*, das Perlhuhn – schon der Name macht Eindruck.

»Dann musst du noch den Kuchen probieren, der ist hier eine Spezialität«, ereifert sich David.

Der Kuchen aus Mandelteig und Sauerkirschen kommt von der Bäckerei an der Ecke, die ganze Straße duftet danach.

»David, bitte nicht noch Kuchen«, protestiere ich. »Ich will nicht dick wie eine Tonne sein, wenn ich zurückfahre.«

»Noch fährst du nicht zurück.«

Wir trinken Kaffee in einer berühmten jüdischen Bar, die früher »Bar degli Amici« hieß. Im Krieg musste sie schließen, weil die Juden auf einmal keine *Amici*, keine Freunde, mehr hatten.

Jetzt hat sie einen anderen Namen, aber man trifft sich wieder hier. Es kommen Juden, es kommen Touristen. Am meisten aber jüdische Touristen, die die Bar gezielt aufsuchen.

Wir treffen am Tresen ein nettes Ehepaar mittleren Alters, Juden aus Amerika. David spricht mit ihnen hebräisch und englisch, lässt seinen ganzen Charme spielen, die Leute sind hingerissen. Sie laden uns gleich überschwänglich zu sich nach Amerika ein, halten uns offensichtlich für ein Ehepaar. Als sie David noch ein Kompliment über »seine schöne Frau« machen, finde ich, dass es Zeit ist zu gehen.

Wir beschließen, Davids Wohnung ein wenig einzurichten, und gehen einkaufen. Wir erwerben tausend Kleinigkeiten, von denen David nicht einmal gewusst hat, dass sie ihm fehlten.

»Wozu brauche ich einen Brotkasten?«, wundert er sich und macht runde Augen.

»Damit die Ameisen dein Brot nicht fressen«, sage ich belustigt.

»Die Ameisen? Da kannst du Recht haben. Du bist so deutsch, so ordentlich.«

Ich bleibe auf der Straße stehen und lache laut auf.

»Weißt du, das hat mir in den dreißig Jahren, die ich in Deutschland lebe, noch nie jemand gesagt.«

Wir kaufen Lampen für die Wohnung, kaufen Regale für die Bücher. Wir fahren mit Davids kleinem Auto. Er entwickelt sich zum Meister im Parkplatzsuchen.

»Mit deinen Fähigkeiten könntest du gut in New York wohnen«, lobe ich ihn.

»Ich lebe aber lieber hier. Du nicht?«

Einmal biegt David aus Versehen in eine Einbahnstraße ein. Ein Polizist, der in seiner Uniform wie ein Marineadmiral aussieht, deutet uns nur freundlich mit seiner in weißen Handschuhen steckenden Hand an, dass wir hier schleunigst verschwinden sollen.

»Hier hat man noch Verständnis für menschliche Schwächen«, sage ich mit einem Seufzer der Erleichterung.

»War es nicht dein Goethe, der gesagt hat, dass er nur in Rom empfunden habe, was eigentlich ein Mensch sei?«, meint David dazu.

Die Lampen werden von Signor Luigi montiert, der in Davids Haus Hausmeister und gleichzeitig lebende Reparaturwerkstatt ist. Meistens aber sitzt er in der Bar bei einem Glas Wein und denkt nach. Manchmal sitzt er auch einfach auf den Stufen am Eingang des Hauses und sonnt sich. Wenn man ihn braucht, klopft man an der Tür seiner Parterrewohnung, in der seine Frau meistens mit Kochen beschäftigt ist und aus der die herrlichsten Essensdüfte strömen.

»Luiiigi, Luiiigi«, dröhnt es dann durch die ganze Gegend, so lange, bis er eine Zeit später vor der Tür steht. Signor Luigi ist füllig, untersetzt, hat lockiges schwarzes Haar und ist unrasiert. Ich weiß nicht, ob es ihm klar ist, dass er genau so ist, wie wir uns einen Italiener vorstellen. Ich glaube, es wäre ihm auch nicht unangenehm, denn er spielt seine Rolle ausgesprochen gern. Er singt natürlich auch Opernarien.

Luigi begegnet David mit Respekt und mag ihn offensichtlich sehr. »Signor Professore« nennt er ihn, meistens aber nur »Professore«. Er scheint stolz auf seine Freundschaft mit ihm zu sein.

Eifrig und ziemlich verschwitzt erscheint er bei uns in der Wohnung mit einer Leiter unter dem Arm. Dann sprechen er und David laut und breit über das Lampenaufhängen, als würden sie eine Schlacht im Krieg vorbereiten.

Ich setze mich neben David aufs Sofa. Wir schauen Signor

Luigi eine Weile zu, wie er mit seinem dicken Bauch und dem Schraubenzieher im Mund ziemlich gefährlich auf der Leiter balanciert. Die Arbeit erweist sich als schwierig, und Luigi ruft »Madonna« und alle möglichen Heiligen zu Hilfe. Uns wird dies nach einer Zeit langweilig.

»Wollen wir in die Stadt gehen?«

David zwinkert mir zu, und wir schleichen uns einfach auf Zehenspitzen davon. Aber Signor Luigi entgeht dies nicht. »*Signor Professore, dove vai? Che cosa è successo?* Was ist passiert?«

»*Niente, niente*«, beruhigt ihn David. »Sie machen es schon sehr gut alleine, Luigi«, sagt er freundlich. »Wir müssen zu einer wichtigen Konferenz.«

»In die Universität?«, fragt Luigi ehrfürchtig. »Sì, natürlich. Wohin sonst!«

Eines Nachmittags bleiben wir zu Hause und fangen an, Davids Bücher in die Regale zu räumen. Wir haben die Holzrollläden geschlossen, und es ist still in der Wohnung. An den üblichen Straßenlärm habe ich mich schon gewöhnt. Nur beim plötzlichen Aufjaulen eines Motorrads direkt unter unserem Fenster zucke ich leicht zusammen.

Wir sitzen auf dem Fußboden. Die Sonne malt ein goldenes Quadrat zu unseren Füßen und auf Davids Kopf einen Heiligenschein.

»Das Buch brauche ich nicht mehr und auch dieses gebe ich weg.« David rümpft die Nase und stellt einige Bücher zur Seite. »Wozu habe ich nur so viele mitgeschleppt?«

Er nimmt wieder welche zur Hand, liest darin, stellt sie weg.

»Möchtest du wissen, warum ich eigentlich hier bin?«, fragt er auf einmal.

Ich schaue erstaunt zu ihm auf. Wir führen sonst keine ernsthaften Gespräche mehr. Die Augenblicke sind uns zu kostbar, um sie mit Worten zu bedecken.

»Meine Frau«, David reibt sich das Kinn, und ich sehe, wie er nach Worten ringt, »wurde immer dann krank, wenn ich weg war. Ich habe es schon lange gewusst, aber es gibt Dinge, über die man nicht sprechen will, nicht mal mit sich selbst. Es ging nicht nur um die räumliche Entfernung. Sie hat immer schon gespürt, wann ich mich ihr am weitesten entziehe. Und dann hat die Krankheit zugeschlagen. Sie hat auch genau gewusst, dass wir in Warschau zusammen waren. Über tausend Kilometer hinweg. Frag mich nicht, wie, denn niemand hat es ihr gesagt, aber sie hat es erahnt. Sie hat vielleicht mehr gewusst als ich damals«, lächelt David bitter.

»Ich musste nicht mal sehr präsent in ihrem Leben sein, aber immer verfügbar. Sie war und ist immer noch ein verwöhntes Kind aus reichem Hause. Das ist eine vielleicht zu einfache Erklärung, aber ich habe keine andere. Kein Freund und auch kein Arzt konnte sagen, dass ich sie vernachlässigt hätte, zumindest über Jahre hinweg. Aber dies war ihr nicht genug ... Sie hat ihre Krankheit als Waffe benutzt, gegen ihre ganze Umgebung, am meisten natürlich gegen mich.«

David will sich seine Pfeife anzünden, klopft sie hart gegen den Rand des Aschenbechers, lässt sie dann aber liegen.

»Ich bin nicht sicher, ob sie es nicht wieder tut. Ich hoffe nicht, denn ich stehe nicht mehr zur Verfügung. Ob ich trotz allem bei ihr hätte bleiben sollen, um das Spiel weiterzuspielen bis an unser Lebensende? Ich weiß es nicht. Doch diesmal war es für mich einmal zu viel gewesen. Es geht um den Rest meines Lebens, dachte ich. Und was ist schon ein Rest? Immer nur ein kleines Teil. Kein Reichtum mehr, vielleicht nur noch ein einziges Goldstück ...

Ich habe es mir auch jetzt nicht leicht gemacht. Habe mit Ärzten gesprochen, mit ihr natürlich auch. Ich habe es versucht. Aber sie hat jedes Gespräch darüber verweigert, und ich habe keinen Weg mehr zu ihr gefunden. Mit meinen Kindern habe ich diskutiert. Mein Sohn hat mich verstanden. Er will mich auch hier besuchen, mit meinem Enkel.« David lächelt leicht bei diesem Gedanken.

Ich höre ihm zu, störe mit keinem Wort, ich halte fast den Atem an. Ich traue mich nicht mal aufzustehen, um ein Glas Wasser zu holen. Er spricht mit ruhiger Stimme, beinahe gelassen, wie jemand, der Klarheit über seine Gedanken gewonnen hat. Aber ich weiß, das Ganze quält ihn immer noch sehr. Obwohl wahrscheinlich in diesem Moment ich diejenige bin, der seine Geschichte am meisten wehtut.

»Immer verfügbar sein«, sagt David bitter, »das wollte ich nicht mehr. Mein jüngerer Sohn, er ... Na ja, das erzähle ich dir ein andermal. Er versteht sich sehr gut mit seiner Mutter. Gott sei Dank!«, fügt er hinzu.

David macht eine Pause, zündet sich doch die Pfeife an. Ich greife nach der Wolldecke und wickle sie um meine Schultern, es ist mir auf einmal kalt geworden. Dies alles berührt mich viel zu sehr. Es ist ungerecht, denke ich, einfach ungerecht, wenn einem Mann wie David so etwas widerfährt. Er ist jetzt wieder wie mein Bruder, dem ich nicht zu helfen weiß.

Ein Gespräch fällt mir ein, das wir vor langer Zeit in einem Hotelzimmer – weit weg von hier – geführt haben. Über unsere beiden verworrenen Schicksale. Wir sind damals auch auf dem Boden gesessen, vor einem Kamin ...

Das Heute und Hier ist wie eine Fortsetzung davon.

»Ich habe Monate gebraucht«, nimmt David den Faden wieder auf, »um mir über all das klar zu werden, bis ich die Entscheidung getroffen habe. Was weiter?, habe ich mich gefragt. Und ich begann, mein Leben neu zu organisieren. Das Angebot aus Rom kam mir natürlich gelegen, aber das war nicht das Wichtigste. Ich bin nicht geflohen, ich bin gegangen. Trotzdem werde ich es nie wissen: War das richtig, was ich getan habe, war es falsch?«

»Es war ein Versuch, David«, werfe ich ein.

»Ja, das war es. Sicher.«

Das mit uns übrigens auch!, denke ich im Stillen.

Wir rücken näher zusammen, sitzen dicht beieinander, unsere Schultern berühren sich. Wir schweigen und wiegen uns nur leicht hin und her wie unter der Last unserer Gedanken.

Wir fühlen uns ein wenig wie zwei Schulkinder, die schlechte Noten bekommen haben und doch aus Versehen in die nächste Klasse gekommen sind.

Die Bücher bleiben uneingeräumt auf dem Fußboden liegen.

Wir fahren ans Meer.

Davids kleines Auto kämpft sich tapfer durch die endlosen Vorstädte, durch den tosenden Verkehr. Er hat die Ärmel seines weißen Hemdes hochgekrempelt und stellt sich geduldig in die Autoschlangen.

»Da hast du sie, die römische Idylle«, lächelt er mich an.

»Und was machst du im Sommer, wenn noch die Hitze und die Touristenlawine dazukommt?«

»Ich komme aus Israel, bin Kummer gewohnt, die hohen Temperaturen auch. Ich mache es wie die Römer: Ich bleibe zu Hause. Im Herbst werde ich mit der jungen wissenshungrigen Menschheit an der Uni konfrontiert – der muss ich etwas bieten. Ich ziehe die Rollläden herunter, das ist eine sehr gute Einrichtung, und werde arbeiten. Und wenn es gar nicht mehr auszuhalten ist, komme ich zu dir nach München, und wir fahren in die Berge. Was hältst du davon?«

»Das ist eine sehr gute Idee.«

Wir fahren weiter. Plötzlich öffnet sich uns der Weg: weit, still und schön. Die Straße führt durch schattige Platanenalleen, die Bäume sind alt, ihre Kronen zusammengewachsen, riesig und beeindruckend wie die Bäume im Märchen. Wir fahren auf kurvenreichen Landstraßen hoch in die Berge und dann wieder, in atemberaubendem Tempo, hinunter. Wir sind auf einmal ganz allein in einer endlosen Landschaft. Rund um uns auf den Wiesen blüht alles, was nur blühen kann. Es blüht lila, gelb und blau, und immer wieder leuchten riesige Mohnfelder. Die zarten, roten Blumen bewegen sich wellenartig leicht und graziös im Wind.

Wir geraten in eine Art Schwebezustand, wir bewundern die Welt, und es gelingt uns wieder, die Last des Erwachsenseins abzuschütteln.

»Du siehst wieder aus wie ein kleines Mädchen«, wundert sich David.

»Schau, schau«, rufe ich begeistert, »vor uns! Siehst du? Die Schiffe. Da ist schon das Meer.« Minuten später begrüßen wir das vertraute Blau, die See, wie einen lang erwarteten Bekannten. Das Wasser hat noch nicht diese intensive Farbe wie im Sommer – es schimmert eher hellgrün und silbern.

Es ist sonnig, aber es weht eine leichte Brise. Wir fahren die Küstenstraße entlang. Die Strände sind noch fast leer, die Sonnenschirme zusammengeklappt, sie sehen aus wie große wartende Vogelschwärme. Die bunten Liegen werden gerade sauber in Reihen aufgestellt.

David schaut sich die Straßenschilder genau an, versucht sich zu orientieren. Ich merke, er hat sich schon wieder etwas ausgedacht.

Bei einem leicht verrosteten Straßenschild biegen wir rechts ab, und nach einer abenteuerlichen Fahrt – fast in den Abgrund – stehen wir plötzlich mitten in einem kleinen Paradies: eine einsame Bucht, ein Hotel, ein Restaurant – die weißen Tische unter einer dicht bewachsenen Pergola ...

Die Wirtsleute kommen uns entgegen, David begrüßt sie mit einem lauten *»Buongiorno!«* Das Hotel wird gerade nach der Winterpause wieder aufgemacht. Wir sind die ersten Gäste. David erzählt, dass er hier vor Jahren schon öfter gewesen ist. Die Wirtsleute scheinen sich zu erinnern oder tun nur so – es spielt keine Rolle.

Der Tisch wird gleich für uns gedeckt: Wein, Brot, Oliven.

»Hab ich noch mal Glück gehabt.« David legt sich die Hand aufs Herz und atmet erleichtert auf. »Wenn es noch geschlossen gewesen wäre, würde ich wie ein Esel dastehen, und ich wollte unbedingt mit dir hier sein.«

Die Wirtin, eine nette Frau mit breitem Lächeln, entschuldigt sich, dass sie uns keine Speisekarte zeigen kann.

»Es ist der erste Tag ... Wir haben nur Fisch und Gemüse.«

»Nur Fisch! Das ist großartig«, beruhigen wir sie. Frischer Fisch und Gemüse sind genau das Richtige. *Stupendo!*

»Wollen wir auch hier schlafen?«, fragt David scheinheilig, obwohl er sieht, wie sehr es mir hier gefällt. »Möchtest du hier bleiben oder später weiterfahren?«

Was für eine Frage! Ich schaue mich um. Oben auf dem Felsen, wie angeklebt, ein kleines, mittelalterliches Städtchen und eine alte Festung. Unten ein weißer Strand.

»Hier bleiben! Natürlich!«

Während unser Fisch zubereitet wird, schauen wir uns die

Zimmer an. Wir können uns eines aussuchen, es ist heute noch alles frei.

»Wir haben auch eine Suite«, sagt die Wirtin.

Die Suite ist ganz in Weiß und Blau gehalten, der Fußboden aus leuchtend blauen Steinen, das breite Bett hellblau, ein großer Balkon ... Das Meer kann man fast mit den Händen berühren. Wir nehmen die Suite.

Dann setzen wir uns mit riesigem Hunger wieder unter die Pergola. Wir bekommen eine große Platte voll von zarten gebackenen kleinen Fischen, Garnelen und Scampi, frisch aus dem Meer, duftendes Gemüse dazu. Wein.

»Ich weiß, warum die Italiener so viel Wein trinken«, sage ich nach dem zweiten Glas leicht beschwipst, »weil so viel Schönheit in nüchternem Zustand zuweilen nicht zu ertragen wäre.«

Später gehen wir am Strand spazieren. Wir ziehen die Schuhe aus, stapfen barfuß im feuchten Sand und stellen fest, dass das Wasser zum Baden noch viel zu kalt ist. Danach setzen wir uns nochmals unter die Pergola. Für das letzte Gläschen Wein.

»Wenn jetzt noch der Vollmond kommt, halte ich es nicht aus. Es ist hier viel zu schön für uns Kriegskinder«, sage ich zu David halb im Scherz und halb im Ernst.

Nein, der Mond sieht ziemlich angeknabbert aus. Es weht ein starker Wind, und wir flüchten uns auf unseren Balkon, da ist es wenigstens geschützt. Aber zum Schlafen ist uns noch gar nicht zumute. Draußen am Horizont ziehen die beleuchteten Schiffe vorbei. Wir hören das Meer rauschen und versuchen unbewusst im gleichen Rhythmus zu atmen.

Die Nacht ist frisch und rein, so wie der Tag bei unserer Abfahrt in Rom sonnig und rein war. Ich habe noch alle Landschaften vor Augen, alle Farben. Das junge Grün, die roten, blauen, gelben Blumen. Die sanften, gedämpften Farben des Meeres ... Wir setzen uns auf die breiten Sessel am Balkon, um noch ein wenig die Nähe des Meeres zu genießen. Wir hüllen uns in weiche Decken ein und sprechen ganz leise, nicht unbedingt, um etwas zu sagen, sondern nur um Worte auszutauschen, sowie sanfte Berührungen.

»Wenn man das wirklich könnte«, sage ich, in die Weite des Meeres schauend.

»Was?«

»Nur im Augenblick leben, ohne an das Vergangene zu denken, ohne sich über die Zukunft Sorgen zu machen.«

»Das ist doch nur unsere Phantasie, die aus jedem Gestern und jedem Morgen den heutigen Augenblick macht ...«

Wir schweigen beide eine Weile.

»Frierst du?«

»Nein, die Luft ist mild.«

»Hör zu«, sagt David nach einer Weile. »Du weißt, ich bin kein Weltmeister in solchen Erklärungen, aber es ist gut, dass du hier bist.«

»Wir brauchen Zeit, um ...«

»Ich weiß.«

»Aber ich muss bald weg!«

»Du kommst wieder.«

»Und wenn ich des Reisens müde bin?«

»Du wirst nie müde. Nun gut, vielleicht werden wir beide müde. Vielleicht suchen wir uns eines Tages auch so ein Häuschen. Ganz einfach, so wie es Kinder zeichnen: ein Dach, zwei Fenster, eine Tür, ein Garten davor ...«

»... mit Blick aufs Meer«, sage ich mit der gleichen Melodie in der Stimme wie er.

»... oder auf die Berge oder auf sonst etwas Schönes. Und da sitzen wir zwei alten Juden und denken über alles nach. Ach, Unsinn – wir denken gar nichts, wir sitzen nur so herum ...«

Ich sage nichts mehr dazu und lasse das schöne Bild, das er gerade in die Luft gemalt hat, einfach dort stehen. Ich weiß immer noch nicht, ob David mein Alltag sein kann. Vielleicht gehören uns nur die Sonntage. Und heute ist Sonntag.

Wir stehen auf, um ins Zimmer zu gehen. David legt mir beide Hände auf die Schultern.

»Ich habe es dir nicht gesagt, aber ...« Er schweigt wieder eine Weile. »Fahr noch nicht fort. Bleib noch ...« Dann sagt er noch etwas, doch eine kräftige Böe kommt vom Strand und der Wind trägt seine Worte davon.

Die Sonne weckt uns sehr früh. Wir haben die Vorhänge nicht zugezogen, und sie strahlt uns direkt ins Gesicht. Die Konturen des weißen Städtchens ragen im nebeligen Morgenhimmel heraus. Wir ziehen los, um uns die Gegend anzuschauen. Die Häuser sind direkt in den Felsen gebaut. Wir folgen den vielen Stufen, die sich den Berg hinaufschlängeln. Die Sonne zeigt uns zwischen dem Meer und den Hügeln mit sanften Strahlen den Weg nach oben. Aus der Bäckerei duftet es süß nach frischen Hörnchen: ein Duft, dem wir natürlich nicht widerstehen können. Außer Atem erreichen wir das kleine Plateau oben auf dem Berg und entdecken entzückt ein Café mit drei Tischen draußen und einer faszinierenden Aussicht. Wir setzen uns mit einer Tasse Cappuccino hin und betrachten das Panorama, das endlose Meer, die kleinen Buchten, die Strände, die Inseln – die ganze Pracht.

»Siehst du, da drüben«, David deutet mit der Hand. »Der kleine Berg heißt Circeo. Hier lebte die Zauberin Circe ...«

»Die Odysseus verzaubert hat?«

»Ja, diese. Die Geschichte hat aber nicht gut geendet«, fügt er mit einer Art Schadenfreude hinzu.

Wir bestellen noch einen Kaffee, strecken uns genüsslich in der Sonne und haben gar keine Lust, diesen schönen Ort zu verlassen. Später steigen wir die vielen steilen Stufen wieder hinab – ich halte ganz fest Davids Hand, um nicht auszurutschen.

Am gleichen Abend sitzen wir wieder am Strand, auf einer Bank, die in den Felsen gehauen ist. Die Sonne geht bald unter, und es ziehen Wolken auf. Der Himmel hat eine bleierne Farbe. Das Meer hat sich verändert – es ist wild und unfreundlich.

Morgen früh fahren wir wieder zurück.

»Es war ein sehr schöner Ausflug, David. Wunderschön ...«

»Ja, für mich auch.« David schaut nachdenklich aufs Meer. »Irgendwie habe ich nie aufgehört, dankbar dafür zu sein, dass ich in meinem Leben an so vielen Orten gewesen bin, so viel Schönes gesehen habe. Wenn ich das mit dem Leben unserer Eltern vergleiche .... Ja, ich weiß, ich habe selbst gesagt, wir sollen die Gedanken darüber ruhen lassen.«

»Als mein Vater mit neununddreißig Jahren starb, hat er noch nichts von der Welt gesehen, gar nichts. Er ist einmal in Karlsbad gewesen, mehr nicht«, greife ich den Gedanken auf.

»Da ist noch etwas, das ich dir schon die ganze Zeit sagen wollte.« David beugt sich vor, nimmt eine Hand voll Sand und lässt ihn durch seine Finger gleiten.

»Es tut mir Leid, dass ich neulich so grob zu dir war, als du über deinen Vater gesprochen hast. Es liegt auch wieder viele Jahre, Jahrzehnte zurück, aber ich möchte, dass du es weißt. Man sagt, der Katholik hat seinen Beichtvater, der Jude aber seine Frau. Na, sagen wir, eine Frau.« David lächelt mich an. Ein kurzes bitteres Lächeln.

»Bevor ich aus Israel weggefahren bin, habe ich meine Schwester besucht, um auf Wiedersehen zu sagen und um sie über die ganze Familiensituation zu informieren.«

»Und wie hat sie es aufgenommen?«

»Ach, sie war nicht überrascht. Sie ist eine kluge Frau. Schade, dass sie sich jetzt ausschließlich religiösen Fragen widmet. Dadurch ist sie dem Weltlichen etwas entrückt. Vielleicht ist es aber auch ganz gut für sie, so ist sie wenigstens beschäftigt auf ihre alten Tage.«

David spielt immer noch mit dem Sand, lässt ihn auf der Hand liegen und schaut zu, wie der Wind ihn davonpustet.

»Sie hat mir erzählt«, er macht eine ganz kleine Pause, »dass mein leiblicher Vater sich wahrscheinlich das Leben genommen hat.«

»Ja«, David fängt meinen überraschten Blick auf, »sie hat es früher schon mal angedeutet. Vielleicht habe ich es nicht wahrhaben wollen und es verdrängt. Dann verging die Zeit, die Dinge änderten sich. Wir wollten nach vorn blicken. Alles schien endgültig vorbei zu sein.

Jetzt aber, als ich bei ihr war – ich weiß nicht mehr, warum –, vielleicht weil ihr wieder meine physische Ähnlichkeit mit unserem Vater aufgefallen war, begannen wir über ihn zu sprechen.«

Kann es sein, dass sich unsere Empfindungen in so vielen Dingen ähneln, dass wir so vieles zur gleichen Zeit erlebten?, denke ich mit einem tiefen inneren Staunen.

»Mein Vater hat in Israel nie Fuß gefasst. Er hat den Krieg nie vergessen, keine Minute lang. Es war nicht vorbei für ihn. Er zog dauernd um: von Tel Aviv nach Jerusalem, von da nach Haifa. Er fand keine Arbeit. Er war vor dem Krieg Arzt – ein guter, wie es heißt –, aber seinen Beruf konnte er nicht mehr ausüben. Er hat zu viel gesehen, wie er sagte. Ihm zitterten die Hände. Er nahm eine Büroarbeit an, aber auch das hat nicht lange gedauert. Dazu war sein Hebräisch nicht gut genug.

Dann wollte er zurück nach Europa. Er hatte sich auch schon von meiner Schwester verabschiedet. Sie war damals eine junge Frau, mit ihrem neuen Leben und ihren Freunden beschäftigt – sie ließ es geschehen. Er wollte vielleicht nach Paris, erzählte sie, wo er früher eine Zeit lang studiert hat. Aber dazu ist es nicht gekommen, er hatte ja kein Geld. Dann änderte sich die Situation, er lernte eine Frau kennen.

Sie war eine rumänische Jüdin, eine tüchtige und energische Person. Es schien, als hätte sich Vater mit ihrer Hilfe wieder gefangen. Sie heirateten. Aber das Glück hat nur einige Monate gedauert.

Und dann fand man eines Tages meinen Vater im Hafen von Haifa, auf einer Bank sitzend, tot. Ein kleiner Koffer mit ein paar persönlichen Sachen stand neben ihm. Wohin wollte er? Das frage ich mich, ich frage mich jetzt intensiver als je zuvor. Wollte er tatsächlich nach Paris? Oder wollte er nach Polen zurück? Vielleicht, um mich zu suchen?« Davids Stimme bricht, als müsste er auf einmal husten, er fährt dann aber fort.

»Ich glaube, zuerst hat er mich nicht wirklich gesucht. Er hatte keine Kraft mehr dazu. Und später? Wollte er seinen Sohn doch noch einmal sehen? Wollte er noch einmal zurück, um mich zu holen?« Davids Stimme stockt wieder. Hat er Tränen in den Augen? Es ist zu dunkel, um es zu sehen.

»Man fand ihn tot auf dieser Bank. Er hatte etwas Geld in der Tasche, aber für die Reise nicht genug. Es hat geheißen, er hatte eine Herzattacke erlitten. Aber – meine Schwester hat es erst später erfahren – man hat ziemlich viel Schlafmittel in seinem Blut gefunden. Der Fall wurde nicht weiter verfolgt. Zu der Zeit ging es im Land drunter und drüber, es gab Wichtigeres als einen toten alten Mann auf einer Bank im Hafen. Ein alter Mann! Er war siebenundvierzig damals – ich bin doch jetzt viel älter als er und Großvater.«

»Ja«, schließt David seine Geschichte, »ich hatte zwei Väter gehabt und doch keinen richtigen. Der eine, der Adoptivvater, wurde im Grunde sein Leben lang nicht damit fertig, dass ich ein Jude war. Der andere kam aus dem Lager und kam mit seinem eigenen Leben nicht zurecht. Das ist vielleicht jetzt schon alles unwichtig. Ich wollte nur, dass du es weißt ...«

David steht auf, nimmt mich an der Hand, und wir gehen ein paar Schritte auf unser Hotel zu.

»Es ist einfach so, dass ich ihn manchmal sehe, dort auf dieser Bank, mit dem Koffer in der Hand. Und er tut mir Leid, immer noch so Leid ...«

Bevor wir am nächsten Morgen abfahren, lädt uns die nette Wirtin noch zu einem Gläschen *Limoncino* ein.

»Kommen Sie wieder?«

»Ja. Ganz bestimmt.« Wir winken ihr noch lange zum Abschied: *»Arrivederci, Maria-Celeste, ci vediamo!«*

Ich bin langsam eine richtige Bewohnerin unseres römischen Viertels geworden. Nach drei Wochen kenne ich so viele Gesichter, lebe schon nach einem gewohnten Tagesrhythmus. Morgens stehe ich früh auf und gehe auf den Markt, kaufe Obst oder Blumen. David telefoniert in der Zeit mit der halben Welt, wie immer in vielen Sprachen. Sein lautstarkes *»How are you?«* dröhnt in der ganzen Wohnung.

Ich warte auf ihn in unserem Café. Er kommt später dazu, setzt sich zu mir mit einem Sandwich in der Hand, das er sich aus dem Inneren des Ladens geholt hat, und bestellt gleich einen Kaffee dazu.

»Entschuldige, ich habe die Zeit vergessen ...«

»Du tust doch nicht irgendwelche gefährlichen Sachen für dein Vaterland?«

»Schau dich hier um«, meint David, »siehst du irgendwelche Bodyguards? Nicht mal der nette Fahrer ist da! Ich bin jetzt nur eine Privatperson. Meinem Vaterland habe ich lange genug gedient. Heute diene ich nur mir selbst.«

»Das kann ich nicht glauben.«

»Du willst schon wieder zu viel wissen«, lächelt David, aber seine Augen lachen nicht.

»Vielleicht erzähle ich dir eines Tages, auch darüber ...«

»Oder du schreibst ein Buch.«

»Auch das ist möglich.«

Unsere Unterhaltung wird plötzlich von lautem Geschrei aus der Nähe unterbrochen. Das Stimmengewirr kenne ich schon, die blonde magere Besitzerin des Cafés streitet sich wieder fürchterlich mit ihrem dicklichen Sohn. Man denkt, die beiden werden sich gleich gegenseitig umbringen. Doch kurz darauf stehen sie wieder friedlich lächelnd zusammen an der Theke.

Ich kenne hier schon so vieles. Mauro, der schöne Kräuterverkäufer, zeigt mir stolz einen dicken Ordner, darin sind Zeitungsartikel aus aller Welt, die über ihn und seine berühmten Kräutermischungen erschienen sind.

»Es steht über dich mehr in den Zeitungen als über mich«, sage ich neidisch zu ihm, aber das kann er natürlich nicht verstehen.

Ich habe hier schon meine Lieblingsplätze und Lieblingskunstwerke. Das kann eine Hausfassade sein, ein Winkel im Halbschatten, eine Statue oder ein Brunnen. Zum Beispiel die vier schlanken Jünglinge vor der Fontäne auf der Piazza Mattei, die so ausgelassen in der Sonne tanzen, oder der kleine Engel von Bernini, dessen steinerne Flügel so weich zu sein scheinen, dass ich sie berühren möchte.

Ich bin hier von Geschichte umgeben, aber ich frage mich nicht bei jedem Gebäude, von welchen historischen Ereignissen es Zeuge gewesen ist. Manchmal ist es David, der mich an die Begebenheiten aus der Vergangenheit erinnert, die in seinem Professorenkopf immer präsent sind.

»Hier auf diesem friedlichen Campo dei Fiori, wo du deine Pfirsiche kaufst«, sagt er, als wir an der Statue des Mönchs vorbeigehen, »wurde im Jahre 1600 Giordano Bruno, Mönch und Philosoph, von der Inquisition bei lebendigem Leibe verbrannt.«

Ich höre zu und denke an das jüdische Viertel in Krakau, wo sich jetzt schon amerikanische Touristen fotografieren lassen. Kann ich denn mit bloßen Händen die Geschichte aufhalten?

Nachmittags wird es jetzt wirklich heiß, und die Tische in den umliegenden Straßencafés quellen über von Leuten, die die Wärme der Maisonne in sich aufnehmen.

Jeden Tag, zur gleichen Zeit, erscheint der Mann mit der Zither. Er breitet das Instrument stets an gleicher Stelle aus und spielt leise und zart – mehr für sich als für die anderen. Später, auch immer pünktlich, spaziert auf der Piazza die Dame mit den zwei Pudeln vorbei – sie hat jeden Tag einen anderen seltsamen Hut auf, aber immer dieselben zerschlissenen Schuhe.

Das kleine Cinema Farnese an der Ecke, das älteste Kino in Rom, macht auf, das Publikum strömt hinein, und ich wundere mich, warum nicht nur Fellini-Filme gespielt werden.

Unser Herr Luigi begrüßt mich jedes Mal mit einer Arie.

»Que bella cosa una giornata di sole ...«, singt er laut, als er mich sieht. Ich bleibe neben ihm stehen, summe ein paar Takte mit, aber seine Stimme ist viel stärker.

Drei Mal schon habe ich meine Abreise verschoben. Jetzt packe ich. Lustlos stopfe ich meine Kleider in die Reisetasche. Es ist Abend. David hat sich mit einer Flasche Wein auf die Terrasse zurückgezogen. Ich lasse die halb volle Tasche auf dem Bett liegen und setze mich zu ihm.

»Wir müssen morgen früh aufstehen, David.«

»Willst du wirklich ...?«

»Ich muss.«

Auf einmal erscheinen mir das Kofferpacken, die Abreise so sinnlos. Wieso gehe ich von hier weg, statt bei ihm zu bleiben? Vielleicht möchte er gar nicht allein sein. Und ich habe in seiner Nähe doch so viel weniger Angst. Vielleicht sollte ich es tun, ohne viel nachzudenken, wie ein junger Mensch, der keine Pflichten hat. Einfach bleiben ...

Ich will es gerade aussprechen, ich will es ihm sagen, aber er kommt mir zuvor. Er macht wieder Pläne:

»Ich werde dich im Sommer in München besuchen. Ich habe da ein paar Freunde am Historischen Institut.«

Ich verstumme, und der Augenblick ist verflogen.

Aber David wäre nicht David, wenn er nicht gespürt hätte, was ich gerade gedacht habe.

»Du kommst einfach, sooft du willst.« Er nippt an seinem Wein. »Ich werde das Gästezimmer einrichten. Wir können es meinetwegen in ›Romas Zimmer‹ umbenennen. Warte, ich hab doch noch etwas für dich.« David rennt in die Wohnung, kommt gleich mit einem kleinen Lederetui zurück. Er drückt es mir in die Hand. Ich öffne es: Zwei Schlüssel sind drin.

»Die Schlüssel für die Wohnung, damit du weißt, dass du kommen kannst, wann du willst. Die haben nur ich und du.«

»Und Signor Luigi ...«

»Ach ja, und Signor Luigi.«

Ich gieße mir etwas Wein in ein leeres Glas und trinke es schnell, um meine Rührung zu verbergen. Weil das hier – auch wenn es nur Schlüssel sind – so etwas wie eine Verlobung ist.

Rom, Stazione Termini: Ungefähr um neun Uhr früh besteigt eine nicht mehr junge, aber noch nicht alte Dame, zierlich und dunkelhaarig, den Zug nach München. Begleitet wird sie von einem älteren, aber noch jung aussehenden Herrn von schlanker Gestalt und mit silbernen Haaren. Bis zum letzten Moment hält er ihre Hand.

»Bist du sicher, dass du mit dem Zug fahren willst? Zehn Stunden lang, das ist doch verrückt!«

»Ja, das möchte ich. Ich will nicht gleich wieder in den Alltag eintauchen. Ich muss über vieles nachdenken, auch über mein neues Buch. Dieses Jahr war mehr als nur ein Jahr meines Lebens. Ich werde durch halb Italien fahren und einfach sehen, wie weit es wirklich von mir zu dir ist.«

»Du bist aber bald wieder hier!«

»Ja, sicher. Irgendjemand muss dir doch helfen, deine Bücher einzuräumen.«

Der Zug setzt sich in Bewegung und rollt langsam vorwärts. Ich sehe David auf dem Bahnsteig stehen – immer kleiner und kleiner. Bald sehe ich nur noch seine erhobene Hand.

Es fängt an zu regnen, wie es sich gehört nach so vielen schönen Tagen. Ich mache meine Handtasche auf: Da liegt neben der Fahrkarte das kleine Schlüsseletui.

Sind es die Trennungen, die David und mich mehr verbinden als das Zusammensein? Ich weiß es noch nicht. Ich werde über alles nachdenken. Und ich werde das Buch schreiben.

So vieles habe ich im Leben gesucht. Gefunden habe ich immer nur mich allein.

DANK

Dem Institut des Nationalen Gedenkens in Warschau für die freundliche und unbürokratische Hilfe.

Ich danke all den ungewöhnlichen Personen, denen ich in diesem Jahr meines Lebens begegnet bin. Sie wurden zur lebendigen Materie des Buches; durch sie ist es schließlich viel mehr als nur ein Jahr geworden …